民法 5 契約

山本 豊・笠井 修・北居 功 [著]

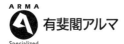

　契約は，それなしには，私たちの日々の生活も，企業活動も，一日も立ち行かないといっても言い過ぎでないほど，重要な機能を果たしています。個人も企業も契約とともに生きているのです。日々大量に結ばれ，履行される契約に法的な基盤を提供しているのが，民法の契約法です。契約法をしっかりと学ぶことは，民法の学習上も，とても肝心なことです。

　契約に関する法律規定は，民法の各所に存在しています。民法総則の意思表示・法律行為に関する規律や債権総論の債務不履行に関する規律も，それが契約に適用されるかぎりでは，契約に関する法律規定であるといえます。アルマシリーズ Specialized 民法の第5巻「契約法」として公刊される本書は，民法総則や債権総論等の教科書と役割を分担しながら，主としては債権各論の契約の章の規定を説明します。

　本書は，大学の法学部や法科大学院の法学未修者クラスにおいて民法をはじめて本格的に学ぶ皆さんを，主に念頭に置いて，契約法の平易な説明を目指すものです。契約法の内容を抽象的に叙述するだけでなく，簡単な設例を随処に用いて，法的ルールの適用のあり方を具体的に明らかにするように努めています。

　また，契約法は，契約自由の原則を通じて人々の創意・工夫がダイナミックに発揮されると同時に，自己決定＝自己責任原則と契約正義との関係が問われるなど，興味深い思想的せめぎ合いの生ずる法分野でもあります。本書では，現代社会が契約法に突きつけるさまざまな問題やそうした問題を扱う判例・学説を，無理のない範囲

で叙述に取り込んでいます。そうすることによって，契約法の面白さ，醍醐味を少しでも感じていただきたいと考えたからです。

　ところで，この契約法を含む「民法の一部を改正する法律」（平成29年法律第44号）が昨年（2017年）の通常国会で成立し，2020年4月1日の施行を待つばかりとなっています。本書において叙述の対象としたのは，この改正後の民法であり，本書は，改正民法に準拠した内容になっています。もっとも，本書の出版時における現行法は，改正前民法であり，その意味において，本書は過渡期の出版物です。そこで，重要な改正点については，改正前民法の内容を改正の理由とともに簡潔に記述するように努めました。それは，改正民法の内容を理解するためにも必要なことですし，以前に改正前民法を学んだことのある読者の便宜を考えたからでもあります。

　本書の執筆の過程では，共著者各自が提出した草稿をもとにした討議と改稿を幾度も繰り返しました。民法の理解についても教育についても一家言を有するメンバー相互の討議は時に白熱しましたが，ともかくそうした過程を経て出来上がった本書は，各自の個性を相応に残しつつも，一冊の本として調和のとれた内容になったように思います。

　本書が最初に企画されたのは，アルマシリーズSpecialized民法の他の巻と同様，随分以前のことですが，法科大学院時代に入り，メンバーの教育負担が格段に重くなったことなどから，長く休眠状態に入っていました。休眠状態から目覚めさせてくれたのは，有斐閣書籍編集部（当時）の山宮康弘氏で，民法改正を契機に作業を再開させませんかと声をかけてくださったのです。その後の執筆過程では，山宮氏からバトンタッチされた五島圭司氏，井植孝之氏に，執筆者会合の設営やさまざまな改善提案など万般にわたり，行き届

いた助力をいただきました。この場を借りて篤く御礼を申し上げます。

2018 年 3 月

執筆者一同

目 次

PART 1 契 約 総 論

| 第1章 | 契約の拘束力と契約自由の原則 | 2 |

1 契約の意義 ……………………………………………………2

2 契約の拘束力 …………………………………………………3

3 契約自由の原則 ………………………………………………6

4 契約の分類 ……………………………………………………9

| 第2章 | 契約の成立とその周辺 | 12 |

1 契約の成立 ……………………………………………………12

　　1 申込みと承諾による契約の成立 (13)

　　2 申込みと承諾以外の方法による契約の成立 (18)

2 懸賞広告・優等懸賞広告 ……………………………………20

3 情報提供義務 …………………………………………………22

4 適合性原則，助言義務 ………………………………………31

5 契約交渉打切り責任 …………………………………………35

| 第3章 | 契約関係存続中の諸問題 | 42 |

1 序 ………………………………………………………………42

2 同時履行の抗弁権 ……………………………………………43

3 危 険 負 担 ……………………………………………………52

4 事情変更法理と再交渉義務 …………………………………59

　　 [1]　事情変更法理 (59)　 [2]　再交渉義務 (66)

　5　第三者のためにする契約 ……………………………………68

| 第4章 | *契約上の地位の移転*　76 |

| 第5章 | *契約の解除*　81 |

　1　解除とその種類 ………………………………………………81

　2　解除の制度趣旨 ………………………………………………82

　3　帰責事由不存在の抗弁の否定 ………………………………83

　4　催 告 解 除 ……………………………………………………84

　5　無催告解除 ……………………………………………………90

　6　複数契約の解除 ………………………………………………93

　7　解除権の行使 …………………………………………………95

　8　解除の効果 ……………………………………………………96

　9　解除権の消滅 ………………………………………………103

| 第6章 | *約款と定型約款*　106 |

　1　約　　款 ……………………………………………………106

　2　定 型 約 款 …………………………………………………112

PART 2　契 約 各 論

| 第7章 | *典型契約総論*　126 |

| 第8章 | *売　買*　129 |

　1　序 ……………………………………………………………129

2　売買契約の成立 ……………………………………………130

　　① 売買契約の締結（130）　② 売買の予約（131）

　　③ 手　付（133）

3　売買契約の効力（1） …………………………………138

　　① 財産権移転義務（138）

　　② 目的物引渡義務（142）

　　③ 売買目的物の契約適合性確保義務（143）

　　④ 売買目的物の契約不適合責任（143）

　　⑤ 危険の移転（161）　⑥ 果実引渡義務（163）

4　売買契約の効力（2） …………………………………165

　　① 買主の義務（165）　② 代金支払義務（165）

　　③ 目的物引取義務（166）

5　買　戻　し ……………………………………………167

　　① 買戻しの意義と要件（167）

　　② 買戻しの実行（168）

　　③ 共有持分の買戻特約の特則（170）

　　④ 再売買予約（170）

6　特殊の売買 ……………………………………………171

　　① 特定商取引（171）　② 割賦販売等（175）

　　③ 継続的売買（179）

7　交　　換 ……………………………………………180

　　① 意　義（180）　② 効　力（181）

第9章　**贈　与**　182

1　贈与の意義 ……………………………………………182

2 贈与の成立 ……………………………………………183

   [1] 贈与契約の締結（183）

   [2] 書面によらない贈与（184）

   [3] 忘恩行為による解除（187）

3 贈与の効力 ……………………………………………187

   [1] 財産権移転義務（187）

   [2] 贈与者の引渡義務等（188）

4 特殊の贈与 ……………………………………………188

   [1] 定期贈与（188）　　[2] 負担付贈与（188）

   [3] 死因贈与（190）　　[4] 寄　付（191）

第10章 *消費貸借*　192

1 消費貸借の意義 ………………………………………192

2 消費貸借の成立 ………………………………………193

   [1] 消費貸借の締結（193）　　[2] 準消費貸借（197）

3 消費貸借の効力 ………………………………………199

   [1] 貸主の義務（199）　　[2] 借主の義務（200）

第11章 *賃貸借*　202

1 賃貸借とは ……………………………………………202

2 賃貸借契約の効力 ……………………………………204

   [1] 賃貸人の権利・義務（204）

   [2] 賃借人の権利・義務（212）

   [3] 敷金に関する法律関係（215）

3 当事者の交替（1）……………………………………218

　　　⼝ 賃貸人の承諾のある譲渡・転貸（219）

　　　② 賃貸人の承諾のない譲渡・転貸（225）

4 当事者の交替（2）……………………………………233

　　　⼝ 譲受人の登場と賃借人による賃借権の対抗（233）

　　　② 不動産譲受人の賃料請求権・敷金返還義務・費用償

　　還義務（234）

5 賃貸借契約の期間と終了 ……………………………239

　　　⼝ さまざまな終了原因（239）

　　　② 期間満了と更新（240）　③ 解約申入れ（242）

　　　④ 解　除（243）　⑤ 賃借目的物の滅失等（246）

　　　⑥ 賃貸借契約終了の効果（247）

6 借地の法律関係 ………………………………………250

　　　⼝ 借地借家法と借地の法律関係（251）

　　　② 借地権の存続期間（252）

　　　③ 借地権の帰属（253）

　　　④ 借地契約に基づく権利義務（259）

　　　⑤ 借地契約の更新と終了（262）

　　　⑥ 期限に関する特殊な借地権（268）

7 借家の法律関係 ………………………………………270

　　　⼝ 借家関係に対する借地借家法の規律対象（270）

　　　② 借家契約の存続期間（271）

　　　③ 建物賃借権の帰属（271）

　　　④ 借家契約に基づく権利義務（274）

　　　⑤ 借家契約の更新と終了（278）

⑥ 期限に関する特殊な借家権（283）

| 第12章 | *使 用 貸 借* | 288 |

1 使用貸借とは ……………………………………………288

2 使用貸借の効力 …………………………………………290

3 使用貸借の終了 …………………………………………292

| 第13章 | *役務提供型契約* | 295 |

1 雇　　用 ……………………………………………………295

　　① 雇用とは（295）　　② 雇用の効力（296）

　　③ 雇用の終了（299）

2 請　　負 ……………………………………………………303

　　① 請負とは（303）　　② 請負の効力（306）

　　③ 仕事の未完成と割合的報酬（317）

　　④ 仕事の目的物の契約不適合と請負人の責任（324）

　　⑤ 請負の終了（335）

3 委　　任 ……………………………………………………337

　　① 委任とは（337）　　② 委任の効力（338）

　　③ 委任の終了（349）

4 寄　　託 ……………………………………………………354

　　① 寄託とは（354）

　　② 寄託契約に基づく当事者の権利義務（355）

　　③ 寄託の終了（358）　　④ 特殊な寄託（360）

第 14 章 │ その他の典型契約　364

1 組　　合 ……………………………………………………………364

    1 組合の意義 (364)　　2 組合の成立 (365)

    3 組合の業務執行 (367)

    4 組合の財産関係 (371)　　5 組合員の変動 (377)

    6 組合の解散および清算 (380)

2 終身定期金 ……………………………………………………381

    1 終身定期金の意義 (381)

    2 終身定期金契約の効力 (383)

3 和　　解 ……………………………………………………………384

    1 和解の成立 (384)　　2 和解の効力 (386)

事 項 索 引 (396)
判 例 索 引 (403)

Column 目次 ●●

① 電子取引と契約の成立（17）

② 「社会通念上の履行不能」と「経済的不能」（63）

③ 電信送金事件（74）

④ 「公表」による組入れ（116）

⑤ 住宅の品質確保の促進等に関する法律（148）

⑥ リース（特に，ファイナンス・リース）（203）

⑦ 他人物賃貸借（205）

⑧ 自己借地権（258）

⑨ オーダーメイド賃貸（277）

⑩ 農地の賃貸借（285）

⑪ 不動産賃借権の物権化（286）

⑫ 旅行契約（344）

⑬ 不動産仲介契約の規律と約款（347）

⑭ 有限責任事業組合（376）

⑮ ADR（390）

●●

Web 目次 ❖❖❖❖❖❖❖❖❖❖❖❖❖❖❖❖❖❖❖❖❖❖❖❖❖❖❖❖❖❖❖❖❖❖❖❖❖

対話者間の契約・隔地者間の契約 (16)

同時履行の抗弁権と留置権 (44)

不動産売買と予約・手付 (137)

契約不適合概念の外延 (145)

有償契約と無償契約 (195)

役務提供型契約の特色 (301)

請負契約に関連する各種の標準約款 (304)

社団と組合 (367)

倒産隔離 (373)

射倖契約 (382)

❖❖❖❖❖❖❖❖❖❖❖❖❖❖❖❖❖❖❖❖❖❖❖❖❖❖❖❖❖❖❖❖❖❖❖❖❖❖

著者紹介

やま もと　ゆたか
山 本　　豊　　第 1 章〜第 6 章執筆

　京都大学名誉教授

　主要著作　『不当条項規制と自己責任・契約正義』(1997・有斐閣)

かさ い　おさむ
笠 井　　修　　第 11 章〜13 章執筆

　中央大学教授

　主要著作　『保証責任と契約法理論』(1999・弘文堂),『債権各論 I
　　　契約・事務管理・不当利得』(共著・2008・弘文堂),『建設請負契
　　　約のリスクと帰責』(2009・日本評論社),『契約責任の多元的制
　　　御』(2017・勁草書房)

きた い　いさお
北 居　　功　　第 7 章〜第 10 章,第 14 章執筆

　慶應義塾大学教授

　主要著作　『契約履行の動態理論・第一巻・弁済提供論』(2013・慶
　　　應義塾大学出版会),『契約履行の動態理論・第二巻・弁済受領論』
　　　(2013・慶應義塾大学出版会),『法典とは何か』(共編著・2014・
　　　慶應義塾大学出版会)

1 法令名の略語について

本書では，2017（平成 29）年法律 44 号による民法改正後の条文を示すときは，原則として条数のみを引用し，上記改正前のものは改正前○○条と表記する。

そのほか，関係法令の略記については特別なものを除いて，有斐閣六法全書巻末「法令名略語」に基づいている。主なものとして以下の通り。

会社	会社法	信託	信託法
仮登記担保	仮登記担保契約に関する法律	不登	不動産登記法
		民執	民事執行法
借地借家	借地借家法	民訴	民事訴訟法
商	商法	民保	民事保全法
消費契約	消費者契約法		

2 判例の略記について

＊最判平 18・11・12 民集 50 巻 10 号 2673 頁
＝最高裁判所平成 8 年 11 月 12 日判決，最高裁判所民事判例集 50 巻 10 号 2673 頁
＊判　例

大判(決)	大審院判決(決定)
最大判(決)	最高裁判所大法廷判決(決定)
最判(決)	最高裁判所判決(決定)
高判(決)	高等裁判所判決(決定)
地判(決)	地方裁判所判決(決定)

＊判例集

　　民録　大審院民事判決録

　　民集　大審院民事判例集，最高裁判所民事判例集

　　裁判集民　最高裁判所裁判集民事

　　新聞　法律新聞

　　判時　判例時報

　　判タ　判例タイムズ

　　金法　金融法務事情

　　金判　金融・商事法務

　　WLJP　ウエストロー・ジャパン

3　コラムについて

　本書は，学習上の便宜を考慮し，コラムにいくつかの種類を設けた。

　　Column　学習内容に関連して，現在議論されている問題，

　　　新しい制度などを説明する。

　　Web　民法上の類似の制度との比較や特別法について解説。

　　　民法の立体的な理解を目指す。

　◆　学習内容に関連して，制度の沿革や高度な論点などを取り

　　上げる。応用力を養成する。

4　リファーについて

　図表・別項目などへのリファーは⇒で示した。表記については，

以下の通り。

　　⇒第2巻　　有斐閣アルマ　民法2を参照

　　⇒第8章2③　　第8章2③全体を参照

　　⇒第8章2③手付の機能　　第8章2③の窓見出し

　　　　　　　　　　　　　　　　（手付の機能）を参照

PART 1　契約総論

第1章 契約の拘束力と契約自由の原則

> 本章では，本書全体の序章として，契約の意義，人は契約をしたならばなぜそれを守らなければならないと考えられているのか（契約の拘束力の正統化根拠），契約法の基本原則である契約自由の原則，契約のさまざまな分類という基本的事項を取り上げて，解説することにしよう。

1 契約の意義

　契約とは，広い意味では，両当事者の対立する意思表示の合致により成立する法律行為をいう。

　もっとも，契約の成立に関する規律を民法総則に配置するドイツ民法などとは異なり，日本の民法は，第3編（債権）の第2章に「契約」に関する諸規定を置くという体裁をとっている関係上，そこでの契約（狭義の契約）は，前記の定義に当てはまるもので，なおかつ債権の発生を目的とするもの（債権契約）を意味する。直接に物権の変動を生じさせる物権契約や身分上の合意（婚姻，養子縁組など，身分上の効果を生じさせる合意）は，狭義の契約からは除かれることになる。

2 契約の拘束力

　契約をしたならば誠実にそれを遵守しなければならない（pacta sunt servanda）こと（契約の拘束力）は，私法の一大原則である。これは，単に約束を守るという道徳上の義務としてではなく，契約を遵守しないと最終的には訴訟を起こされて，契約の履行等を強制させられる法的義務を負うという意味で述べられているものである。

契約の拘束力の根拠　問題は，契約当事者はなぜ契約に拘束されるのか，つまり，契約の拘束力の正統化根拠は何に求められるかということである。

　契約の拘束力は，まず何よりも，人が自由な意思決定によって決めたことは，責任をもって守るべきであるという考え方によって基礎付けられる。つまり，契約の拘束力の原則は，自己決定＝自己責任の原則の契約の場面における現れであるということができる。

　個人の自己決定はなぜ尊重されなければならないのかという問いに対しては，西洋の思想家によって，基本的に2つの立場から，その回答が試みられてきた。まず，自分で自分の事柄を決めることができることは人間の尊厳に属するから，人間の尊厳を守るには自己決定の自由を尊重することが求められるという思想によって正統化する立場がある（カントに代表される義務論の立場からの正統化）。他方，自分にとって何がよいかにつき，もっとも良く判断でき，もっとも関心を寄せるのは，その人自身であるから，個人が良いと思うところにしたがって生きることができる方が，他人が良いと思うところにしたがって生きることを強いられるよりは，社会全体の効用が大きくなる（個人の行動が他人に害を与える場合に，その行動が制約されるべきであることは，別として）という考え方によって正統化する立場

もある（ジョン・スチュアート・ミルに代表される帰結主義の立場からの正統化）。

　もっとも，契約の拘束力が問題となる場面では，過去の時点における自分の自己決定に現時点での自分がなぜ拘束されなければならないのか（現時点では，その契約に拘束されることを望んでいないのにもかかわらず）が問題になるが，これについては，自己決定への自由は不利な内容の契約に拘束される責任も含むものであると説明される。

　以上の自己決定論による正統化に付け加えて，約束に対する信頼の保護という考え方も契約の拘束力の裏付けとなっていると指摘されることもある。いったん締結した契約を一方当事者が破棄できるということになると，その契約を信頼して行動した相手方当事者は不利益を被ることになって正義に反するので，契約はきちんと守らなければならないことにしているというのである。

　さらには，契約という仕組みが契約内容の適正さを保障するという考え方が，契約の拘束力の背景にあると説かれることもある。契約とは複数の当事者が互いに納得して合意するものである。すると，その内容も均衡のとれたものになる可能性が高いであろう。もし，片方の当事者に一方的に有利な内容の契約であれば，他方の当事者はそもそも合意をしないだろう。契約が成立したということは，多くの場合において，互いに歩み寄って双方の立場を考慮に入れた内容になっているだろうと予想できるのである。このように契約には内容の適正さを保障する仕組みがビルト・インされている（正当性機会の保障）ということになれば，法の立場からも，安んじて契約の拘束力を認めることができるというわけである。

契約の拘束力の限界

　契約の拘束力が認められる理由がこのようなものだとすると，以上のような理由が当

てはまらない場合には，自己責任を問うことはできなくなってくる。

　たとえば，自分の意思で決めたとはいえない場合や意思を決める過程に瑕疵があった場合には，そのような「契約」に拘束されるいわれはないことになる。法律行為に関する諸規定（法律行為に関する民法総則の諸規定，消費者契約法における誤認・困惑などに関する諸規定を参照）が，こうした場面の法的ルールを具体的に展開している。

　また，契約当事者の間に情報の非対称性や契約交渉力の差がある場合（たとえば，消費者と事業者との間の契約においては，そうした事情が存在する場合が多いであろう）にも，そのような事情の下で結ばれた契約の拘束力を手放しで認めてしまってよいかという問題が生ずる（いわゆる附合契約の問題性。消費契約8条〜10条参照）。

　さらには，個人の幸福追求の前提となるような基礎的な価値（生命・身体・健康など）を破壊し，本人が後で異なる幸福を追求しようとしても，それが不可能になるような内容の契約については，その拘束力を否定または緩和すべきではないかということも問題となる。自由を売り渡す契約も自由を根拠として拘束力を認めてよいかという問題である。そうした契約の古典的な例としては，自身を奴隷として売り渡す契約を挙げることができるが，今日においては，「無所有」を実践している団体に加入するにあたり全財産を出えんして，同団体施設での共同生活を送り，将来その団体から脱退した後も，出えんした財産の返還を一切請求できないという内容の契約は有効か（最判平16・11・5民集58巻8号1997頁参照）とか，老後のための生活資金を自身の生存の基盤を破壊する危険をはらんだ極めてハイ・リスクな金融商品に投資する契約については，金融商品販売事業者が問題の金融商品の内容とリスクに関する理解を顧客に得させた上で契約に及んだとしても，その効力を否定すべきかといった局面で問題になりうる。

以上のように，契約の拘束力の根拠を問うことは，契約の拘束力
の限界を考えることにもつながることに注意する必要がある。

3 契約自由の原則

契約自由の原則とは　　　契約自由の原則とは，人が契約を結ぶとき
に法による制約を加えられないという原則
をいう。契約法における最も重要な基本原則である。

　通常，次の4つの場面での自由を意味すると説明される。

　第1に，人は，そもそも契約を結ぶかどうかを決めることができ
る（契約締結の自由）のが原則である。

　第2に，誰と契約を結ぶかを決めることができる（相手方選択の自
由）のが原則である。たとえば，所有する家屋を売りたいと思って
いる所有者は，買主を自由に選ぶことができるのであって，その家
屋を買い受ける必要性が一番大きな希望者に売らなければならない
などという法的制約は，原則としてないのである。

　第3に，契約を書面で結ばなければならないなどという，契約の
結び方についての制約は原則として存在しない（方式の自由）。

　第4に，契約当事者は，合意によりその契約の内容を自由に決め
ることができる（契約内容決定の自由）。家屋の売買契約であれば，ど
の家屋を売買するか，代金はいくらにするか，引渡時期をいつにす
るかといった問題をはじめとして，目的物が契約に適合しない場合
の売主の責任をどうするか，紛争が発生した場合の裁判管轄の問題
といった付随的な事項についても，当事者は契約で自由に取り決め
ることができるのが原則である。当事者が結んだ契約の内容を国家
（裁判所など）は尊重しなければならない。

　なお，契約自由は，合意した契約の性質を当事者が自在に決定す

る自由を含むものではない。たとえば，AがBに100万円相当の物を「贈与」する見返りに，BがAに100万円「贈与」すると約定したとしても，裁判所はそれを売買と性質決定することができる。性質決定は，基本的に裁判所が行うべき仕事なのである。

　以上のような契約自由の原則に関し，民法は，契約締結の自由については521条1項で，方式の自由については522条2項で，契約内容決定の自由については521条2項で，それぞれ明文の規定を置いて承認している。なお，「契約をするかどうかを自由に決定することができる」(521条1項) ことは，特定の相手方との間で契約を締結することができ，それ以外の相手方との間で契約を締結しないことができることを含むから，相手方選択の自由も，この規定により表現されていると解される。

何からの自由か しかし，と読者は自問するかもしれない。われわれの身の回りの契約を考えてみると，自由でないと感じられる場合も多い。特に，契約内容決定の自由について，その感が強い。先日，クレジット・カードを作ったときも，クレジット・カード会社が用意した契約条項がビッシリ印刷された書面を渡され，申込書に署名捺印しただけだった。このように，特に消費者の立場で契約する場合，契約の諸条件は企業が一方的に作成し，消費者はただそれにしたがうだけという場合が非常に多い。これでいったい，契約内容の決定が自由といえるのか，と。

　けれども，「自由」という言葉は，抽象的に論じてみてもしかたがない。丁度，人から「あなたは自由ですか」と抽象的に問われても，答えに窮するように，何からの自由なのかを問題にしなければならない。契約自由の原則における「自由」とは，前述のように国家法上の制約からの自由，つまり，国の法令において制約がないということを意味している。したがって，情報や交渉力等に差がある

ために，実際には契約内容が一方当事者によって決められる場合が
あるということは，さしあたり，契約自由の原則が妥当しているこ
ととは矛盾しないのである。

　もちろん，そこから先に，現代の契約法における最重要課題の1
つが待ち受けていること，つまり，情報や交渉力の差を背景に一方
当事者に不当に不利益な内容の契約が結ばれている場合に，その契
約の拘束力をどのように考えるべきかという問題が存在しているこ
とは，前述した通りである。

| 契約自由の制限 |

　　　　　　　　　　　　　契約自由の原則は，例外を許さないもので
　　　　　　　　　　　　　はない。

　契約締結の自由，相手方選択の自由，方式の自由は「法令に特別
の定めがある場合」には妥当しない（521条1項・522条2項）し，
契約内容決定の自由は「法令の制限」に服する（521条2項）。そし
て実際，契約自由を制限する数多くの法令が存在している。

　まず，契約締結の自由を制限する法令としては，一例として，公
共的事業を営む事業者が，原則として契約の締結を拒絶することが
できないことを定める諸規定（道運13条，鉄営6条，水道15条，電気
17条），医師の診察治療義務を定める規定（医師19条1項）などを挙
げることができる。これらの規定が，生活上重要な給付を公衆に提
供する事業者に正当な理由なく給付を拒絶しない義務を課するもの
である（ただし，私法上の締約義務をも定めたものであるかについては，
議論がある）のに対して，公共放送機関である日本放送協会（NHK）
を運営するための費用を受信料という形で受益者である国民に負担
させる目的で，放送を受信することのできるテレビを設置した者は
NHK とその放送の受信についての契約（受信契約）を締結しなけれ
ばならない旨を定める規定もある（放送64条1項。最大判平29・12・
6 裁時1689号3頁は，NHK は，同規定に基づき，受信契約に応じず受信

料を支払わないテレビ設置者に対して，契約申込みを承諾する意思表示を求めることができ，当該意思表示を命ずる判決が確定することにより，テレビの設置月以降の受信料支払債務が生ずると判示した）。

相手方選択の自由を制限する法令の例としては，労働法分野におけるさまざまな差別禁止規定を挙げることができる。また，外国人に対し契約締結を拒絶したことが不法行為にあたると評価されて，損害賠償責任を発生させることもありうる（公衆浴場での外国人入浴の一律拒否に関し責任を肯定した札幌地判平 14・11・11 判時 1806 号 84 頁，ゴルフクラブへの外国人の入会制限に関し責任を否定した東京高判平 14・1・23 判時 1773 号 34 頁などを参照）。

方式の自由に関する法令上の制限の例としては，契約が成立するために一定の方式を備えることを要件とする諸規定がある（保証契約に関する 446 条 2 項，定期借地契約等に関する借地借家 22 条後段・23 条 3 項，定期建物賃貸借契約に関する借地借家 38 条 1 項など）。

最後に，契約内容決定の自由を制限する法令としては，公序良俗規定（90 条）や強行規定とされる多くの規定が存在する。強行規定とは，法令中の公の秩序に関する規定（91 条参照），すなわち，別段の内容の特約があっても，それに構わず適用される規定のことをいう。

4 契約の分類

契約はいろいろな観点から分類される。以下では，契約法を学ぶに際して，まず理解しておくべき，いくつかの基本的な分類について説明する。

典型契約と非典型契約 　民法典は，第 3 編第 2 章第 2 節以下に 13 種類の契約を列挙して規定しており，これ

らの契約を典型契約という。一方で，契約当事者は，契約自由の原則に基づき，民法典が明文で規定していない種類の契約を結ぶこともできるのであり，これらの契約を非典型契約と呼ぶ。非典型契約のうち，典型契約の要素とそれ以外の（典型または非典型）契約の要素を結合ないし混合させた契約のことを混合契約という。

諾成契約・要物契約・
要式契約

合意だけで成立する契約を諾成契約，合意の他に目的物の引渡しその他の給付をも成立要件とする契約を要物契約，合意の他に一定の方式を踏む（たとえば，書面の作成）ことを必要とされる契約を要式契約という。

有償契約と無償契約

有償契約とは，当事者双方が経済的に対価の意味をもつ給付をする契約をいい，無償契約とはそうでない契約をいう。

有償契約の典型は売買であり，無償契約の典型は贈与である。また，他人から金銭を借りる場合，利息を支払う約束で借りるのが有償契約たる利息付消費貸借契約であり，無利息で借りるのが無償契約たる無利息消費貸借契約である。民法は，売買に関する規定を，その契約の性質がこれを許さない場合を除き，売買以外の有償契約に準用すると定めている（559条）。

双務契約と片務契約

これに対して，互いに法的に対価の意味をもつ債務を負担するかどうかに着目した区別が，双務契約と片務契約のそれで，双務契約とは，当事者双方が法的に対価の意味をもつ債務を負担する契約をいい，片務契約とはそうでない契約をいう。

双務契約は全て有償契約である。これに対し，有償契約が全て双務契約であるわけではない。つまり，有償であるが片務契約であるものがあり，伝統的には利息付消費貸借がその例であるとされてき

た（詳しくは，⇒第 10 章 *1* 消費貸借の意義）。

一時的契約と
継続的契約

一時的契約とは，通常の売買がそうである
ように，1 回の履行で契約関係が終了する
契約をいう。これに対し，継続的契約の用
語は，多義的に用いられるが，本書では，期間によって，行われる
べき給付の量が決まる契約の意味で用いる。賃貸借は，期間によっ
て貸主の給付の量が定まり，したがって借主の支払うべき賃料の額
も定まるので，労働契約と並んで，ここでいう継続的契約の典型で
ある。また，継続的供給契約という用語が用いられることもある。
これは，ガス・電気・新聞などの供給契約のように，性質としては
売買契約であるが，多くの場合は基本契約に基づいて，反復継続し
て供給される場合をいう。継続的契約・継続的供給契約については，
民法の基本的枠組みが一時的契約を想定したものであるために，履
行，内容変更，解消をめぐって種々の問題が生じている（⇒第 3 章
2 双務契約上の相対立する債務の存在（要件①）(2)・相手方債務の弁済期
到来（要件②）(3)・*5*，第 6 章 *2* 定型約款の変更）。

第2章　契約の成立とその周辺

本章では，契約の成立に関する民法のルールを説明するとともに，契約の交渉・準備過程において生ずる法律問題として，情報提供義務，契約交渉打切り責任，適合性原則・助言義務について検討することにしよう。懸賞広告についても，本章で取り上げる。

1 契約の成立

契約が成立するには，両当事者の対立する意思表示が合致することが必要である。

Case 2-1

Aは東京神田にある古本屋Bの所有する古本を100万円で購入したいと思い，その旨を記したB宛の手紙を4月1日に発信し，それが4月3日にBに到達し，Bがその古本を100万円でAに「お売りする」旨を記したA宛の返信を4月5日に発信し，この手紙が4月7日にAに到達した。

Case 2-1におけるように，契約を締結する際に，契約当事者の一方が「契約の内容を示してその締結を申し入れる意思表示」を申込みといい（522条1項），これを受けて他方がする意思表示を承諾という。この場合，Aの申込みとBの承諾が一致しているから，

承諾の通知が到達した時点（97条1項参照）でAB間に売買契約が成立することになる。

　民法は，申込み・承諾の合致により契約が成立する場合を原則型ととらえて，これについて詳しい規定を置いている。そこで，以下ではそれらの規定を中心に，申込みと承諾による契約の成立について説明することにする。

1　申込みと承諾による契約の成立

> 申込み・申込みの
> 誘引・承諾

申込みは，相手方が単純に承諾すれば契約を成立させてよい程度に内容の確定したものでなければならない。また，相手方が意思表示をしても，契約を成立させるか否かの決定を保留する趣旨である場合は，申込みではなく，申込みの誘引である。

　申込みか申込みの誘引かは各場合における意思表示を解釈して決められる。たとえば，求人広告は，応募者の人物・経験等を審査の上，採否を決定する趣旨であるから，申込みの誘引に当たる。また，カタログによる通信販売の場合，通常，カタログの配布は申込みの誘引であり，客の注文が申込みに当たり，通信販売業者が申込みを承諾して契約を成立させるかどうかの最終決定権を留保していると解されている。したがって，通信販売業者は，注文が殺到して応じきれないなどの理由で，注文を承諾しないことも可能であることになる。特定商取引に関する法律2条2項も，この通常の形態を念頭に置いて，同法にいう通信販売を「販売業者又は役務提供事業者が郵便その他の主務省令で定める方法……により売買契約又は役務提供契約の申込みを受けて行う商品若しくは特定権利の販売又は役務の提供」と定義している（インターネットのショッピングサイト上に商品およびその価格等を表示する行為は，申込みの誘引に当たると解した裁

判例として，東京地判平 17・9・2 判時 1922 号 105 頁がある）。

　承諾によって契約が成立するためには，特定の申込みに対して，その申込みに対応する内容の承諾がなされなければならない。Case 2-1 で，B が 120 万円なら売ってよいと返答したような場合には，契約は成立しない。B の返事は申込みに変更を加えた承諾であり，A の申込みを拒絶した上で，新たな申込みをしたものと扱われる（528 条）。

| 承諾期間の定めのある
申込み |

Case 2-1 のような場合には，申込みと承諾という 2 つの意思表示が時間的に間隔をおいて行われるので，申込者はいつまで申込みに拘束されるかという問題と，申込みの承諾適格の問題が生ずる。さらに，申込み・承諾それぞれの通知につき，発信時と到達時が時間的にずれるため，その効力がいつ生ずるかが問題となる。

　A のした申込みは，それが B に到達することによってはじめて効力を生ずる（意思表示についての一般原則である到達主義。97 条 1 項）。A が，申込みの通知を発した後に死亡し，意思能力を喪失し，または行為能力の制限を受けたときも，そのことは申込みの効力に影響しない（97 条 3 項）。しかし，A が自身の死亡等の事実が生じたとすればその申込みは効力を有しない旨の意思を表示していたとき，または相手方が承諾の通知を発するまでに A の死亡等の事実が生じたことを知ったときは，その申込みは，その効力を有しない（526 条。なお，同条が「意思能力を有しない常況にある者となり」と規定しているのは，酩酊等による一時的意思能力喪失を除外するためである）。

　A が前述の申込みに「諾否を 4 月 10 日までにご一報下さい」と書き添えていた場合には，A は承諾期限を定めて申込みをしたことになるから，申込みが発効してから 4 月 10 日までは，原則としてその申込みを撤回することができない（523 条 1 項。なお，同項た

だし書が規定するように，申込者が撤回する権利を留保したときは別である）。申込者であるＡに対して生ずるこのような効力を申込みの拘束力という。

　523条1項は，申込みの拘束力を認める立法政策をとっているが，これは妥当な選択といえる。なぜなら，①申込みの拘束力が認められると，相手方は契約の成立を前提とする行為（転売契約の締結など）を安心して行うことができるし，②申込みの拘束力を認めて，相場変動のリスクを申込者に負わせるのが妥当である（申込者が自分のイニシアティブで行動を起こしたのだし，拘束されるのがいやなら，撤回する権利を留保するなり，拘束期間を短く設定することができる）からである。

　申込みの拘束力と紛らわしいのが申込みの承諾適格という概念である。これは，承諾されれば合意が成立するという状態のことをいう。

　上記の例で，4月10日までにＢの承諾がＡに到達しなければ，申込みの効力（承諾適格）は失われ，ＡＢ間の関係は原則として白紙の状態に戻る（523条2項）。つまり，この場合には，申込みの拘束力も承諾適格も，ともに4月3日から4月10日まで存続する。

　Ｂがうっかりしていて4月9日に承諾通知を出したので，Ａの元に届いたのは4月11日だった場合，ＡはそれをＢの「売りの申込み」とみなし，これに対し承諾の意思表示をして，売買契約を成立させることができる（524条）。Ａが，その間に，Ｂよりも安く買える先を見つけていたり，購入意欲を失っていて，契約を成立させたくない場合には，法的にはＢの通知を黙って放置しておけばよいことになる（社会生活上は，黙殺するのは失礼に当たるかもしれないにしても）。

前例でＡがその申込中で承諾期間を定め
ておかなかった場合には，Ａは，Ａが承
諾の通知を受けるのに相当な期間内は，その申込みを撤回できない（525条1項本文）。その期間の長さは，具体的場合に応じて取引慣行等によって定まる。なお，申込者が撤回をする権利を留保したときは，申込みの撤回は自由である（525条1項ただし書）。

　もっとも，対話者に対して承諾期間を定めずに申込みをした場合には，その対話が継続している間は，いつでもその申込みを撤回できる（525条2項）。また，その場合，対話が継続している間に申込者が承諾の通知を受けなかった場合，つまり，Ａが「買おう」と言ったのに対して，Ｂがその対話が継続している間に「売ろう」と言わなければ，Ａの申込みは効力（承諾適格）を失う（525条3項本文）。ただし，申込者が対話の終了後もその申込みの効力（承諾適格）が失われないと表示したときは，別である（525条3項ただし書）。

Web 対話者間の契約・隔地者間の契約 ❖❖❖❖❖❖❖❖❖❖❖❖❖❖❖
　契約当事者が，同じ場所で面と向かって，「買おう」，「売ろう」と意思表示をする場合，あるいは同じ場所にいるわけではないが，電話などで意思表示をする場合，インターネット等を介してオンラインでチャットをする場合は，申込みに対して相手方がすぐに返答できる状態にあるという意味で，対話者間の契約と呼ばれる。これに対して，ＡとＢが手紙をやり取りするなどして契約する場合を隔地者間の契約と呼ぶことがある。隔地者とは，地を隔てている者というのが文字通りの意味であるが，たとえ地を隔てていても電話で意思を伝えたというような場合は，隔地者への意思表示にはならないから，隔地者とは，意思表示が相手方に伝わるまでに時間がかかる場合（手紙，電報，電子メールなどで意思表示をする場合）に用いる用語，つまり時間的観念による用語である。

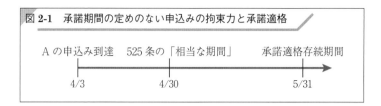

図 **2-1**　承諾期間の定めのない申込みの拘束力と承諾適格

　A の申込み到達　　525 条の「相当な期間」　　　承諾適格存続期間

　　　　4/3　　　　　　　　　4/30　　　　　　　　　5/31

❖❖❖

　525 条 1 項は承諾期間の定めのない申込みの拘束力の問題を扱っているが，申込みの承諾適格についても，取引慣行などによりかなりの期間が経過したときは，B はもはや承諾をすることができない（承諾をしても契約は成立しない）と解されている（商法は，その 508 条で，このことを明定している）。注意すべきなのは，この期間は，申込みの撤回ができない相当な期間よりは若干長いと考えられているということである。仮に，Case 2-1 で 525 条 1 項の「相当な期間」を 4 月一杯，承諾適格存続期間を 5 月一杯とすると，図 **2-1** のようになり，5 月に入ると，A の申込みは拘束力を失うが，承諾適格は有しているという状態になる。つまり，A は申込みの撤回はできるが，その撤回通知が B に到達する前に B の承諾通知が A に到達すれば，売買契約は成立することになる。

Column ①　電子取引と契約の成立 ●━━━━━━━━━━━━━━━

　Case 2-1 は手紙で書籍購入を申し込む例を挙げた。民法の規定を説明するためには，そうした例が便利であるからだが，世はインターネット時代。パソコンやスマホから電子商取引事業者の運営しているサイトにアクセスして，すばやく探究書を検索し，即座に注文することも可能になっている。

　電子商取引（エレクトロニック・コマース）は，民法の諸規定，特に民法総則の意思表示の規定との関係で多くの課題を生じさせるが，ここでは，申込み・承諾に関する規定がどのように適用されるかを考えてみよう。

まず，①電子メディアが意思表示の伝達手段として用いられている場合と②電子メディア自体が意思表示を行ったり受領する場合を区別する必要があろう。たとえば，売主が注文に対して手紙ではなく，電子メールで承諾する場合が，①に当たる。この場合には，両当事者がコンピューターの前に座ってリアルタイムでやり取りしているのか，買主が電子メールを後で開封して読むのかにより，前者であれば，電話による契約締結と同様に対話者間の契約，後者であれば，隔地者間の契約として取り扱ってよいであろう。これに対し，インターネット上の書店で，あらかじめ組み込んだプログラムにより，コンピューターが客の注文に対し承諾するか否かを自動的に応答するシステムになっている場合が，②に当たる。この場合は，原則として対話者間の契約と扱うべきであろう。なお，②において，事実のレベルでは，意思表示をしているのはコンピューターであるが，法的にはそれはコンピューターの意思表示ではなく，システムを運営している書店のそれであると評価される。

② 申込みと承諾以外の方法による契約の成立

練上げ型の契約

契約の成立の仕方としては，申込み・承諾型の他に，練上げ型とでもいうべきタイプがある。これは，大規模なプラント輸出の契約の場合のように，契約当事者（その実務担当者）が長い準備交渉を何度も繰り返して契約の細かな問題点を詰めていって，最後に両当事者の重役が契約書に正式調印して，そこで契約が成立するという形をとることが多い。この場合には，契約の交渉・成立をめぐる当事者のやりとりのどれか1つをとらえて，これが申込み，これが承諾だとすることはできない。

交叉申込みと意思実現

AがBに対してある古本を100万円で買いたい旨の申込みを行い，この申込みがB

に到達する前に，BがAに対しその古本を100万円で売りたい旨の申込みをした場合にも契約は成立する。これを，交叉申込みによる契約の成立という。

次に，申込者の意思表示または取引上の慣習により承諾の通知を必要としない場合には，契約は，承諾の意思表示と認めるべき事実があった時に成立する。たとえば，日本各地を取材旅行中のルポルタージュ作家が，旅先から数日後に訪ねる予定の町のあるホテルに宛てて「〇月〇日にそちらに宿泊したいのでよろしく」と手紙を出したとしよう。ホテルが手紙を受け取って作家の申込みを受けることにして，その日の朝に部屋を用意してベッドメーキングをしたとすれば，それで作家とホテルとの間に宿泊契約が成立したことになる（527条）。これを意思実現による契約の成立という。

意思実現による契約の成立は黙示の承諾の場合と区別がつきにくいが，後者は，相手方に向けられた行為であることが必要な点で前者から区別される。たとえば，通信販売業者が，消費者からの申込みを受けて商品を発送する行為は，黙示の承諾の意思表示になる。

| 事実的契約関係論 |

公衆が公共交通機関を利用する場面や電気・ガス・水道などの生活必需給付を受ける場面を主に念頭に置いて，承諾の意思表示に代えて，提供された役務を利用するという事実ないし社会類型的行為によって，契約関係が成立すると主張する理論を，事実的契約関係論といい，学説上有力に主張されている。意思表示が不要とされるので，制限行為能力者も事実として役務を利用すれば契約を取り消すことはできないし，契約を締結する意思なくして役務を利用した者（たとえば，いわゆるキセル乗車を意図した者）も料金を支払う義務を免れないことになる（なお，9条ただし書・13条1項ただし書を参照）。もっとも，この理論に対しては，現代社会の公衆向け大量取引の必要性というだ

けでは，契約関係の成立を認める根拠として薄弱であるという批判も強い。事実的契約関係論に批判的な立場からは，一般に契約に基づき有償で提供されている役務を利用する行為は黙示の承諾の意思表示と法的に評価され，内心において承諾の意思を欠いていても，心裡留保としてその効力を妨げられない（93条1項本文）と解すべきであるし，承諾しない旨を表示して役務を利用した者も，矛盾行為の禁止という理由から，契約の成立を争うことが信義則（1条2項）に反するとされる余地があると説かれる。また，未成年者が親権者の同意なしに航空機に乗って移動したような場合には，不当利得返還請求（703条以下）を認めるにとどめ，契約成立を前提とした料金請求まで認めるのは行き過ぎであると主張される。

2 懸賞広告・優等懸賞広告

懸賞広告

たとえば，迷子になった飼い犬を見つけてくれた人に一定のお礼をする旨の張り紙をした場合のように，指定した行為をする者に一定の報酬を与える旨を広告した場合，これを懸賞広告という。この場合，広告をした者（懸賞広告者）は，その犬の発見者に報酬を与える義務を負う（529条）。それは，発見者が広告を見ないで，たまたま犬を発見した場合でも同様である。その場合でも，飼い犬を取り戻すという懸賞広告者の目的が達成される以上，行為者の報酬請求権を認めるべきであるからである。

懸賞広告者が，指定した行為をすべき期間を定めて広告をしたときは，その広告において撤回をする権利を留保した場合を除き，広告を撤回することができない（529条の2第1項）。これは，承諾期間を定めてした申込みの拘束力に関する523条1項と同趣旨の取扱

いである。また，指定した行為を行う期間を定めてした懸賞広告は，その期間内に指定した行為が行われなかったときは，効力を失う。これは，承諾期間を定めてした申込みの承諾適格に関する523条2項と同趣旨の取扱いである。

これに対して，懸賞広告者が，指定した行為をすべき期間を定めないで広告をしたときは，その広告において撤回をしないと表示したのでないかぎり，指定した行為を完了する者がない間は，広告を撤回することができる（529条の3）。承諾期間の定めのない申込みの場合と異なり，指定した行為をするのに相当な期間は撤回できないものとはされていない。これは，申込みを受けて契約締結の検討や準備を開始する者が契約の成立について正当な期待を有するのに対し，指定した行為に着手しただけの者には報酬に対する正当な期待が生じているとはいえないからである。

指定した行為を行う期間を定めないでした懸賞広告は，指定した行為の内容その他の事情を考慮して相当な期間内に指定した行為が行われなかったときは，その効力を失う。

懸賞広告の撤回は，前の広告と同一の方法による場合には，撤回を知らない者に対しても，その効力を有するが，前の広告と異なる方法による場合には，撤回を知った者に対してのみ，その効力を有する（530条）。

広告に定めた行為を行った者が複数いるときは，最初にその行為を行った者だけが報酬を受ける権利を得（531条1項），複数の者が同時にその行為を行ったときは，それらの者が平等の割合で報酬を受ける権利を得る（531条2項）。もっとも，これらの規定は，広告中にこれと異なる意思を表示したときは，適用されない（531条3項）。

| 優等懸賞広告 |

たとえば，新聞社があるテーマにつき懸賞論文を募集し，もっとも優れた論文を提出した者に賞金を与える場合のように，指定された行為をした者のうち優等者にのみ報酬を与える旨の懸賞広告を，優等懸賞広告という。優等懸賞広告は応募の期間を定めた場合にのみ効力を有する（532条1項）。

この場合，どの論文がもっとも優秀かは，広告で定められた者が，それがないときは，広告者が自ら判定し（532条2項），応募者はこれに異議を唱えることができない（532条3項）。数人の論文が同等と判定されたときには，報酬は平等に与えられる（532条4項）。

3 情報提供義務

| 情報提供義務の種類 |

一口に情報提供義務といっても，その内容や保護目的は，多様である。本章で主として取り上げられるべきであるのは，契約締結関連情報提供義務であるが，その位置付けを明らかにするために，契約のさまざまな場面で問題とされる情報提供義務について，（網羅的にではないが）概観しておこう。

(1) 契約締結関連情報提供義務　まず，契約締結前の（契約準備・交渉過程における）情報提供義務のうちの契約締結関連情報提供義務が挙げられる。これは，当事者の契約締結にとって重要である事情についての情報を提供する義務であり，契約締結のための意思決定の基盤を確保するために，義務者に課されるものである。

情報提供という場合，誤情報の提供をしないという消極的義務（不作為義務）と積極的に情報を提供する義務とが考えられるが，本書では，両者を含む意味で情報提供義務の語を用いる。

なお，情報提供義務のほか，**説明義務**という用語が使用される場合もある。後者は，情報提供が「説明」という仕方でされる場合を指し示すものである。「情報提供」も「説明」も，定型的な仕方で行われる場合から，受け手の具体的理解レベルに合わせて個別的にされる場合まで，さまざまな場合を含みうるから，情報提供と説明の区別は，曖昧で流動的である。もっとも，後述する独立的情報提供義務までをも説明義務と表現することは，日本語表現として適切ではないから，この意味においては，情報提供義務の方が説明義務より広い射程を有する用語といえよう。

(2) **警告（注意喚起）義務**　　相手方の生命・身体・財産に対する危険を防止するための情報を伝える義務である。この情報も契約締結前に提供されることが多いが，この情報が提供されるか否かにかかわらず，相手方は同じ条件で契約したと考えられるので，この情報提供義務は契約締結のための意思決定の基盤を確保しようとするものではない。

たとえば，最判平 17・9・16 判時 1912 号 8 頁は，防火戸付きマンションの売主から委託を受けてその販売に関する一切の事務を行っていた宅建業者は，信義則上，買主に対し，防火戸の電源スイッチの位置・操作方法等について説明すべき義務を負い，その義務違反の結果，買主が損害を被った場合には，不法行為による損害賠償責任を負う旨判示した（宅建業者は，契約当事者ではないことに注意）が，ここで問題とされた説明義務が，警告（注意喚起）義務に当たる。

では，中古車販売業者が，販売する自動車に事故歴があるという情報を知りながら，その情報を提供せずに，客に自動車を売却した場合はどうか。

事故歴は場合により自動車の市場価格を著しく減少させる事実で

あり，客の購買決定にとって重要な情報である。また，事故歴は，後日の使用に際して買主の法益に損害を生じさせる危険を示唆する事実でもある。したがって，この場合に中古車販売業者が事故歴の事実を告知する義務があるとすれば，前記の行為は，契約締結関連情報提供義務にも，警告（注意喚起）義務にも違反するものであることになる。

(3) **独立的情報提供義務**　締結された契約において明示または黙示に合意されたことに基づいて情報提供義務が生ずる場合がある。情報提供サービス契約やコンサルタント契約のように，情報提供自体が契約の主たる対象となる場合もあれば，情報提供が，従たる給付義務として合意されることもあるであろう。

また，一定の契約類型において，法律の規定に基づいて報告義務が課される場合もある（645条・671条）。

これらの情報提供義務は，契約準備・交渉過程においてではなく，契約の履行段階や履行後に問題になるものである。また，前記の(1)や(2)とは異なり，独立して請求・訴求することが可能であるという特色を有する。

(4) **特別法上の情報提供義務**　各種の特別法において，さまざまな仕方で情報提供義務が課されている。たとえば，契約相手方に対して契約条件を示す義務（割賦3条・29条の2・30条・35条の3の2など），契約相手方に対して取引の条件を説明する義務（旅行12条の4など），法律に定める事項を記載した書面を交付する義務（特定商取引4条・5条・18条・19条・37条・42条・55条・58条の7・58条の8，割賦4条・29条の3・30条の2の3・35条の3の8・35条の3の9，商取217条，金商37条の3など），法律に定める事項について説明する義務（商取218条，金販3条など），法律の定める事項ないし内容を記載した書面を交付して説明する義務（宅建業35条，借地借家38条2項

など）など，こうした事例は枚挙に暇がない。

　これらの義務を課する趣旨・目的は，総括的には，申込み等の契約締結前の段階で情報提供義務が課される場合には，契約締結のための意思決定の基盤を確保することであり，契約締結後の情報提供義務の場合には締結した契約の内容を確認できるようにすることであるといえる。

　もっとも，仔細に眺めれば，それぞれの立法の目的に応じて，情報提供を超える狙いが込められている場合もある。たとえば，特定商取引法上の書面交付義務においては，後日の証拠を確保し，契約を慎重にさせ，また，事業者による悪質な契約勧誘・締結行為を防止する（おおっぴらに書面化するとなるとあまり悪質なことはできないという事実上の効果が望めるともいわれる）という効果が期待されている。しかし，その場合でも，書面交付を義務付ける目的の1つが，記載事項に関する情報提供にあることは確かであろう。

情報提供義務違反の効果

　情報提供義務の内容・性格は，このように多様であるので，各種の情報提供義務（その違反）に結び付けられる法的効果もまた多様である。

　独立的情報提供義務の場合には，その効果は，情報給付の履行請求，その給付義務の不履行に基づく契約解除，情報提供の懈怠や誤情報の提供（不完全履行）に基づく損害賠償請求ということになる。

　これに対し，契約締結関連情報提供義務の場合には，契約内容を構成する事項についての情報提供か契約内容の外にある事態についての情報提供かによっても重点の置き方が異なってきうるが，違反の効果として，義務違反者に不利益な方向での契約内容の確定，意思表示の取消し，一定の条項の無効（たとえば，契約の更新がない旨の定めの無効〔借地借家38条3項〕），不法行為に基づく損害賠償等が

問題になる。

　警告（注意喚起）義務の場合には，損害賠償の効果が問題になる。

　他方，特別法が定める情報提供義務は，その多くが公法的性格のものであり，義務違反の効果は，一義的には行政法的・刑事法的サンクションである（民事法的には，公法的規定への違反を，法律行為の効力論，損害賠償責任論において，どう受けとめるかの問題につながっていく）。クーリング・オフ制度が導入されている取引分野においては，書面交付義務違反に，クーリング・オフ期間の不進行という民事法的効果も付与されている。

　他方，金融商品の販売等に関する法律上の説明義務（金販3条）のように，義務違反の効果が損害賠償責任であって，純然たる民事法的な規律としての性格を有するものもある。

契約締結関連情報提供義務　　この項では，前記のような広範な情報提供義務のうち，契約締結関連情報提供義務に絞り，しかも損害賠償の効果を念頭に置いて，概説する。

　契約当事者は，締結した契約が自らのニーズを満たすものになるように，必要な情報をそれぞれ収集し分析すべきであって，互いに相手方に対して情報を提供する義務を負うものではないというのが，原則である（情報における自己責任原則）。情報収集や分析を怠ったり，失敗したことによる不利益は，各契約当事者が負わなければならない。つまり，不都合な契約であっても，その契約に拘束されるし，損害賠償を通じて不利益を他方当事者に転嫁することもできない。

　しかし，原則はそうであるとしても，契約当事者間において情報の非対称性や取引についての知識・経験の差が存在する場合には，そのような自己責任原則の修正が求められる。すなわち，契約の一方当事者が専門知識のある事業者で他方当事者が素人であるような

場合には，専門知識のある事業者は相手方の契約上の意思決定にとって重要な意義をもつ事実について，適切な仕方で情報を提供する義務があり，この義務を果たさずに，相手方に損害を生じさせた場合には，損害を賠償する責任が生ずると解されている。

　もちろん，どのような場合に，どのような内容の情報提供義務が認められるかという問いに対しては，立法によっても判例・学説によっても，一般的な規範の形では答えられていない。これは，問題の複雑さを思えば無理もないことである。

　契約締結関連情報提供義務ないし説明義務の違反による損害賠償を認めた裁判例は，金融商品取引，不動産売買契約，フランチャイズ契約など多様な契約につき，多数現れている。たとえば，①鮮魚商を営む顧客に対し，保険会社の外務員が変額保険の仕組み（保険契約者が支払う保険料のうち，将来の保険料の支払に必要とされる以外の部分を有価証券等に投資運用し，その運用実績に応じて保険金や解約返戻金が変動する仕組みの生命保険であり，運用のリスクが保険契約者に帰属する点に特色がある）につき通り一遍の説明をしただけで，その投機性，危険性，保険契約者の自己責任の原則について正しい理解に導く説明をしていなかったとした判決（ただし，過失相殺6割。最判平8・10・28金法1469号49頁），②販売員が個人的見解として，「しばらくは何も建たない」などと勧誘したのを信じて，マンションの一室を購入する契約を締結したところ，その後南側の隣接地に11階建てのマンションが建てられることになったという事案で，売主が買主に対し，日照・通風等に関する正確な情報を提供する信義則上の義務を怠ったとした判決（ただし，過失相殺5割。東京高判平11・9・8判時1710号110頁），③大型セルフ洗車場のフランチャイズ契約を締結するに際し，フランチャイザーがフランチャイジーに示した立地評価や売上予測の内容が客観的な根拠や合理性に欠けるとされ，

情報提供義務に違反したとされた事例（ただし，過失相殺7割。大阪地判平22・5・12判時2090号50頁）が，その例である。

　この場合の責任の法的性質については，債務不履行責任ではなく，不法行為責任であるとするのが判例の立場である。すなわち，最判平23・4・22民集65巻3号1405頁は，「契約の一方当事者が，当該契約の締結に先立ち，信義則上の説明義務に違反して，当該契約を締結するか否かに関する判断に影響を及ぼすべき情報を相手方に提供しなかった場合には，上記一方当事者は，相手方が当該契約を締結したことにより被った損害につき，不法行為による賠償責任を負うことがあるのは格別，当該契約上の債務の不履行による賠償責任を負うことはない」と判示して，事案における損害賠償請求権に改正前724条前段の3年の消滅時効規定を適用した。

　　| 財産的利益に関する
自己決定権の侵害と
慰謝料請求 | 前の項で取り上げた不法行為責任の法理は，契約の締結を決断する者に既に属している財産的利益の保護を目指すものであった。
すなわち，情報提供義務違反の行為によって本来なら結ばなかったはずの契約を締結させられたことにより財産的損失を被らせたことを，709条の権利・法益侵害ととらえる見方である。

　これに対し，誤情報の提供や情報提供の懈怠により，その契約を締結するかどうかを決定する権利（自己決定権）が侵害されたととらえて，損害賠償を請求する可能性もある。この場合には，財産的損失を被ったことではなく，十分な情報を得て決定することができなかったこと自体を，709条の権利・法益侵害ととらえ，それによって被った精神的損害を慰謝料として請求していくことになる。

　(1) 阪神・淡路大震災地震保険未加入事件　　たとえば，火災保険契約を締結するにあたり，保険会社から地震保険に関する事項について適切な情報提供や説明を受けなかったことにより，正確かつ十分

な情報の下に付帯して地震保険に加入するか否かについての意思を決定する機会が奪われたとして、慰謝料を請求することができるかという場面において、問題になる。阪神・淡路大震災の約8時間後に発生した火災が延焼して全焼した建物の所有者である原告が火災保険契約を締結していた損害保険会社を相手取って起こした訴訟事案を取り扱った最判平15・12・9民集57巻11号1887頁は、地震保険に加入するか否かについての意思決定は、生命、身体等の人格的利益に関するものではなく、財産的利益に関するものであるので、特段の事情がない限り、そのような請求は認められないと判示した。

　本件は、保険会社が情報を提供したとしても、地震保険に加入する蓋然性は低い（情報不提供と地震保険非加入の決定との間に因果関係がない）とされる事案であり、その点で、前項で取り上げた裁判例の諸事案とは区別される。また、前項で取り上げた諸事案では、不都合な契約を締結したことが問題となっているのに対し、本件では、有利な（地震による火災で建物が滅失したために、結果として有利なこととなる）契約を締結しなかったことが問題になっているという相違もある。生命・身体等に関する自己決定権侵害については、一般に慰謝料請求が認められているところ（「エホバの証人」の信者である患者に対し手術の際に救命のため輸血をした医師の説明義務違反の責任を問うた最判平12・2・29民集54巻2号582頁を参照）、平成15年判決は、財産的利益に関する自己決定権侵害については同様に考えるべきではなく、原則として慰謝料請求は否定されるべきであるとした。そして例外的扱いを正当化する特段の事情があるかの点については、当該の事案では、火災保険契約の申込書に「地震保険は申し込みません」との記載のある欄が設けられていて、申込者がその欄に自らの意思に基づき押印をしており、保険会社が当該申込者に対し地震保険の内容等について意図的にこれを秘匿したという事実はないな

どの事情があるから，保険会社側に，火災保険契約の申込者に対する地震保険の内容等に関する情報の提供や説明において不十分な点があったとしても，慰謝料請求権の発生を肯認しうる違法行為と評価すべき特段の事情が存するものとはいえないとした。

(2) 住宅・都市整備公団値下げ販売事件　これに対し，最判平16・11・18民集58巻8号2225頁は，財産的利益に関する自己決定権侵害に基づく慰謝料請求を認めた。この判決は，旧住宅・都市整備公団とその設営する団地の従前の賃貸入居者との間で，団地の建替事業に伴い，引き続いて直ちに行われるべき一般公募と同等の販売価格で建替住戸を分譲あっせんすることなどを内容とする覚書が締結され，これに基づき分譲住宅が販売されたが，購入者の入居後すぐには一般公募は行われず，約3年後に至って販売価格を大幅に値下げして一般公募したという事情の下で，このような場合には，被告である公団は，原告である購入者へ販売した価格で一般公募をしても買い手がつかず一般公募は当分できないことを認識していた以上，一般公募を直ちにする意思がないことを購入者に説明する信義則上の義務があるにもかかわらず，それを怠り，そのために購入者が公団の設定した分譲住宅の価格の適否について十分に検討した上で譲渡契約を締結するか否かを決定する機会を奪ったものというべきであるとして，説明義務違反による慰謝料請求を認めた。

(3) 両判決の比較　平成15年判決の事案では，情報が不十分ながら提供されていて，相手方（保険契約者）にとってそれ以上の情報を得る機会があり，情報の意図的秘匿もなかったが，平成16年判決の事案では，価格の適否を検討するための情報（一般公募を直ちに実施しないこと）が全く提供されず，被告である公団に故意に準ずる主観的状態があったという点で，相違がある。

もっとも，より本質的には，平成16年判決の事案では，仮に問

題の情報が提供されていれば，一般公募しても買い手がつかない水準の価格だと気づき購入を思いとどまった（情報不提供と契約締結との間に因果関係がある）と考える余地が十分あり，その点で，平成16年判決と平成15年判決とでは，事案の性質を異にしているということができる。他方，平成16年判決と前の項で取り上げた諸事案とでは，情報不提供と契約締結との間の因果関係の点では類似しているとも見うるが，平成16年判決で問題となったのは，価格の適否を判断するための間接情報であり，この点では，前の項で取り上げた諸事案で問題となった情報と性格を異にする。このような中で，平成16年判決は，原告への分譲価格と一般公募における販売価格との差額の賠償請求を否定し，自己決定権侵害による慰謝料請求の枠組みで若干の賠償を認めるにとどめたのである。

(4)　自己決定権の侵害と財産的利益の侵害　　ともかく，このように財産的利益に関する自己決定権の侵害による賠償請求が認められうるということになると，財産的利益の侵害との関係はどうなるかが，問題となる。具体的には，第1に，財産的利益の侵害による賠償を請求するとともに，重ねて財産的利益に関する自己決定権の侵害による賠償を請求することも認められるのか，第2に，財産的利益の侵害はない（情報提供義務違反によって契約を締結したものの，結果的に利益を挙げ，実害はない）にもかかわらず，自己決定権自体が侵害されたことを理由に，慰謝料請求することが認められるのかという問題である。今後検討が進められるべき課題といえよう。

4 適合性原則，助言義務

適合性原則とは

適合性原則とは，金融商品取引業者が金融商品取引行為について，顧客の知識，経験，

財産の状況および金融商品取引契約を締結する目的に照らして不適当と認められる勧誘を行って投資者の保護に欠けることとならないように業務を営まなければならないという公法的ルールのことを言い，金融商品取引法40条1号がこの原則を定めている。したがって，厳密には，適合性原則という名の民法上のルールが存在しているわけではない。もっとも，公法上のルールである適合性原則に違反する勧誘が行われた場合に，そうした勧誘により契約を締結し損失を被った顧客が被った損害を賠償請求できるか，そのような契約の効力を否定できるかといった民事上の問題が生ずる。こうした問題の解決は，民法の不法行為法や法律行為法の解釈適用を通じて図られることになるが，ここで損害賠償を肯定する場面や法律行為の無効を肯定する場面で作用する準則を，便宜的に「適合性原則」の名で呼ぶことも行われている。現在までのところ議論がより進展しているのは，前者の損害賠償の問題についてである。

適合性原則の違反と
損害賠償

適合性原則と損害賠償責任との関係については，水産物卸売業を営む会社（原告）が，証券会社（被告）の担当者の勧誘により始めた株価指数オプションの売り取引によって2億円を超える損失を被ったため，オプション取引にかかる適合性原則違反等があったと主張して，不法行為に基づく損害賠償を請求した事案を扱った最判平17・7・14民集59巻6号1323頁が，判例の基本的考え方を打ち出したリーディング・ケースである。同判決の内容は，以下の3点にまとめることができる。

すなわち，同判決は，①「証券会社の担当者が，顧客の意向と実情に反して，明らかに過大な危険を伴う取引を積極的に勧誘するなど，適合性の原則から著しく逸脱した証券取引の勧誘をしてこれを行わせたときは，当該行為は不法行為法上も違法となる」という判

断枠組みを示した。

　②適合性判断のあり方については、「単にオプションの売り取引という取引類型における一般的抽象的なリスクのみを考慮するのではなく、当該オプションの基礎商品が何か、当該オプションは上場商品とされているかどうかなどの具体的な商品特性を踏まえて、これとの相関関係において、顧客の投資経験、証券取引の知識、投資意向、財産状態等の諸要素を総合的に考慮する必要があるというべきである」と判示した。ここで具体的商品特性を問題とするということの意味は、単にオプションの売り取引という類型としてみれば、一般的抽象的には高いリスクを伴うものであるが、そのことのみから、当然に一般投資家の適合性を否定すべきではなく、本件で問題となった日経平均株価オプション取引が、デリバティブ取引の中でも、より専門性の高い有価証券店頭オプション取引などとは異なり、証券取引所の上場商品として、広く投資者が取引に参加することを予定するものであり、投資者の保護のための一定の制度的保障と情報環境も整備されているものであるといった商品特性を踏まえるということである。

　③このような具体的商品特性を踏まえ、原告側の投資経験、証券取引の知識、投資意向、財産状態等を考慮した結果、原告が、およそオプションの売り取引を自己責任で行う適性を欠き、取引市場から排除されるべき者であったとはいえないとし、適合性原則違反に基づく被告の不法行為責任を否定した。

　本判決の後の裁判実務においては、適合性原則違反を理由とする損害賠償請求は、基本的に本判決の示した枠組みに依拠して審理・判断されており、責任を肯定した裁判例もいくつか現れている（大阪高判平20・6・3金判1300号45頁など）。

適合性原則と
情報提供義務

適合性原則と情報提供義務（ないし説明義務）との理論的関係はどのように理解したらよいであろうか。

前出平成 17 年判決を踏まえての理論的整理としては，適合性原則は，いくら情報提供しても勧誘が不適切とされ責任が肯定される局面で問題となると解する（いわゆる狭義の適合性原則）のが，最も明快と考えられる。情報提供義務は契約締結のための意思決定の基盤を確保するために義務者に課されるもので自己決定＝自己責任原則に基づくのに対し，適合性原則は法的パターナリズムに基づいており，両者は拠って立つ思想的根拠を異にするし，法理の適用上も重なり合うことはないことになる。

もっとも，いくら情報提供しても勧誘が許されないとされる場面の他に，情報提供により適合性が補完される場面（いわゆる広義の適合性原則）も，適合性原則の適用場面として認める見解も説かれている。適合性が低いことを高度の説明義務を課する事情として扱う下級審裁判例（東京地判平 9・11・11 判タ 955 号 295 頁など）や説明義務を尽くしたかどうかの判断基準として適合性原則の考え方を取り入れたとされる金融商品販売法 3 条 2 項の規定は，このような見解の表れといえる。こうした見解にあっては，適合性原則と説明義務の区別は曖昧になってこざるをえない。

助言義務

前出平成 17 年判決に付された補足意見は，適合性が認められる顧客に対しても，証券会社がオプションの売り取引を勧誘してこれを継続させるにあたっては，顧客の取引内容が極端にオプションの売り取引に偏り，リスクをコントロールすることができなくなるおそれが認められる場合には，これを改善，是正させるため指導，助言を行う信義則上の義務を負う旨を説示している。

この説示においては，証券会社と顧客との間に基本契約が結ばれていて，継続的に金融商品取引を行うという場面での助言義務が問題とされているが，助言義務は，より一般的に，契約の締結や履行に際して問題になりうるものである。

　助言義務についても，不適切な助言をしない消極的義務（不作為義務）と積極的に助言をする義務の双方を観念することができる。

　ここで，この助言義務と契約締結関連情報提供義務との関係が問題になるが，情報提供義務は，商品等の選択の責任は顧客が負うという原則の下で課される義務であるのに対して，助言義務は，助言者が商品選択の責任を全部または一部引き受けるという場面で問題となる義務であり，その意味で両者は質的に異なる義務であるということができる。また，両者の義務の区別は，提供すべき情報の性質の違いによる区別であり，情報提供義務における情報は，生のままの客観的な情報であり，契約の相手方が事実を踏まえて行動することを可能にすることのみを目的とするのに対し，助言義務における情報は，相手方が求めている目的から見て，相手方の行動が有利であるかどうかにつき専門家としての評価を行い，相手方を一定の行動に向かわせるような情報であるとも説明される。

5　契約交渉打切り責任

問題の所在

　契約を締結するか否かは，原則として，当事者の自由に委ねられている（契約締結自由の原則）。したがって，契約交渉当事者は，本来いつでも任意に契約交渉を打ち切ることができなくてはならない。当事者が契約締結前に契約の成立を期待して費用を投下する場合には，契約が締結されずにその費用が無駄になっても，それは自己の負担になるのを覚

悟して出費をすべきことになるはずである。

　しかし，原則はそうであるとしても，一定の事情の下では，契約交渉を打ち切った者に相手方に対する損害賠償責任を認めるべきではないかが問題となる。現代の契約においては，一回的な申込みと承諾の合致によって契約が成立するのではなく，比較的長い時間をかけて交渉を繰り返しながら契約内容を段階的に詰めることが多くなってきていること，契約を締結して履行をする場合に備えて，少なくない費用を先行的に支出するケースが増加してきていること，不動産取引・融資取引などにおいて契約成立を認めるのに裁判例は慎重な傾向を示していること，企業の内部組織や業務系統が複雑化していることといった事情を背景に，契約交渉打切りによる責任の問題が議論されている。

　たとえば，次のようなケースにおいて，問題が生ずる。

Case 2-2

❶ YX間でYがその所有地をXに売却する契約の交渉を進め，売買代金をはじめ，約定すべき事項について，相互の了解に達し，契約を締結すべき予定日まで取り決めた。しかし，YはXとの契約の締結に応ぜず，その土地を他に売却（移転登記）したので，Xが，Yの不法行為を理由に，売買代金の融資金の金利相当額の損害賠償を請求した。

❷ Xが分譲マンションの着工と同時に購入者を募集したところ，歯科医院のための物件を物色していた歯科医Yが，1階の102号室についてXと契約の交渉に入り，同室の面積が歯科医院のためには狭いが，もし2階の1室を使えるなら広さとしては十分である旨を告げ，その後，102号室では狭くて移転は無理であるとの結論を得たものの，なお2階が使えるかもしれないと考えて断ることをせずに，歯科医院では電気を大量に使うが電気容量はどうなっているかをXに尋ねたのを受けて，Xは，Yの意向を確かめないまま設計変更と工事手直しを

して，マンションの電気容量を増やした。その後，YがXとの契約締結を拒絶し，Xが1階102号室と2階の1室を一括して売却したいとYに申し出たのに対しても，買取りの意思はないとして，これを断ったので，Xは設計変更に伴う工事代金増額分相当額などの損害賠償をYに請求した。

　最高裁は，■に類する事案に関して，YにはXの期待を侵害しないよう誠実に契約の成立に努めるべき信義則上の義務があるとしてXの請求を認めた原審判決を是認した（最判昭58・4・19判時1082号47頁）。また，■に類する事案に関して，Yの契約準備段階における信義則上の注意義務違反を理由とする損害賠償責任を肯定した（最判昭59・9・18判時1137号51頁）。

> 責任の要件

学説は，事案類型を，たとえば，契約が締結されるとの誤信を有責に誘発したこと自体を帰責の根拠とする「誤信惹起型」（■はこれに当たる）と信頼の惹起自体ではなく，正当な理由なく交渉を打ち切って契約締結への信頼を裏切ったことを帰責の根拠とする「信頼裏切り型」（■はこれに当たる）などに区分して議論している。

　こうした類型区分は，各類型に応じて，責任の要件・効果が異なり，また契約を締結しない自由との緊張関係の程度が異なってくると考えられるため，有益である。

　契約を締結しない自由との緊張関係の程度が異なってくるというのは，どういうことであろうか。誤信惹起型においては，契約が締結されるとの誤った信頼を有責に惹起するという行為が交渉打切りの前に存在しているから，「契約を締結しない自由」があるからといって，そのような行為によって他人に損害を与えることまで正当化されるわけではない（賠償責任を負わせられる可能性を慮って，契約

締結をするか否かを自由に決定できないことにより、間接的に「契約を締結しない自由」が制約されるという関係は生ずるかもしれないが、「契約を締結しない自由」はそうした影響が生ずることまで排除できるものではない）という理由により、比較的容易に責任を正当化できる。

　これに対して、信頼裏切り型においては、正当な理由なき交渉打切り自体を義務違反行為と見ることになるが、このことは、「契約を締結しない自由」に抵触するのではないかとの疑問が生ずる。もちろん、締約義務の履行強制までされるわけではないし、後述のように損害賠償の範囲が成立した契約への違反の場合と異なるのであれば、締約強制と同じでないことは確かである。しかし、そうであっても、契約成立への期待の挫折という結果を回避し、損害賠償責任を負わされないようにするためには、結局契約を締結するしかないのだとすれば、課される義務の内容は契約締結義務に接近する。

　このような事情から、信頼裏切り型の場合に責任を認めるについては、それにふさわしい厳格な要件が要求される傾向にある。すなわち、契約締結交渉が大詰めに至って形式的詰めを残すだけとなり、相手方が契約の締結に対する信頼を抱いたにもかかわらず、正当な理由なく契約の成立を阻害する行為をしたり、契約交渉を一方的に打ち切ったりすれば、損害賠償責任が課されることになるのである。

　また、信頼裏切り型では、交渉打切りに正当な理由がある場合には、免責が認められるのに対し、誤信惹起型では、誤信さえ惹起されなければ当該費用を出費することはなかったという場合、たとえ締約拒絶に正当な理由があっても、誤信惹起者はその費用を損害として賠償すべきであるとされる。

責任の内容（損害賠償の範囲・内容）

責任が認められる場合の効果は、具体的には義務違反者の損害賠償責任の発生である。その損害賠償の内容がどのようなものかに

ついては，種々の見解が説かれている。

まず，この場合の損害賠償は信頼利益の賠償に限られるという見解（信頼利益限定説）がある。ここでの責任を認める目的は，契約締結への信頼を保護することであるから，信頼により被った損害の賠償で足りることを根拠とする。

これに対しては，一定の場合には，履行利益の賠償まで認められてしかるべきであるとの見解（履行利益一部承認説）も主張されている。すなわち，信頼裏切り型のケースにおいて，代金等を含む契約内容についてはほぼ合意に達し，正式契約の締結日が定められるに至った段階では，契約成立に努めるべき義務が発生し，この義務に違反した当事者には，履行利益の賠償義務が課せられると解するのである。もっとも，この立場に対しては，履行を求めえないにもかかわらずその代償である履行利益を請求しうるとするのは背理であるという批判が根強く向けられている。

第3に，損害賠償の範囲に関する一般法理（相当因果関係論，保護範囲論など）に委ねれば足りるとする見解（一般法理適用説）も説かれている。これは，日本の民法典が，信頼利益・履行利益という区分を採用しておらず，そうした区分自体の内容も不透明なことを理由とする。

契約外第三者への責任の拡大　2人の当事者が契約交渉に関与するシンプルな事案ではなく，契約当事者となるべき者以外の第三者が契約交渉に影響を与える場面で，当該第三者の責任が問題となることがある。

Case 2-3

　AがCの意向を受けて開発，製造したゲーム機を順次A→B→Cと継続的に販売する旨の契約が，締結の直前にCが突然ゲーム機の改良要求をしたことによって締結に至らなかった。Aは，Bには，契約の準備段階における信義則上の注意義務違反があり，これによって商品の開発費，

製作費，得べかりし利益等に相当する額の損害を被ったと主張して，B
に対し，損害賠償を求めた。

Case 2-3 においては，交渉決裂の原因は C にあるので，B が責
任を負う理由はないのではないかが問題となる。しかし，最高裁は，
Case 2-3 に類する事案において，B が，開発等の続行に難色を示
す A に対し，C から具体的な発注を受けていないにもかかわらず，
ゲーム機 200 台を発注する旨を口頭で約したり，具体的な発注内容
を記載した発注書および条件提示書を交付するなどし，ゲーム機の
売買契約が確実に締結されるとの過大な期待を抱かせてゲーム機の
開発，製造に至らせたなどの事情の下では，B は，契約の準備段階
における信義則上の注意義務に違反したものとして，これにより
A に生じた損害を賠償する責任を負う旨を判示した（最判平 19・2・
27 判時 1964 号 45 頁）。

では，契約当事者となるべき者以外の第三者が，契約締結が確実
であるとの期待を抱かせ，後にその信頼を裏切った場合に，その第
三者の責任を問うことはできるか。

Case 2-4

建具業者（下請業者となるべき者）A が，研究教育施設用建物の建築の
施工業者（元請業者）が決まる前，したがって元請業者との間で下請契約
を締結する前に，建物の設計監理者となるべき B から協力を依頼され，
注文者となるべき C 大学の了解を得て，下請の仕事（外壁用建具の納入・
取付け）の準備作業を開始したものの，C が将来の収支に不安定な要因
があるという理由で建築計画を中止したため，準備作業に要した経費相
当額の損害を被ったとして，C に対して不法行為に基づく損害賠償を請
求した。

Case 2-4 では，AとCの間で将来における契約の締結が予定されていたわけではないから，Aの損害もBとの間で解決を図るべきもので，Cの責任を追及することはできないのではないかが問題となる。しかし，最高裁は，Case 2-4 に類する事案において，Cの責任を肯定した（最判平 18・9・4 判時 1949 号 30 頁）。問題の事案においては，竣工予定時期に間に合うよう下請の仕事を完成させるためには，早期に準備作業を開始する必要があったし，CはBの説明を受けて，下請業者に準備作業の開始を依頼することおよび依頼後は別の業者を選ぶことはできなくなることを了承していた。また，AはBから，Cの了承があった旨の説明を受けるとともに，直ちに準備作業を開始するよう依頼を受けて，作業にとりかかっていた。平成 18 年判決は，そのような事情の下では，Aは，Cの了承があったことから，将来決定される元請業者との間で下請契約を確実に締結できるものと信頼して，準備作業を開始したものというべきであり，また，Cは，Aが準備作業のために費用を費やすことになることを予見しえたものというべきであるから，Cが，Aの支出費用を補てんするなどの代償的措置を講ずることなく建物の建築計画を中止することは，Aの信頼を不当に損なうものであって，不法行為責任を免れないと判示した。このように，最高裁は，下請契約の当事者となるべき者以外の第三者にも，先行行為への信頼の裏切りを理由とする不法行為責任を負わせたが，本件で責任を課せられたのは，全くの第三者ではなく，下請契約の成立や内容に大きな影響を与えうる立場にある建物建築の発注者たるべき者である。そのような者だからこそ，責任が肯定されたのだと理解すべきであろう。

第3章 契約関係存続中の諸問題

> 本章では，契約関係が存続している間にどのような事柄が問題になり，それにつきどのようなルールが用意されているかを見る。まず，双務契約において問題となる同時履行の抗弁権，危険負担のルールを解説し，続いて，事情変更法理，再交渉義務を取り上げ，検討する。加えて，第三者のためにする契約も本章で取り上げる。

1 序

　民法第3編第2章第1節第2款では，契約の成立の規定に続けて，「契約の効力」というタイトルの下に，いくつかの規定を置いている（533条以下）。もっとも，533条以下の諸条文は，契約の効力に関する規定のほんの一部を占めるにすぎない。むしろ，契約の効力に関係する問題の多くは，債権総則・民法総則において扱われている。これは，民法典が，共通ルールは束ねて前に括り出すという編纂方式（パンデクテン方式）に拠っているためである。つまり，債権に共通のルールは括り出して債権総則で，意思表示や法律行為に共通のルールは民法総則で，規定されているのである。

　それはともかく，本章では533条以下の諸規定を，契約関係の存続中に生ずる問題として，取り上げる。ここで扱われるのは，同時履行の抗弁権，危険負担といい，事情変更法理といい，その観点からまとめることのできる問題が多く，また，「契約の効力」という

タイトルは前述の理由から，いささか誇大だからである。なお，第三者のためにする契約は，契約関係存続中の問題ではないが，便宜上，本章で扱う。

2 同時履行の抗弁権

Case 3-1 ─────────────────────────────

　Ａはその所有する名画をＢに 1000 万円で売り渡す契約を締結し，引渡しおよび代金支払期日を 6 月 30 日と取り決めた。当日になってＢがＡに対して絵の引渡しを請求したときに，Ａは，代金を支払ってくれなければ絵を引き渡さないといえるか。

─────────────────────────────

> 同時履行の抗弁権と
> その要件

　533 条は，双務契約の当事者の一方は，相手方がその債務の履行を提供するまでは，自己の債務の履行を拒むことができると規定している。Case 3-1 において，Ａは 533 条の定める同時履行の抗弁権を主張して，Ｂが代金を支払うまでは，絵を引き渡さないということができる。Ａが絵の引渡債務の履行の提供をしないで，Ｂに対して代金の支払を請求した場合も同様であり，Ｂは代金支払を拒絶することができる。訴訟の場面においては，たとえば，Ｂが絵の引渡請求訴訟を提起した場合に，Ａが同時履行の抗弁権を行使すると，裁判所はＢの請求を棄却する判決ではなく，引換給付判決（Ａは，Ｂから 1000 万円の支払を受けるのと引き換えに，Ｂに対し絵を引き渡せという内容の一部認容判決）を下すべきであると解されている（大判明 44・12・11 民録 17 輯 772 頁）。

　533 条が同時履行の抗弁権を認めているのは，相手方の債務の履行が得られないのに，自分の債務だけを履行しなければならないと

すると，双務契約の当事者が相互に負っている債務の牽連関係（ギブ・アンド・テイクの関係）に反して，公平に反する結果になるからである。

　また，双務契約の当事者は，互いに自己の負う債務を履行しないと自己の債権の履行を得られないことになるから，同時履行の抗弁権は，担保（債務の履行を確保するための手段）として機能しているということもできる。

Web 同時履行の抗弁権と留置権 ❖❖❖❖❖❖❖❖❖❖❖❖❖❖❖❖

　同時履行の抗弁権は担保の機能を有するので，そのかぎりで留置権（295条以下）と類似する。両者の一方しか問題にならない場合も多いが，両者のいずれの要件とも備わっている場合も生ずる。たとえば，時計屋が客から依頼されて時計の修理を済ませたが，客が修理代金を支払うまでは，時計を引き渡さないと主張する場合，この法的主張は，時計修理契約という双務契約に適用される同時履行の抗弁権によって基礎付けることもできるし，客の物を占有する時計屋がその物に関して生じた修理代金債権の弁済を受けるまで物を留置する権利（留置権。295条）によっても基礎付けることができそうである。この場合の両権利の成立・適用の関係については，両権利とも成立し，権利者はどちらを行使することもできると解するのが通説的見解であるが，契約当事者の間では同時履行の抗弁権だけが成立し，留置権は契約関係に立たない者の間で問題になるにすぎないとする見解も，有力に主張されている。

❖❖❖❖❖❖❖❖❖❖❖❖❖❖❖❖❖❖❖❖❖❖❖❖❖❖❖❖❖❖❖❖❖❖❖❖

　このような同時履行の抗弁権が成立するための要件は，①1個の双務契約から生じた相対立する債務が存在すること，②同時履行抗弁の相手方Bの債務についても弁済期が到来していること（533条ただし書参照），③相手方Bが自分の債務の履行またはその提供をしないで，Aの債務の履行を求めてきたこと，の3つに整理される

ことが多い。もっとも，相手方がどのような請求をしている場面なのか，同時履行の抗弁権のどのような効果が問題になっている場面なのかに即して，以下で述べるように，もう少し具体的に理解していく必要がある。

双務契約上の相対立する債務の存在（要件①）

(1) 同時履行の抗弁権が成立するためには，双務契約から生ずる相対立する債務が存在することが必要とされる。Case 3-1においては，絵の売買契約から生じた引渡債務と代金支払債務が存在するから，この要件が満たされる。もっとも，Case 3-1では，このことは，買主Bが絵の引渡債務の履行を請求するために絵の売買契約の締結を主張・立証することによって基礎付けられるので，同時履行の抗弁権を行使する売主Aが，あらためて主張・立証する必要はない。

問題となる双務契約が，動産ではなく，不動産の売買契約である場合については，売主の負う債務として登記手続協力義務と引渡義務が問題となるため，売主が登記を移転したが，引渡しをしていない場合に，買主が代金支払を拒絶できるかが，問題となる。学説は，原則否定説（例外として，買主が目的物の使用を目的とする場合には，拒絶を肯定）と肯定説とに分かれている。判例としては，土地の売買契約に関し，移転登記を受ければ，買主は所有権取得を第三者に対抗でき，他に処分できることを理由に，引渡しを受けていない買主の代金不払を履行遅滞と認め，売主の契約解除を認めた判決（大判大7・8・14民録24輯1650頁）が存在する一方，建物の売買契約に関しては，売主の引渡義務および移転登記手続協力義務と買主の代金支払義務との同時履行関係を認め，売主が契約解除するためには，売主の前記両義務の履行提供が必要であるとした判決が出ている（最判昭34・6・25判時192号16頁）。

売主の目的物の引渡しが買主の代金支払と同時履行の関係に立つだけでなく，売主の目的物引渡しに代わる損害賠償債務と買主の代金支払債務との間にも，同時履行の関係が認められる（533条かっこ書）。

(2)　双務契約上の相対立する債務以外の場合にも，同時履行の関係が認められることがある。同時履行の抗弁権は，自己の債務を履行せずに，相手の債務の履行だけを請求することは公平に反するという理由から認められるものであるので，同様の趣旨が妥当する場合には，その適用ないし類推適用を認めてよいと考えられているのである。

法律が，契約解除による原状回復義務（546条），負担付贈与における贈与目的物給付義務と負担給付義務（553条），終身定期金契約解除による原状回復義務（692条），仮登記担保清算時の清算金支払債務と土地等の所有権移転登記手続協力および引渡しの債務（仮登記担保3条2項）に533条を準用しているのも，この趣旨によるものである。

また，明文の規定なしに解釈によって，533条の適用ないし類推適用が認められる例として，双務契約が行為能力制限により取り消された場合の不当利得返還債務（最判昭28・6・16民集7巻6号629頁）がある。双務契約締結のための意思表示が詐欺によって取り消された場合の不当利得返還債務相互の関係に533条の類推適用が認められるかにつき，学説の見解は分かれているが，問題を肯定に解した判決が出ている（最判昭47・9・7民集26巻7号1327頁。ただし，第三者詐欺が問題となった事案に関する）。

(3)　継続的供給契約においては，1つの基本契約から複数の債務が継続的に発生するので，どの債務とどの債務が同時履行関係にあると解すべきかが問題となる。

Case 3-2 ────────────────────────────────

　石油販売業者Ａは，機械製造業者Ｂとの間で，Ｂの発注に応じてＡ
が重油をＢ社工場に納入し，代金は毎月月末締めで，翌月15日までに
ＢがＡに支払う旨の契約を締結した。しばらく取引が順調に継続した後，
Ａはある年の10月に重油50キロリットルをＢに納入したが，11月
15日を過ぎてもＢが代金90万円を支払わなかった。11月20日に
Ｂが重油30キロリットルの納入を求めたのに対して，Ａは納入を見合
わせることができるか。

────────────────────────────────

　Case 3-2において，11月分の代金支払債務に対して対価関係に
ある債務は，10月分の重油納入債務である。11月分の重油納入債
務は，10月分の代金支払債務とは相対立する関係に立たない。し
かし，通説・判例（大判昭12・2・9民集16巻33頁）は，この場面で
の同時履行の抗弁権を認める。継続的供給契約の各当事者の債務は
全期間通じて全体として対価関係にあるのであり，前期分の代金不
払は，買主の全債務のなかの一部不履行を意味し，同様に売主の全
債務のなかの一部履行たる今期分の供給とを対立させ，結局前期の
代金支払義務と今期の供給とは533条にいう同時履行の関係にある
とする。これに対して，有力説は，このような場合，逆に買主の方
が売主の今期分の供給拒絶を理由に，前期分の代金支払を拒絶する
ことは認められないから，前期分の代金不払を理由とする売主の今
期分の供給拒絶権は，533条の同時履行の抗弁権と異なる履行拒絶
権であるとしている。

┌─────────────┐
│ 相手方債務の弁済期 │
│ 到来（要件②） │
└─────────────┘

(1)　まず，相手方ＢがＡに対して，絵の
引渡債務の履行請求をした場面において，
Case 3-1とは異なり，Ｂの代金支払期日
が7月20日と定められていた場合には，Ｂはこの先履行の合意の

存在を主張・立証して，Aに対して絵の引渡し（一方的給付）を請求することができる。

　もっとも，この場合でも，7月20日にBが絵の引渡しを請求した（あるいは，6月30日に引渡しを請求したが，Aがそれに応じないでいるうちに7月20日が到来した）というケースにおいて，Aは同時履行の抗弁権を主張できるかが，さらに問題になる。これについては，もともと，契約上先履行の義務を負うAが，その義務を履行しないでおきながら，7月20日になったらたちまち履行を拒めるというのは不当だとして，同時履行の抗弁権を否定することも考えられないではない。しかし，通説は，この場合でも，原則として同時履行の抗弁権が認められると解している。相手方Bの代金支払債務の履行期が到来した以上，引換給付を認めるのが公平に叶い，Aが6月30日から7月20日まで債務不履行をしていたことのサンクションは損害賠償の問題として処理すれば足りるというのである。ただし，先履行義務を負う者の履行があってはじめて相手方が債務を履行するのが契約の趣旨である場合には，前者の履行がない以上，後者の履行期は到来しないと解されるので，同時履行の関係にはならない。

　(2)　次に，相手方BがAの履行遅滞を理由として契約を解除し，損害賠償を請求する場面においては，Bは契約解除・損害賠償請求を基礎付ける要件の1つとして（契約解除の要件一般については，⇒第5章），Aの目的物引渡債務の履行期が到来し，Aに同時履行の抗弁権が存在しないことを主張・立証する必要がある。Aが絵の引渡しにつき先履行義務を負っている場合には，Bはそのことを主張・立証して，同時履行の抗弁権の不存在を基礎付けることができる。

　(3)　これとは別の問題として，Bが6月30日に絵の引渡しを求

めてきたときに，Bの資産状態が悪化していて，7月20日になっても代金を払えない可能性が強い場合には，Aは，代金の支払か担保の提供（たとえば，銀行に代金債務相当額の預金をさせて，Bが自由に引き出せない拘束性預金にしたり，あるいは，預金債権を質にとるなどの方法がある）を受けるのでなければ，絵を引き渡さないといえるか，という問題がある。このように，双務契約において，債務者が債務を履行すべき場合でも，相手方から反対給付を受けられないおそれが生じたことを理由に，自己の債務の履行を拒絶できる権利を**不安の抗弁権**と呼ぶ。

　学説上は，これを認める考え方が有力である。ただ，不安の抗弁権が実際に機能する典型場面である企業間の継続的供給契約を念頭に置いて考えると，これを認めることは，資金繰りの苦しい中小の企業・商店にとっては，せっかく代金後払の約束で商品の仕入れ契約をしたのに，資産状態が悪くなったという理由で，メーカーや卸売業者に商品納入を止められて，いわばそこで完全に息の根をとめられるということを意味する。そこで，不安の抗弁権を認めるにしても，その根拠・要件・効果につき，慎重に検討することが要請される。裁判例においては，信用不安がただちに履行拒絶を許容すると解するのではなく，相手方の資力に対する不安の存在に加えて，資産状態の事前調査の有無，相手方が担保の供与交渉に応じたか等の事情を考慮に入れ，相手方がその資力に対する疑念を払拭する努力をしたか否かを抗弁権存否の判断要素としている（東京地判昭58・3・3判時1087号101頁，東京地判平2・12・20判時1389号79頁など）。

一方的履行請求（要件③）

(1)　Bから絵の引渡債務の履行請求をされたのに対して，Aが同時履行の抗弁権を盾に履行を拒絶したとして，もしBが自

己の代金支払債務につき既に履行していたのであれば，Bはそのことを主張・立証して，同時履行の抗弁を斥けることができる。

　では，次の場合はどうか。

Case 3-3 ───────────────────────────────

　Case 3-1 で，Bが6月30日に1000万円を持参して，Aに絵の引渡しを求めたが，Aが拒絶したために，代金をもち帰り，7月30日にもう一度，今度は代金をもたずに，絵の引渡しを請求したとする。Aは，同時履行の抗弁権を行使して，絵の引渡しを拒むことができるか。

──

　これについては見解が分かれており，一方の説は，Aは同時履行の抗弁を主張できず，絵を引き渡さなければならないとする。Aは，Bによる履行の提供を拒み，不当に絵の引渡しを拒絶したのだから，信義則上，同時履行の抗弁権を失って当然だというのである。しかし，判例（前掲大判明44・12・11）・多数説は，この場合にも，この問題との関係では同時履行の抗弁権は失われないとする。たしかに，Bは履行の提供をし，Aは債務不履行をしたことになるけれども，代金支払との引換給付を求める地位まで奪い，Aに先履行を強いるのは行き過ぎだというのである。

　(2)　しかし，これはあくまでも，履行請求に対して同時履行の抗弁を提出する場面において，いえることであって，他の問題との関係では，そうはいえないことに注意する必要がある。すなわち，同時履行の抗弁権を主張できる，ないしは有するということの意味としては，すぐ後に述べるように，債務の履行を拒絶できる（訴訟の場面では引換給付判決を導くことができる）ということの他に，同時履行の抗弁権を有する債務者は履行遅滞に陥らないということがある。この後者の問題との関係では，結論が異なってきうるのである。具体的には，Case 3-3 でBが絵の引渡しを1回拒絶されて，その売

買契約をもはや解除してしまおうとする場合や履行に代わる**損害賠償**を請求しようとする場合には，Ｂは改めて代金の提供をする必要はないと解されている（解除に関し，大判昭3・5・31民集7巻393頁）。したがって，履行遅滞ないし，解除・損害賠償との関係では，履行の提供は1回で足りることになる。

　⑶　なお，Ａの履行拒絶の意思が極めて明白な場合にも，ＢはＡの同時履行の抗弁権を尊重しなければならないかという問題がある。この問題については，最判昭41・3・22民集20巻3号468頁があり，「双務契約において，当事者の一方が自己の債務の履行をしない意思が明確な場合には，相手方において自己の債務の弁済の提供をしなくても，右当事者の一方は自己の債務の不履行について履行遅滞の責を免れることをえない」旨を明らかにしている。もっとも，この場合には，ＢはＡの履行拒絶に基づいて契約を解除することができる（542条1項2号）から，そもそも履行遅滞の有無を問題にする必要はないといえる。他方，履行請求との関係では，Ａの履行拒絶の意思がいかに明白でも，Ａが同時履行の抗弁権を行使したならば，それが認められ，訴訟においては，引換給付判決が下されることになるであろう。

> **同時履行の抗弁権の効果**

同時履行の抗弁権の効果としては，①一方的履行を拒絶できること（訴訟においては，引換給付判決が下されること），②同時履行の抗弁権を有する債務者は履行遅滞にならないこと，③同時履行の抗弁権の付着する債権を自働債権とする相殺が禁止される（大判昭13・3・1民集17巻318頁）ことが挙げられる。

　このうち，①については，同時履行の抗弁権を有する債務者が同権利を行使しなければ，相手方の履行請求が認められることになると一致して理解されている。これに対して，②と③については，同

時履行の抗弁権を有する者が行使しなくても，同抗弁権の存在自体から生ずるものと解する**存在効果説**と債権者の権利行使があってはじめて認められるとする**行使効果説**とが対立している。判例は，存在効果説の立場に立っている（いずれも②についてのものであるが，大判大 2・12・4 民録 19 輯 993 頁，最判昭 29・7・27 民集 8 巻 7 号 1455 頁，最判昭 35・10・27 民集 14 巻 12 号 2733 頁など）。

3 危 険 負 担

債権者の反対給付履行
拒絶権

債務不履行に関する伝統的理論においては，原始的履行不能の債務は成立せず，また，債務の履行が債務者の責めに帰することができない事由によらないで不能になった場合（債務者無責の後発的履行不能の場合）には，債務自体が消滅すると考えられてきた。そのうえで，伝統的理論は，双務契約において，一方の債務が債務者無責の後発的履行不能によって消滅した場合に，他方の債務の運命はどうなるかという問題を，危険（対価危険）負担の問題ととらえ，改正前の民法も，534 条から 536 条までの規定を設けて，この危険負担に関する規律を行っていた。

　現民法は，問題のこのような把握の仕方をいくつかの点で抜本的に改めた。まず，履行不能は，債務者の有責・無責を問わず，債務の消滅事由ではなく，履行請求権の排除事由の 1 つとして位置付けられる（412 条の 2 第 1 項）。また，原始的履行不能の債務も当然に不成立とはされず（412 条の 2 第 2 項参照），それが有効に成立する場合には，原始的履行不能も，履行請求権の排除事由となる（412 条の 2 第 1 項）。そのうえで，536 条 1 項において，「当事者双方の責めに帰することができない事由によって債務を履行することができ

なくなったときは，債権者は，反対給付の履行を拒むことができる」と規定する。

Case 3-4 —————

　Aはその所有する名画をBに1000万円で売り渡す契約を締結したが，Aが絵をBに引き渡す前に，AB双方当事者の責めに帰することのできない事由により発生した火災により絵が焼失した。

　Case 3-4において，Aの絵の引渡債務は履行が不能であるから，BはAに対し絵の引渡しを請求できない（412条の2第1項）。Aの引渡債務の履行不能が責めに帰することのできない事由による以上，BはAに対し損害賠償を請求することもできない（415条1項ただし書）。さて，Bは自己がAに対して負担する1000万円の代金債務の方は履行しなければならないのだろうか。

　この場合，Bが売買契約を解除すれば（542条1項1号），解除の効果として代金支払債務は消滅し，Bが代金を支払う必要はなくなる。しかし，Bは売買契約を解除しないで，536条1項に基づいて，反対給付である代金支払を拒絶することもできる。なお，これらの取扱いは，絵の焼失がAB間の売買契約成立の前に起こったか，後に起こったかにより，異なることになるわけではない。つまり，536条1項は，後発的履行不能の場合にも，原始的履行不能の場合にも，適用される。

　なお，賃貸借契約や役務提供型契約において，一方の債務が履行不能になった場合に他方の債務がどう扱われるかについては，それぞれの契約類型に即した特則が置かれている（賃貸借につき611条1項・616条の2，雇用につき624条の2，請負につき634条1号，委任につき648条3項）ことに注意する必要がある。

　　◆解除一元化モデルと単純競合モデル　　改正前の民法においては，

543条が履行不能に基づく解除には帰責事由が必要と規定していたから，帰責事由がある場合は解除，帰責事由がない場合は危険負担という仕方で，両制度の棲み分けが一応はできていた。しかし，現民法は，帰責事由なしの解除を認める立場を採用したから，双務契約に関する危険負担規定との関係をどう理解し，調整するかが，問題となった。現民法の検討過程においては，危険負担制度を解除制度に吸収する解除一元化モデルも有力に主張された。この立場では，双務契約の一方の債務の履行が不能である場合，反対債務の運命は，債権者が契約を解除するかどうかにかかることになる。解除一元化モデルの論拠としては，①危険負担による債権債務関係の自動的消滅という考え方と解除とが論理的に相いれないことのほか，②危険負担の前提となる履行不能が生じているかどうかは，債権者（反対債務の債務者）にとって明確でない場合もあるので，とりわけ催告解除により契約関係の終了の有無と時点を明確化できる点で解除制度が優れている（危険負担制度を併置する実益に乏しい）こと，③一方の債務の履行が不履行債務者に帰責事由なく実現不能となり，損害賠償も請求できない場合，それでもなお解除せずに自らの負う反対給付債務を残して契約を維持するという利益が債権者に存在する場合がありうるので，このような場合には，債権者が解除権を行使せず契約の拘束力を維持するという選択を行えてしかるべきであることなどが主張された。もっとも，これに対して，解除と危険負担の単純競合論を支持する見解も根強く主張された。これは，❶危険負担の制度を廃止してしまうと，自己の帰責事由によらずに債務の履行が不能となった債務者は本来の債務も塡補賠償の債務も全て履行する必要がなくなるのに，債権者は解除の意思表示を債務者に到達させなければ自己の反対債務を免れることができないこととなり，当事者間の公平を害する結果になりかねないこと，❷解除のみでは，解除権の不可分性によって解除が制限される場合や解除権が消滅時効にかかった場合など，債権者に不利益となるケースがありうることなどを理由とする。このような中，現民法536条1項が採用した

のは，解除と危険負担との併存を認めつつ，危険負担の効果を反対
債権の当然消滅（改正前民法）から債権者（すなわち，反対債権の債務
者）の履行拒絶権の承認へと改変するという，妥協案であった。こ
れは，一方において，解除と危険負担の両制度の併存を認めること
による理論的矛盾（前記①）を緩和し，危険負担による反対債権の
当然消滅への懸念（前記③）をなくし，他方において，常に解除を
必要とすると債権者に不利益となる場合がありうるとの懸念（前記
❷）に応えようとしたものである。

双方無責の履行不能　　536 条 1 項は「当事者双方の責めに帰する
　　　　　　　　　　　ことができない事由」による履行不能とい
う表現を用いている。このことと関連して，次の 2 つの点が問題と
なる。

　第 1 に，この表現からは，一見すると，反対債務の履行拒絶権を
訴訟で主張する債権者（履行不能となった債務の債権者）は，「当事者
双方の責めに帰することができない事由」を基礎付ける事実を主
張・立証しなければならないかのように読めるが，そうではないこ
とに注意する必要がある。むしろ，債務者（履行不能となった債務の
債務者）からの反対債務の履行請求に対して，債権者が履行不能の
事実を主張して反対債務の履行拒絶の意思表示をすれば，債務者は，
後に述べる 536 条 2 項の規律に基づいて，履行不能が「債権者の責
めに帰すべき事由」によるものであったことを主張・立証して，自
己の履行請求を正当化すべきことになるのである。

　第 2 に，債権者が履行不能の事実を主張して反対債務の履行拒絶
の意思表示をしたのに対して，債務者が，履行不能が「債務者（自
分）の責めに帰すべき事由」によるものであったことを主張・立証
して，536 条 1 項による履行拒絶の主張を否定することができるか
が問題となる。この点に関しては，両論がありうるが，消極に解し

て，解除の場合と履行拒絶の場合とで，法的取扱いの差が生じない
ようにするのが，相当であろう。

売買目的物の滅失
または損傷に関する
危険の移転

以上のようにいえるのは，契約の目的物が
債権者に引き渡される前に滅失または損傷
した場合についてである。目的物の滅失等
が引渡後に生じた場合については，567条が，売買に関する各則規
定の1つとして，「目的物の滅失または損傷に関する危険の移転」
に関する規律を設けている。

　すなわち，567条1項によれば，①売買目的物（「売買の目的とし
て特定したもの」に限る）が買主に引き渡された後に滅失・損傷した
ときには，買主は売主に対して滅失・損傷を理由とする権利主張
（追完請求・代金減額請求・損害賠償請求・契約解除・代金支払拒絶）を
――一般則上，これらの権利が認められるための要件が充たされた
としても――することができない。このうち，代金支払拒絶権とは，
536条1項による権利を指している。

　②ただし，引渡後の滅失・損傷が売主の帰責事由による場合は，
買主は前記の権利を行使することができる。

　③買主の権利主張が否定されるのは，目的物の「滅失又は損傷を
理由」とする場合である。引渡時に売買目的物に契約不適合があっ
た場合や，引渡しが遅延した場合に，買主が売主に対して，契約不
適合や履行遅滞を理由として債務不履行責任を追及することは，妨
げられない。

　④この規律は，伝統的な理解における狭義の危険負担（対価危険）
問題への手当て（規律中の契約解除・代金減額請求・代金支払拒絶の各
排斥がそれに相当する）だけではなく，それ以外の問題（追完請求・損
害賠償請求）もカバーするものである。

　⑤不動産については，目的物が引き渡されてなくても，買主に移

転登記がされていれば，同様の扱いをするという立場も存在していたところ，567 条は，そのような考え方をとらず，引渡しを基準とする立場を貫いている。

⑥ 567 条は，売買目的物の滅失・損傷のみを扱っている。これ以外の理由で債務の履行が不能になる場合は，今後の解釈に委ねられている。

債権者有責の履行不能の場合

債権者の責めに帰すべき事由によって債務を履行することができなくなったときは，債権者は，反対給付の履行を拒むことができない（536 条 2 項前段）。この場合において，債務者は，自己の債務を免れたことによって利益を得たときは，これを債権者に償還しなければならない（536 条 2 項後段）。

この 536 条 2 項の下で，役務提供者が自己の給付を履行しないと具体的報酬請求権が発生しない契約類型（雇用に関する 624 条，請負に関する 633 条，委任に関する 648 条 2 項などを参照）において，役務受領者の帰責事由により役務を提供できなくなった場合は，どのように扱われるか。たとえば，使用者の帰責事由により労働者が労務を提供できない場合に，労働者は使用者に賃金の支払を請求できるのか，それとも，実際に労働していない以上は，ノーワーク・ノーペイの原則により，賃金の支払を請求できないのかが，問題となる。請負に関しても，注文者の帰責事由により請負人が仕事を完成することができない場合の報酬請求権の成否が問題となる。

Case 3-5 ───────────────────────────────────

B は，所有する自動車が損傷したため，A の営む修理工場に修理に出した。A が修理を半分ほど済ませたところで，工場を訪れた B の煙草の不始末から火災が発生し，自動車は工場もろとも焼失した。A は B に対

し約定の修理代金の支払を請求できるか。

　Case 3-5において，Aが既に行った修理が修理全体のうち可分な一部であって，Bがそれによって利益を受けるときは，その部分が仕事の完成とみなされて，Aは，Bが受ける利益の割合に応じて修理代金を請求することができる（634条1号。同号は，注文者の帰責事由によらないで仕事を完成できなくなった場合についての規定であるが，注文者の帰責事由によって仕事を完成できなくなった場合にも適用されないわけではない）。問題は，この場合に，Aが，536条2項に基づいて，修理代金全額の支払を請求できるかである。536条2項の「反対給付の履行を拒むことができない」という文言を素直に読むと，反対給付の履行請求権が既に発生していることを前提としており，この規定に基づいて未発生の反対給付履行請求権を発生させることまではできないようにも解される。つまり，自動車修理契約のような請負契約の場合には，仕事を完成することが具体的報酬請求権発生の前提となっているから，Case 3-5におけるAの請求は認めがたいことになる。しかし，改正民法の立案過程では，536条2項は，既発生の具体的報酬請求権の履行拒絶権を否定するだけではなく，具体的報酬請求権の発生を根拠付けうる規定であると説明されており，これによればCase 3-5においてAの修理代金（ただし，修理途中の自動車の焼失により修理をしなくてもよくなったことによって節約できた費用分は，536条2項後段の規定にしたがい，控除しなければならない）の支払請求を認めることができるであろう。

　もっとも，診療や手術の契約をしていたところ，自己の過失による事故で診療・手術を受けることができなくなった患者が，費用弁償にとどまらず，報酬を支払う義務を負うのが相当かとか，一定期間継続する役務提供型契約において，履行不能になった債務の債務

者が役務を提供することなしに，その全期間の報酬請求ができてよいか等の問題は依然残っており，今後536条2項の解釈問題として検討していく必要がある。

4 事情変更法理と再交渉義務

契約締結後の事情変化によって生じた重大なリスクをどのように契約当事者に配分するかは，契約法にとって重要な課題の1つである。

すなわち，その変化が当事者の予想しえた範囲を超えるほど著しいものであって，当初の契約内容をそのまま維持すると当事者の一方にとって過酷な結果をもたらすような場合には，信義則，そして，その具体化である事情変更法理（ないし事情変更の原則）を適用して，契約を解除できないか，あるいは契約内容を新しい事情に適合するように変更できないかが，かねてより論じられてきた。

また，当事者は，変化した事情の下でも，取引関係を終了させることなく契約条件を柔軟に変更することによって関係の修復継続を図るという利益を有している。そうした利益を法理論の側でも受けとめるため，再交渉義務に関する議論が盛んになってきている。すなわち，当事者は契約改訂へ向けて再交渉をする義務があるのではないかという議論である。

1 事情変更法理

適用場面

契約を締結してから契約の履行をするまでの間に時間的間隔がある場合，また，継続的契約関係の場面においては，様々な事情の変化が問題となりうる。

判例などを参考にいくつか具体例を挙げてみよう。

Case 3-6

1 XY間で土地の売買契約が締結されたが，約定の履行期の前に宅地建物等価格統制令が施行され，売買価格につき知事の認可が必要になった。そこで，Yは知事の認可を申請したが，この土地が区画整理地区内にあるため，区画整理が終了しないことには，XY間で約定した売買代金が相当か否かが評価できないという事情から，長期にわたり認可が得られないおそれが出てきた。Xは，この契約の解除をしたい（大判昭19・12・6民集23巻613頁を参考にして構成した設例。なお，昭和16年太平洋戦争勃発，昭和20年終戦という時代背景にも留意してほしい）。

2 Xは，Yから甲土地を建物所有の目的で賃借し（期間20年），その上に家屋を建てて居住している。XY間の契約においては，Xが契約期間中にYに対して甲土地を買い取りたい旨を申し入れたときは，YはXに対して代金175万円で売り渡す旨，合意されていた（売買予約）。Xは契約から19年ほど経ったある日，Yに甲土地を買い取りたい旨を申し入れ，移転登記手続に応ずるよう請求した。これに対し，Yは甲土地はその後更地価格で4000万円に高騰しているから，前記売買予約は失効したと主張した（神戸地伊丹支判昭63・12・26判時1319号139頁を参考にして構成した設例）。

3 XはAの経営するゴルフ場の会員である。このゴルフ場の営業がA→B→Yと譲渡されたが，ちょうどBが経営している時期にゴルフ場ののり面が崩壊し，営業が不可能になったので，Bはゴルフ場の大規模な改良工事を行った。そのうえで，BおよびBから営業を引き継いだYは，従来からの会員であるXに対し，追加預託金を支払って改良工事後のゴルフ場を使用するか，それがいやなら脱会するかの選択を迫った。Xは追加預託金の支払を拒否し，会員資格を引き続き有していることの確認を求めて提訴した（最判平9・7・1民集51巻6号2452頁を参考にして構成した設例）。

4　売買目的物である中古船が暴風雨に巻き込まれて海に沈んでしまい，引き揚げ・修繕は技術的に可能であるが船価の３倍の費用を要する。買主Ｘは売主Ｙに対し，目的物の引渡しを請求した。

5　Ｘはパンフレットに記載された税の優遇措置の存在を信じて工業団地内の甲土地をＹ県から購入したところ，実際には記載内容どおりの優遇措置が受けられないことが明らかとなった。Ｘはこの契約から離脱したい（大阪地判平2・9・7判時1403号81頁を参考にして構成した設例）。

　このように，契約を締結してから履行に至るまでの間には，種々の事情の変化が起こりうる。

　このような広い意味での事情の変更のうち，一定の問題については，一般の債務不履行法や法律行為法のルールが用意されている。

　たとえば，**4**については，中古船売主Ｙの債務が契約および取引上の社会通念に照らして不能かどうかの問題として解決されることになる。つまり，履行不能による履行請求権の排除ルール（412条の2第1項）が優先されるのであり，事情変更法理が競合的に適用されるわけではないと考えられている。

　また，**5**については，当事者は認識していなかったにせよ，客観的には契約締結の時に既に存在していた事情であるので，事情の変更の問題ではなく，錯誤法の問題として扱われることになる。このほか，契約締結後発生したリスクの配分に関して契約解釈上一定のルールが導き出せる場合にも，当該ルールにしたがって問題を処理すればよく，それ以上に特別の法理を持ち出す必要性はない。

　以上に対して，法律行為法や債務不履行法の規律で対処することができない事例については，事情変更法理が適用されるかが問題になってくる。

事情変更法理の要件	(1) 事情変更法理の要件については，次の4つに整理する考え方が一般に支持されて

いる。

①契約成立当時その基礎となっていた事情が変動したこと

②事情の変更は，契約締結時に当事者双方が予見し，または予見できたものでないこと

③事情変更がそれに基づく主張をする当事者の責めに帰することのできない事由によって生じたこと

④事情変更の結果，当初の契約内容に当事者を拘束することが信義則上著しく不当と認められること

そして，④の要件がどのような場合に満たされることになるかについては，(a)経済的不能，(b)等価関係の破壊，(c)契約目的の到達不能の3類型に分けして，考察されてきた。

(2) (裁)判例も，こうした要件に照らして，**1**の元になった判決（前掲大判昭19・12・6）においては，解除を認めることを一般論として肯定し（原審判決を破棄差戻），**2**の元になった判決（前掲神戸地伊丹支判昭63・12・26）においては，売買予約の全面的失効の抗弁は否定したものの，事情変更法理を適用して残代金額を増額した上で，その増額した残代金額の支払と引き換えに，甲土地の移転登記手続をすべき旨の判決を下し（ただし，当事者が主張した契約失効ではなく，代金増額を認めた本判決は，裁判例の中でも異例で例外的な存在である），**3**の元になった判決（前掲最判平9・7・1）においては，「のり面崩壊につき，Aに予見可能性がなかったとも，帰責事由がなかったともいえない」という理由で，事情変更法理の適用を否定し，Xのゴルフクラブ会員権存在確認請求を認めた。

最判平9・7・1では，予見可能性や帰責事由の有無を誰について判断すべきかという点も争点となったが，原審が，Bについてであ

ると解したのに対して，最高裁は，契約締結当時の契約当事者であるＡについて判断すべきであるという重要な判断を下した。

このように，判例も事情変更法理を一般論として承認しているが，最高裁はこの法理の適用において極めて慎重であり，適用を肯定した最高裁判決は１件も現われていないのが実情である。適用を否定するにあたっては，④や②の要件が否定されることが多い。他方，下級審裁判例においては，事情変更法理の適用を認めたものが少なからず存在している。

*Column*② 「社会通念上の履行不能」と「経済的不能」••••••••

　債務不履行法でいう「社会通念上の履行不能」と事情変更法理の要件の場面で問題とされる「経済的不能」との関係は，どのように理解すればよいか。近時の学説は，前者は，契約の内容や信義則に照らし，契約の履行が債務者にもたらす不利益（履行のコスト）と債権者にもたらす利益を比較して著しい不均衡が生じていると見られる場合に履行請求権を排除したり，解除を可能にする場面で用いられる，（契約）債務不履行法上の概念であるのに対し，後者は，契約の履行が債務者にもたらす不利益（履行のコスト）と債務者にもたらす利益（対価）を比較して著しい不均衡が生じている場合を示す，（契約）債務不履行法の原則を超えたところで問題となる概念であると説明する。たとえば，売買目的物である中古船が暴風雨に巻き込まれて海に沈んでしまい，引き揚げ・修繕は技術的に可能であるが船価の３倍の費用を要するという**4**の事例において，買主が同程度の中古船を他で調達できる場合には，売主の中古船引渡債務は，社会通念上履行不能であると解される可能性がある。これに対し，輸入販売業者が，その時点での相場である単価2500円程度での輸入が可能と考え，小売販売業者との間で，単価3000円である商品の売買契約を締結した後に，その品が気候異変により品薄となり，単価が３倍程度に急騰したという場合には，売主の履行に要するコストとともに買主の利益も上昇するから，売主の引渡債務が

社会念上履行が不能であることにはならない。この場合は，事情変更法理による解除・契約改訂等が問題となる余地が残るにすぎないが，経済的不能と認められる可能性は乏しいといえよう。

　また，事情変更法理の要件として挙げられる予見可能性や帰責事由も，債務不履行の場面で用いられる類似の用語と，具体的な内容がかなり違うものであることにも，注意が必要である。

◆━◆━◆━◆━◆━◆━◆━◆━◆━◆━◆━◆━◆━◆━◆━◆━◆━◆

事情変更法理の
３つの効果

　事情変更法理の効果としては，解除と契約改訂が問題とされてきた。このうち，前者の解除権の発生については，これを認めるのが一般的である。これに対して，事情変更に基づき契約内容の改訂を請求することができるかどうか，また，できるとして，契約改訂請求と解除との関係をどのように考えるべきかについては，学説上一致した見解がない。また，最近になって，事情変更法理の第３の効果としての再交渉義務について議論されている。

契約改訂

　事情変更法理の効果として，第１次的には「給付の内容を変更させる効果」が認められるが，それが拒絶された場合には，第２次的効果として解除が認められるとする学説がある。この見解においては，相手方から拒絶されれば，契約改訂の効果は発生しないのであるから，「給付の内容を変更させる効果」とはいっても，契約改訂を求めて，相手方の任意の応諾（受忍）を得て改訂を実現するという希薄化された意味しかもちえないことになる。

　真の意味で契約改訂請求権（なお，契約改訂「請求権」という場合，契約改訂を求める権利を広く指し示しており，必ずしも厳密な意味での「請求権」だけを意味しているのではない。以下も同様）を認めるのならば，相手方の改訂拒絶権を否定することにならなければならないであろう。

(1) 改訂請求の要否　　同じく事情変更法理の効果として契約改訂を認めるといっても，要件が充足されれば，当然に（自動的に）契約内容が変更されると認める立場（当然改訂説）と，契約内容が変更されるためには，当事者の改訂を求める意思表示が必要であるとする立場（改訂請求必要説）がある。

前者の立場においては，訴訟の内外で契約改訂を主張する契約当事者は，実体的には既に変更されている契約内容を前提に具体的な請求をすることになるし，さらには，当事者の具体的請求がなくても裁判所は職権で改訂を前提とした判決を下すことができるということにすらなりうるであろう。

従来の日本の議論では，後者の立場が一般的である。もっとも，前掲神戸地伊丹支判昭63・12・26のように，当事者は事情変更法理による契約失効を主張していたのに，残代金増額を認めた裁判例もないではないが，これは極めて例外的な存在である。

(2) 改訂請求権の性質　　改訂請求必要説に立つとして，改訂請求権の性質については，形成権ととらえる立場，改訂提案への応諾請求権ととらえる立場などが考えられる。

前者においては，改訂を求める契約当事者は，訴訟の内外で形成権としての契約改訂権を行使し，それを前提に具体的な請求をすることになる。他方，後者においては，改訂案に対する相手方の応諾の意思表示を請求することになる。

さらに，最近では，形成権構成を否定して，裁判所に形成訴訟を求める権利として契約改訂請求権を構成する提案もされている。

(3) 当事者の主張する改訂内容に拘束されるか　　改訂請求権を認めるとして，認められるべき改訂の内容は改訂請求権者の主張する内容となるのか，それとも，裁判所が適切と判断する内容で改訂すべきかが，問題となる。

この点に関し，改訂請求権を肯定する学説は，一般に後者の考え方を採っている。

(4) 解除との関係　契約改訂請求と解除との適用順序についても，両説考えられる。すなわち，第1次的には契約改訂請求が認められるが，それが適切でない場合に，はじめて第2次的効果として解除が認められると解する見解と権利者はどちらも自由に選択できるとする見解とである。

② 再交渉義務

以上とは異なり，事情変更法理の要件が満たされれば，ただちに契約改訂請求権や解除権が生ずることになるのではなく，事情変更により不利益を被る当事者は相手方とまず再交渉する義務を負うという議論が登場してきた。再交渉の申入れを受けて，相手方は，誠実に交渉に応ずる義務を負うことになる。

この場合の再交渉義務の概念内容としては，応諾義務（再交渉権利者からの合理的な内容の契約内容改訂提案に応諾する義務）までをも含めて理解する立場もあるが，多くの支持を集めているのは，再交渉義務の概念を手続的な義務（いわゆる「プロセス関連的規範」。なお，手続的な義務といっても，実体法上の義務であることには変わりない）に限定して用いるべきであるとする立場である。応諾義務は，意思表示請求権の性質をもつ契約改訂請求権を認めるとした場合に，その権利に対応する義務であり，これをも再交渉義務の中に含めたのでは，再交渉義務を契約改訂請求権とは別に問題にする意義が曖昧になってしまう。したがって，後者の立場が支持されるべきであろう。

再交渉義務の要件　本章では，事情変更法理の適用場面における再交渉義務を問題にしているから，要件も事情変更法理の要件（が満たされ，契約改訂を求める何らかの法的地

位が発生していること）を前提にしている。

　もっとも，再交渉義務自体は，事情変更法理の適用場面以外でも問題になりうるのであり，また，同法理の適用があれば常に再交渉義務が認められるとするのも相当でないという見地に立って，より一般化して，次のように要件を定式化する見解が主張されている。

　すなわち，①固定的要件としては，「法的な契約改訂課題の存在」を要求し，応諾請求権，形成権など，契約改訂についての何らかの法規範が存在することが必要であるとする。また，②動的要件として，積極的要素（再交渉義務肯定の方向に働く要素）である「契約改訂課題の複雑性」と消極的要素（再交渉義務否定の方向に働く要素）である「再交渉を期待困難にする事情の存在」とを相関的に考慮して再交渉義務の成否を決定すべきであるとする。

再交渉義務の内容 再交渉義務の内容としては，まず①交渉を開始する義務，すなわち，再交渉を申し入れる義務とそれに応ずる義務が考えられる。事情変更により不利益を被る当事者は，まず相手方に対して契約調整のための再交渉を申し入れる義務を負うのであり，ただちに訴訟において契約の改訂を求めたり，契約解除・解約告知をすることは許されない。そして，その申入れを受けた当事者は，再交渉を行うこと自体を拒絶してはならず，これに誠実に対応する義務を負う。

　次に，②交渉過程における義務として，再交渉を申し入れた当事者は，具体的な提案をしなければならず，提案を受けた当事者は，提案を誠実に検討し，提案に対して遅滞なく返答し，代替案を提出する義務を負う。その際，到底承服できないような提案をする場合は「見せかけの提案」とみなされ，義務を履行したとはみなされない。

| 再交渉義務違反の効果 | (1) 契約改訂権・解除権の制限または変更 |

再交渉義務違反の効果としては，契約改訂権・解約権の制限または変更という間接的なサンクションが最も重視されるべきであるとされている。

具体的には，①契約改訂請求権・解除権の喪失，②契約改訂請求権・解除権の態様の変更（契約改訂請求権から解除権への変更），③契約改訂請求権・解除権に対する制限の緩和，④契約改訂請求権・解除権の効力発生時期の延期，⑤義務違反者の相手方の再交渉義務の緩和・免除などが考えられている。

そして，実際の裁判例においても，再交渉義務が履践されていないことを理由として解除を認めない裁判例，再交渉義務が履践されたことに言及した上で解除を認める裁判例，事情変更後の当事者の契約改訂提案が裁判所の下した契約改訂結果に影響を与えている裁判例などにおいて，実質的には再交渉義務の観点が考慮に入れられているとされるのである。

(2) **損害賠償請求権**　再交渉義務違反の効果としては，損害賠償も考えられる。その場合の損害賠償の対象としては，再交渉のために費やされた費用と契約改訂の遅延による損害が考えられる。契約改訂が実現したならば得られたであろう利益の賠償は，再交渉義務に応諾義務が含まれない以上，対象とはならない。

5 第三者のためにする契約

| 第三者のためにする契約の意義と特色 |

537条1項によれば，AとBが契約をして，BがCに対してある給付をすると約したときには，CはBに対して直接にその給付を請求することができる。たとえば，AがB生命保険会社と契

約して，Aが死亡した場合にBは1000万円の保険金をAの配偶者のCに支払うと取り決めたときには，Aが死亡すれば，Cは直接Bに対し保険金の支払を請求できる。

　このことは，一見当然のようであるが，必ずしもそうではない。つまり，契約においては，その契約から生ずる権利・義務は契約の当事者によって取得されるのが通常である。しかし，前記の生命保険契約の例では，契約当事者はAとB生命保険会社であるのに，契約から生ずる債権（保険金請求権）は第三者である配偶者Cが取得するというのであるから，これはかなり特色のある契約だということができる。そこで，このような契約（すなわち，契約当事者の一方が第三者に対して直接に債務を負担することを相手方に約する契約）を第三者のためにする契約と呼んでいる。言い換えると，第三者に直接に権利を得させるという特約（第三者特約）つきの契約を第三者のためにする契約という。

　したがって，第三者のためにする契約と対比されるべきなのは，当事者のためにする契約であり，たとえば，Aがその所有する家屋が火災に遭った場合に保険金の支払を受けることができるという火災保険契約をB保険会社と締結した場合が，これに該当する。契約各論で扱う贈与，売買，賃貸借等々の契約類型の区別は，この第三者のためにする契約と当事者のためにする契約の区別とは次元を異にしている。贈与，売買，賃貸借といった契約に第三者特約がついた契約が，それぞれ第三者のためにする贈与，売買，賃貸借であり，これらの総称が第三者のためにする契約なのである。

　なお，第三者のためにする契約の締結時に，その第三者が現存している必要はなく，胎児や設立中の法人のように現に存しない者のためにする契約であっても有効に成立する（537条2項。最判昭37・6・26民集16巻7号1397頁）。

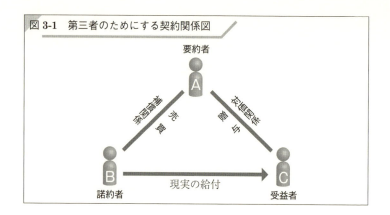

図 3-1　第三者のためにする契約関係図

要約者

A

補償関係　売買

対価関係　贈与

B　　　　　現実の給付　　　　　C

諾約者　　　　　　　　　　　受益者

関係当事者と
その法律関係

　　　第三者のためにする契約の関係当事者は次
のような用語で呼ばれる。たとえば，AB
間でA の所有家屋を 3000 万円で売買する
契約を，売買代金はBがCに支払うとの特約つきで結んだという
場合（図3-1）を例にとって説明すると，Cに直接売買代金を支払
うと約したBを諾約者，その相手方のAを要約者という。また，
この契約によって利益を得るCを受益者という。

　さらに，Aが権利をCに得させるに至った原因になっているAC
間の関係を対価関係，AB間の関係を補償関係という。BがCに代
金を支払うのは，AがBと売買契約を結んで売買目的物である家
屋の所有権をBに移転するから，つまり，補償関係があるからで
ある。また，なぜAがBと，Cのためにする契約を結ぶかといえ
ば，AC間に対価関係，たとえば，AがCに贈与をするという関係
があるからである。結局，諾約者が受益者に対して債務を負担する
のは，補償関係と対価関係の両関係が存在しているからだといえる。

　すると，この補償関係，対価関係のいずれか，あるいは双方が存
在しなかった，あるいはこれらの関係に瑕疵があったという場合に，

第三者のためにする契約の効力がどうなるかという問題が生ずる。

　これについては，補償関係の欠缺・瑕疵は第三者のためにする契約の効力に影響を及ぼすが，対価関係の欠缺・瑕疵は第三者のためにする契約の効力に影響を及ぼさない，と解されている。たとえば，前記の例において，AB間の売買契約が錯誤で取り消されたとすると，第三者のためにする契約全体が遡及的に無効となり，CはBに3000万円の支払を請求できないことになる。他方，この場合の対価関係がAのCへの贈与であったとして，これが錯誤で取り消されたケースでは，AB間の第三者のためにする契約は，Aの錯誤による取消しにもかかわらず有効であることになる。さもないと，Bは，自己の関知しないAC間の贈与の無効により，折角購入したはずの家屋を取得しえないことになって，妥当でないからである。この場合，第三者のためにする契約は有効であるから，Cが受益の意思表示（537条3項）をすれば，CはBに対して3000万円の支払を請求できる。そして，AはCに対し，不当利得として3000万円の返還を請求できることになるのである（703条・704条）。

> **関係当事者の法的地位**

第三者のためにする契約における関係当事者の法的地位は次のとおりである。

　まず，受益者Cの権利は，Cが諾約者Bに対して契約の利益を享受する意思を表示（受益の意思表示）した時点において発生する（537条3項）。CはAB間の契約から原則として利益のみを受けるが，利益といってもCの意思に反して与えられるべきではないという理由から，このような規定が置かれているのである。ただし，保険契約では，この意思表示を不要とする特別規定が置かれており（保険8条・42条・71条），また，第三者を受益者とする信託においても，原則として，受益者は受益の意思表示をすることなく当然に受益権を取得するものとされている（信託88条1項）。

CがBに対して受益の意思表示をしたならば，その時からは，ABの合意（合意解除など）によって，Cの権利を覆すことはできない（538条1項）。また，受益の意思表示の後は，要約者Aは，Cの承諾なしには，Bの債務不履行を理由にAB間の契約を解除することができない（538条2項）。

　しかし，AB間の契約に基づく抗弁があれば，Bはこの抗弁をCに対しても主張できる（539条）。たとえば，BがAから家屋を購入したけれども，履行期が到来してもAが家屋の移転登記手続に協力しない場合には，Cの受益の意思表示後であっても，BはAに対する同時履行の抗弁権をCに対して主張して，移転登記と引き換えでなければ，代金を支払わないと主張することができる。

　AB間の契約が無効であったり，契約締結に向けた意思表示が取り消されたり，Aの債務不履行を理由にBが契約を解除した場合も同様である。たとえば，BがAの詐欺を理由に意思表示を取り消した場合に，Cが詐欺について善意無過失であったとしても，Bに対し売買代金の支払を請求することはできない。Cの権利はAB間の契約から直接に生じたものであって，Cは詐欺による意思表示によって生じた法律関係について新たに法律上の利害関係を有するに至った者ではないから，取消しの効果を対抗されない第三者には当たらないのである（96条3項参照。虚偽表示無効に関する94条2項，解除に関する545条1項ただし書についても同様のことがいえる）。なお，このことは，補償関係の欠缺・瑕疵は第三者のためにする契約の効力に影響を及ぼすということを，言葉を変えて述べるものにすぎない。

　次に，AはBに対してCに売買代金を支払うよう請求できる。第三者のためにする契約とはいっても，AB間の契約であるから，BがAに売主としての債務の履行を請求しうるのと同様，AはB

にBの債務の履行を求めることができるのは，当然である。そして，これは，Cの受益の意思表示がある前でも同じである，とされている。

そこで，BがCに代金を支払おうとしたところ，Cが受領を拒んだとしたら，どうなるか。この場合には，AB間の契約の趣旨がどのようなものであるかによって，法律関係が取り扱われることになる。すなわち，Cが代金を受け取ることが重視されていて，Cが代金を受け取らないなら家屋は売買しないという趣旨でAB間の契約が締結されているのであれば，Bの債務はBの責めに帰することのできない事由によって履行不能となり，AはBに対して債務（Cへの代金支払）の履行を請求しえず（412条の2第1項），Aは契約を解除することができ，また，自己の債務（目的物引渡し，移転登記）の履行を拒絶することができることになる。これに対して，AB間の契約の趣旨が，Cが代金を受け取らない場合には，Aがそれを受け取り，家屋の売却は実施するというものであると解される場合には，そのように法律関係が処理される。

| 代理との違い | 第三者のためにする契約については，これと似て非なるものと混同しないように注意

する必要がある。

まず，第三者のためにする契約と社会的実態として類似する場合があるものとして，代理を挙げることができる。子Aが老親Cのために，介護サービス企業Bと介護サービス契約を結ぶ場合，AはBと第三者Cのための契約を結ぶこともできるし，Cから与えられた代理権の範囲でCを代理してBと契約することも可能である。いずれの場合にも，CはBに対して介護サービスの提供を請求できることになる。しかし，代理の場合には，契約締結を他人が代理して行うだけで，契約当事者になるのは第三者自身であるので，

法的仕組みとしては，第三者のためにする契約とは区別される。

不真正第三者のために
する契約

より一層類似しているのは，AがBに家屋を売却し，売買代金はBがCに支払うことにするけれども，Bに対しCへの代金支払を請求できるのは，Aだけで，Cには直接に権利を取得させないという内容の契約を結ぶ場合である。この場合，最終的にCが利益を得ることができるかどうかは，Aの意向にかかっていることになる。このような契約は，Cに直接に権利を取得させないという点で第三者のためにする契約と相違しており，不真正第三者のためにする契約と呼ばれている。

　真正第三者のためにする契約と不真正第三者のためにする契約との概念上の区別は，以上のように明確であるが，実際には，AB間の契約でCへの給付が約束されているときに，この契約がどちらの趣旨であるかの判定に苦しむことが少なくない。AB間の契約書等でCに直接権利を得させるか否かにつき明確に取り決められていれば，問題はないが，実際には，その点が明確に定められていないことも多いからである。その場合には，当事者の意思や当事者の属する取引社会の慣行などを手掛かりに，契約の解釈を通じて判断すべきことになる。

Column③ 電信送金事件 ●━●━●━●━●━●━●━●━●━●━●━●━●

　真正第三者のためにする契約か不真正第三者のためにする契約かが争いとなった著名なケースとして，電信送金事件（最判昭43・12・5民集22巻13号2876頁）がある。

　昭和23年12月に，岩手県購買農業組合連合会は，京都に出張中の同連合会参事Xに，衣料品買付のための資金130万円を電信送金した。具体的には，まず地元のB銀行に受取人「A方X」（Xは京都のAのもとに滞在していた）と指定して電信送金を依頼し，B銀行は京都に自己の支店を有していないため，Y銀行の京都支店に

同様に支払を委託し，YからA方に送金の通知が届いた。ところが，Aは，その通知書を利用し，Xに無断でYに自分の口座に130万円を振り替えさせた。Xは，Yに対し130万円の支払を求めて訴訟を提起した。この訴訟は，事件発生から20年の長きにわたって争われたのであるが，主な争点は，BY間の契約が真正第三者のためにする契約かの点にあった（そうでないなら，XがYに支払を請求する根拠が欠けることになる）。3度目の上告審判決である前掲最判昭43・12・5は，BY間の契約条項の内容および銀行間の取引慣行に照らして，問題の契約は真正第三者のためにする契約に当たらないと判示した。

第**4**章　契約上の地位の移転

> ある契約の当事者の地位を第三者に移転する制度である「契約上の地位の移転」について，どのような実際上の必要を満たすためにこうしたことが行われるのか，その要件・効果はどのようなものかといった基本的事項をしっかり学ぼう。

契約上の地位の移転の意義と要件

　ある契約から生ずる個々の権利・義務ではなくて，ある契約の当事者の地位それ自体を第三者に移転することを，契約上の地位の移転という。契約上の地位の移転には，契約（合意）によるものと，法定のもの（たとえば，605条の2所定の場合）があるが，本章で扱うのは，前者である。

　契約上の地位の移転は，当該契約に拘束され続けることを望まなくなったまたはそれが可能でなくなった当事者（地位譲渡人）と契約上の地位をそのままの状態で維持したい相手方との間の利益の衝突を，契約当事者を交替することによって調整する法的手段として利用されている。

　契約上の地位の移転は，継続的契約・継続的供給契約において行われることが多いが，一時的契約において行われることもある。たとえば，次のような場合である。

Case 4-1

　AがBから大豆を買い受ける契約を締結し，まだ代金を支払っていな

い状態で，Aはもはや大豆を必要としなくなった。そこで，AはCとの間でCがAの買主としての地位をそっくり引き継ぐ旨の契約を締結した。

　Caes 4-1 でのAの地位の譲渡契約は，譲渡人Aが相手方Bに対して負う代金債務を譲受人Cが（免責的に）引き受けるという内容を実質的に含むものといえるから，AからCに買主の地位が移転するためには，Bが買主の地位の譲渡を承諾することが必要である（539条の2。なお，472条3項を参照）。このように，契約上の地位の移転は，譲渡人と譲受人の間の地位移転契約と相手方の承諾によって行われる。ここでの「承諾」は，免責的債務引受の場合と同様，467条の「承諾」（観念の通知）とは異なり，同意の意思表示を意味する。なお，譲渡人・譲受人・相手方の三者間契約によって契約上の地位を有効に移転できることは，もちろんである。

　ところで，契約上の地位の移転とは，個々の債権譲渡・債務引受の集合に尽きるものではなく，契約上の地位に結びついた形成権（たとえば，契約解除権，取消権）などを含め，契約関係を一括して移転させるものである。Case 4-1 において，Aから買主の地位の移転を受けたCが，Bに大豆の引渡しを請求したが，Bがこれに応じない場合に，Cは541条等にしたがって売買契約を解除できることにならないと不都合である（買主の地位の移転時より前のBの債務不履行に基づく解除についても，同様）。しかし，債権・債務を移転させるというだけの債権譲渡や債務引受からは，Cが契約を解除できるという効果を導くことはできない。契約自体についての解除権をCが有するというためには，AからCに契約上の地位が移転すると考える必要があるのである（大判大 14・12・15 民集 4 巻 710 頁参照）。

　契約上の地位の移転には，譲渡人と譲受人との間の契約に加えて，

相手方の承諾が必要なのが原則であるが，例外的に，譲渡人と譲受人間の契約だけで相手方の承諾なしに，それが可能な場合がある。賃貸不動産が譲渡された場合における賃貸人の地位の移転がそのような場合である（605条の3）（詳しくは，⇒第11章 *4*）。

契約上の地位の
移転の効果

(1) 契約上の地位の移転の効力発生時期　契約上の地位の移転により，譲渡人は契約から離脱する。

　移転の効力発生時期については，三者間契約によって地位が移転される場合には，特約のない限り，同契約の成立時となることは，疑いがない。契約上の地位を移転する契約の後に相手方の承諾がされる場合には，承諾の時となるか，移転契約の当事者間では契約時に移転し，承諾があるまでは，相手方に移転を主張できないことになるかは，契約の内容・解釈によって決まることになる。

　また，契約上の地位を移転する契約の前に相手方の承諾がされるという場合も想定でき，この場合に，契約上の地位移転の効力が発生するのは，移転の契約成立時か，合意をしたことを譲渡人が相手方に通知した時または相手方が移転の契約を了知した旨の表示をした時かという問題もある。

(2) 既発生の権利・義務の移転の有無　契約上の地位が移転する場合には，地位譲受人が，移転時以前に既に発生している権利を取得し，義務を負う場合もあれば，そうではなく，移転時以降に具体的に発生する権利のみを取得し，義務を負う場合もあり，これらは譲渡人・譲受人間の契約の内容・解釈によって決まる。Case 4-1 の場合や貸金債権の譲受人に金銭消費貸借契約の契約条項を承継させるために貸主の地位の移転をする場合は，前者の例であるし，不動産賃貸人の地位が移転するけれども移転前の未払賃料は旧賃貸人に属するものとされる場合は，後者の例である。

(3)　契約上の地位の移転に伴う担保の移転　　譲渡人が契約の相手方に対して負う債務に設定された担保・保証が，契約上の地位の移転に伴って移転するか，脱落するかにつき，民法は規定を設けていない。しかし，免責的債務引受における債務者が従前から負担している債務に設定された担保・保証の移転に関する472条の4を参考に，譲受人以外の者が設定していた担保・保証の移転には，同人の承諾を必要とすると解することが考えられよう。

　　　　　　　　　　　　　契約上の地位の移転がされた場合に，何ら
　　　対抗要件　　　　　　かの対抗要件を具備しなければ，当該地位
の移転を第三者に対抗することができないかが，問題となる。

Case 4-2 ―――――――――――――――――――――――――――――――

　Ｂが経営する預託金会員制ゴルフクラブの会員Ａは，そのゴルフクラブの会員権をＣに譲渡した。Ｃへの名義書換手続は，ＡがＣを代行して行うこととされたため，名義書換えのための書類は，Ｃに交付せず，Ａが預かり保管していた。Ａは，ＡからＣへの名義書換請求書をＢに提出したが，その後，Ｄにも同じ会員権を譲渡し，上記書類を交付した。Ｂは，Ｃのゴルフクラブへの入会を承認し，ＣからＢに対し名義書換料が支払われた。Ｄは，Ａから交付を受けた書類を用いて，内容証明郵便（確定日付の一種）により，Ａの使者として自分がＡから会員権を譲り受けた旨の通知をＢに対して行った。

―――――――――――――――――――――――――――――――――――――

　Case 4-2で問われているのは，預託金会員制ゴルフクラブの会員権（つまり，会員としての地位）を他人に移転する場合に，その移転を第三者に対抗するためにどのようなことが必要かである。判例は，譲渡をＢ以外の第三者に対抗するには，指名債権の譲渡の場合に準じて，譲渡人Ａが確定日付のある証書によりこれをＢに通知し，またはＢが確定日付のある証書によりこれを承諾すること

を要し，かつ，そのことをもって足りるとしている（最判平8・7・12民集50巻7号1918頁）。

　これに対し，不動産賃貸人の地位を合意により移転した場合には，その不動産について所有権移転登記をしなければ，賃借人に対抗することができない（605条の3・605条の2第3項。最判昭49・3・19民集28巻2号325頁参照）。

　民法改正のための審議過程では，契約上の地位の移転の対抗要件につき，一般的規定を置くことも検討されたが，契約上の地位の移転には，賃貸借契約上の地位の移転，ゴルフ会員権の譲渡，事業譲渡に伴う契約上の地位の移転などさまざまな類型があり，それぞれの類型に応じて考慮要素が異なるため，一般的規定を置くことは困難として，見送られた。

第5章 契約の解除

> 民法は，債務者が契約上の債務を履行しない場合に，債権者が一定の要件の下で契約を解除することを認めている。本章では，なぜ契約の解除が認められるのか（制度趣旨），どのような場合に解除が認められるのか（要件），契約が解除されるとその後の法的取扱いはどのようになるのか（効果）につき，基本的な事項を学ぼう。

1 解除とその種類

解除とは，契約当事者の一方の相手方に対する意思表示によってその契約を解消することである。

これには，契約当事者の一方が，法律の規定に基づいて一方的に解除する場合（法定解除）や当事者間の契約であらかじめ一定の場合に解除できると取り決めておき，この約定に基づいて解除する場合（約定解除）が含まれる。

以下では，まず法定解除の要件について，しかもその基本型である（契約）債務不履行を理由とする法定解除を中心に，次頁の一覧に掲げる順序で説明を加える。

その他の，特殊な法定解除原因（550条・557条・587条の2第2項・593条の2・598条・607条・610条・611条2項・612条2項・625条3項・626条・628条・641条・651条・657条の2第2項など）については，契約各論において取り上げられる。約定解除権の行使の方法や効果

```
債務不履行を理由とする法定解除事由一覧
 Ⅰ  催告解除（541 条）
 Ⅱ  無催告解除（542 条）
  1  全部解除事由（1 項）
    ①全部履行不能（1 号）
    ②全部履行拒絶（2 号）
    ③一部履行不能または一部履行拒絶（残部では契約目的達成不
      能の場合）（3 号）
    ④定期行為の履行遅滞（4 号）
    ⑤その他の催告不要の場合（5 号）
  2  一部解除事由（2 項）
    ①一部履行不能（1 号）
    ②一部履行拒絶（2 号）
```

は，別段の合意がなければ，法定解除に準じて扱われる（540 条 1
項参照）。

　なお，いったん締結した契約を当事者の合意で解消すること（合
意解除）も，当事者の自由であって，いつでも可能である。

2　解除の制度趣旨

　売買契約が結ばれたが，一方の当事者Ｂがその債務を履行しな
いとする。この場合，相手方当事者Ａには，状況を打開するため
に 2 つの可能性が与えられる。すなわちまず，Ａはあくまでも債
務の履行を求め，Ｂが進んで履行しないときには強制執行をかけて
自分の債権を実現することができる（414 条）。他方，Ａは，一定の
要件の下，契約を解除するという道を選ぶこともできる（541 条・
542 条）。

　Ａは，自らの必要を満たすためにＢと契約を締結したのに，Ｂ

が債務を履行してくれないと当初予定したとおりにはその必要を充足することができなくなり，その場合にいかなる場合にも当初の契約に拘束され続けるとすると，当初の契約を見限って別の者と契約をすることによって必要を充足することができないなど，困った状態に置かれる。債務不履行のゆえに，債権者にその契約に拘束されたままでいることを期待できなくなったと考えられるときに，その債権者の意思表示によって契約の拘束力から離脱することを認める制度（もちろん，解除されれば，結果として，不履行債務者も自己の債務を履行請求されることはなくなるけれども，それは解除制度の主眼ではない），これが，本章で取り上げる解除制度である。

3 帰責事由不存在の抗弁の否定

　債権者からの解除に基づく主張に対して，債務者は，債務不履行が自分の「責めに帰することができない事由」（415条1項ただし書）によるものであることを立証して，債権者の解除を否定することができない。

　この点につき，改正前民法に関する伝統的理論は，契約の解除が認められるためには，債務不履行につき債務者に帰責事由が存在することが必要だ（正確に言うと，解除を争う債務者が，帰責事由の不存在を立証すると，解除が否定される）と解してきた。しかも，そこでの帰責事由の内容は，損害賠償の場合と同様に，過失責任原則に結びつけられてとらえられ，債務者自身の故意・過失および履行補助者の故意・過失であると解されてきた。これは，契約の解除は，不履行債務者にその債権の喪失という重大な不利益を課するものであるという点で，損害賠償責任と同様，不履行債務者に対するサンクションとしての意味をもつため，故意・過失がない場合には，解除

は否定されると解するのが相当であると考えられたことによる。

　しかし，前述のように，改正民法は，解除を債務者の債務不履行に対するサンクションとしてではなく，「債務不履行があったときに，債権者はいつ契約の拘束力から離脱できるのか」という視点から，これをとらえる。解除は，債権者を契約の拘束力から解放するための制度であるから，損害賠償の場面で問題となる免責事由・不可抗力も直ちに抗弁事由になるわけではないのである。たとえば，債務者の工場が大規模自然災害により操業不能に陥った場合のように，債務者に債務不履行についての帰責事由がない場合であっても，債権者が常に契約の拘束力を免れることができず，債務の履行が受けられないまま代替取引もできない状態を強いられるのは，不当であるから，この場合も解除が認められうることになる。

4 催 告 解 除

Case 5-1 ─────────────────────────────
Aはその所有する名画をBに1000万円で売り渡す契約を締結し，引渡しおよび代金支払期日を6月30日と取り決めた。当日，売主のAが約束の場所に絵を持参したが，買主Bはいつまでたっても現れない。
────────────────────────────────────

> **要件の概観**

　Case 5-1のような場合，前述のように，Aとしては，Bに対しあくまでも契約の履行を求め，代金1000万円を支払わせるという方針で臨むこともできるが，場合によっては，債務を履行しないBとの契約は解消するという方針をとることもできる。この後者の場合には，Aは相当の期間を定めて（仮に2日がそれなら2日以内に）1000万円を支払えという催告をする。そして，その期間内にBが1000万円払わな

ければ，A は，この売買契約を解除することができる（541条）。

　このように，541条の解除権が発生するためには，大別して，①債務者（B）が債務を履行しないこと，②債権者（A）が相当の期間を定めて催告すること，③催告期間内に履行されなかったこと，という３つの要件が必要である。さらに詳しい要件の整理は，AB間の民事紛争のどのような局面で解除が主張されるか（たとえば，契約による債務の履行請求に対する反論として解除が主張されるのか，既に履行したものを取り戻す請求＝原状回復請求の根拠として解除が主張されるのかなど）により異なってくるが，後者（引き渡した絵の回復を求める請求）のケースに即していえば，① AB 間での絵の売買契約の締結，②代金支払の履行期，③代金支払の履行期の経過，④ A が絵を B に引き渡した（または，履行の提供をした）こと，⑤ A の催告，⑥相当期間の経過，⑦ A の解除の意思表示が，要件となる。

　債務不履行

催告解除において問題となる債務不履行としては，541条が「当事者の一方がその債務を履行しない場合」と定めていることから分かるように，履行遅滞の場合に限らず，いわゆる不完全履行など多様な態様の債務不履行が問題となりうる。

　同時履行の抗弁権との関係

債務不履行の要件に関しては，履行遅滞の場合に，同時履行の抗弁権（533条）との関係で，さらに厄介な問題が生ずる。既述のように（⇒第3章2 同時履行の抗弁権の効果），同時履行の抗弁権を有する債務者は履行遅滞に陥らない。ここから，次のような問題が生ずる。

　⑴　Case 5-1 では，A が履行期日に絵を約束の場所に持参してB を待ったから，B は履行遅滞に陥るとして問題ない。

　では，6月30日に A・B とも約束の場所に行かなかったならば，

どうか。この場合，Ｂの代金債務の履行期は過ぎているが，同時履行の抗弁権があるために，Ｂは履行遅滞に陥らない。この場合にＡが解除をするためには，まず，Ｂを履行遅滞に陥れて，それから，541 条の催告をしなければならないかが，問題になる。この問いを肯定に解すると，ＡはＢに対して２回催告しなければならないことになる。なぜなら，ＡはＢを履行遅滞に陥れるために，自分の債務について履行の提供をして，Ｂに対し代金を支払えと請求すること（付遅滞の催告）が必要であり（両当事者がともにその債務の履行期限を徒過したときは，その債務は期間の定めのないものになると解されているから，412 条３項により付遅滞の催告が必要となる），こうしてＢの履行遅滞の状況を発生させた上で，再度，541 条の催告をしなければならないからである。

　しかし，判例（大判大 10・6・30 民録 27 輯 1287 頁）・学説は，２回も催告をする必要はないと解している。つまり，412 条３項の付遅滞の催告と 541 条の催告とは１回の催告で兼ねることができることとされているのである。したがって，６月 30 日にＡＢがともに約束の場所に現れなかった場合でも，Ａは相当の期間を定めて代金支払を催告すればよい（他の要件も備われば解除できる）ことになる。

　なお，ここまでは，確定期限があり，それをＡＢがともに徒過したケースを念頭に置いて記述してきたが，以上の説明は，最初から履行期の定めがなかった場合にも，当てはまる（大判大６・６・27 民録 23 輯 1153 頁など）。

　(2)　このように，履行遅滞は催告の要件ではないが，解除権発生の要件ではあるのだから，Ａとしては，最終的に解除権を発生させるまでには，Ｂの同時履行の抗弁権を封じて，Ｂを履行遅滞の状態においておかなければならない。そこで，次に，Ｂの同時履行の抗弁権を封ずるためには，Ａとして，どの時点で何をしなければ

ならないかが問題になる

　判例の立場をまとめると，以下のようになろう。

　①債務の履行について確定期限が定められている場合において，債権者がその期限に履行の提供をしたときは，債権者がその後に催告するには，再度の提供を必要としない（大判昭3・10・30民集7巻871頁など）。これは，Bの同時履行の抗弁権を失わせるためには，Aは履行の提供を継続しなければならないかという問題と関係する。この問題については，既に同時履行の抗弁権のところで述べた（⇒第3章2一方的履行請求）。要するに，履行遅滞ないし解除との関係では，定められた期限に履行の提供をすれば，相手方の同時履行の抗弁権を失わせたことになる。したがって，541条の催告をする際に，もう一度履行の提供をする必要はないのである。

　②履行期として定められた確定期限に当事者双方が履行の提供をしなかった場合，または，はじめから履行期の定めがない場合には，債権者は，催告すると同時に提供すればよい（前掲大判大10・6・30）。

　③催告に示された履行期が一定の日時であるときには，債権者は，その日時に提供すればよい（最判昭36・6・22民集15巻6号1651頁）。

　②と③を総合すると，判例は，遅くとも催告と同時に履行の提供をしなければならないのではなく，催告に示した時期までに履行の提供をすればよいと考えているようである。

　以上は，AがBの同時履行の抗弁権を封じるためには，どの時点でどのようなことをしなければならないかという問題のうち，どの時点でという点についての説明である。具体的にAがどのようなことをしなければならないかは，履行の提供（493条）の問題になり，場合により現実の提供のこともあり，口頭の提供で足りることもある（債権総論の教科書の説明に譲る）。債務者が債務の履行を拒絶する意思を明らかにしている場合には，債権者は，提供をしない

でも契約を解除できる（大判大 10・11・9 民録 27 輯 1907 頁。なお，最判昭 41・3・22 民集 20 巻 3 号 468 頁も参照）。

Case 5-1 で，B が期日に 500 万円のみ持参し，残りの 500 万円を支払わないときには，全く支払わなかった場合と同じ要件の下で解除権が発生する。ただ，A のなすべき給付が可分給付である場合（たとえば，売買の目的物が小麦粉 50 トンというように可分である場合）には，AB 間の売買の趣旨によっては，小麦粉 25 トン分についてのみ契約が解除され，残りの契約部分についてはそのまま有効として処理されることもありうる。

| 催　　告 |

Case 5-1 で A が 2 日以内に絵と引き換えに 1500 万円を支払えという催告をしたらどうなるか。これは，本来，代金は 1000 万円なのだから，過大催告となるが，この場合でも催告として有効である（大は小を兼ねるという考え方による）。ただ，超過した額が極めて大であるとか，その他の経緯からして，B としては，これでは A に 1000 万円の履行の提供をしても拒絶されるだけだと考えるのも，もっともである場合には，例外的に催告は無効となり，解除権は発生しない。

これに対して，代金 1000 万円のところを，500 万円支払えと催告したとき（過小催告）はどうか。この場合には，B が催告期間内に 500 万円支払えば，A は解除できない（500 万円支払わなければ解除できる）。後で，本当は代金 1000 万円なのに 500 万円しか支払っていないではないか，といってもダメであり，催告の効力は 500 万円についてだけ生ずる。ただ，複雑な金額のために勘違いをして，1 の位と 10 の位を取り違えて，ほんの僅か本来の債権額を下回ったというような場合であれば，B が本当は債権額がもう少し多いことを知っていながら，催告された額しか支払わなかったのなら，A の解除が認められてよいと考えられる場合が出てこよう。

| 相当の期間 | 催告は，541条の文言上は，「相当の期間」を示してなされなければならないとされている。催告解除は，債務者に履行の機会を与えて契約関係を維持する利益を保護するという内容を含むものであるから，一定の猶予期間を設ける必要があるという趣旨である。このように「相当の期間」を示しての催告が法文上は要求されているが，判例（大判昭2・2・2民集6巻133頁）によると，全然期間を定めないで催告をしても，それは有効で，催告の後，客観的にみて相当な期間を過ぎれば解除権が発生するとされているから，実際上，相当な期間を「示さなければならない」ということの意味はほとんどないといってよいことになる。

相当の期間とは，履行期限が過ぎている以上，Bとしては，1000万円を調達する手配はしていなければならないはずで，そのことは前提として，なお実際に1000万円をAに支払うまでには要するであろう若干の時間という意味である。途中に金融機関の休みになる週末・休日が入ったり，種々の具体的事情にもよるが，2日もあれば充分と仮に考えると，AがBに対し翌日支払えという催告状を送りつけたらどうなるか。2日が相当なのに1日とあるから，催告は無効かといえば，そうではない。2日経過して，履行（の提供）がなければ解除権が生じることになる。

| 不履行が軽微な場合の催告解除阻却 | 解除は契約の拘束力から債権者を離脱させるための法的手段であるから，債権者が契約を解除しうるのは，契約の拘束力からの離脱を正当化しうるほどの債務不履行が存在する場合に限られるのであって，些細な契約違反の場合には，契約の拘束力は維持した上で，損害賠償責任等の追及により対処するのが相当と考えられる。このような見地から，541条ただし書は，当事者の一方がその債務

を履行しない場合であっても，相当の「期間を経過した時における
債務の不履行がその契約及び取引上の社会通念に照らして軽微であ
るときは」，相手方は，541条に基づく契約の解除をすることがで
きないと規定している。この催告解除阻却要件の主張立証責任は，
解除を争う当事者が負う。

　相当の期間を経過した時において履行を遅滞している部分が数量
的にごく一部である場合や，未履行の債務が付随的なものであり，
契約をした目的の達成に影響を与えないものである場合などに解除
を否定した判例（大判昭14・12・13判決全集7輯4号10頁，最判
昭36・11・21民集15巻10号2507頁。なお，付随的約定の不履行による
契約解除を肯定した例として最判昭43・2・23民集22巻2号281頁）があ
り，541条ただし書の規定は，そうした判例法理を明文化したもの
というのが，改正民法の立案担当者の説明である。

　債務の不履行が軽微であるかどうかは，当該契約および取引通念
に照らして判断される。ある製品を製作するための部品を供給する
契約において，債務者が供給しなかった部品が数量的には僅かであ
るものの当該製品の製作にとっては必要不可欠のものである場合に
は，その不履行は当該契約および取引通念に照らして軽微であると
はいえないため，債権者は催告解除をすることができる。

5 無催告解除

　542条は，催告によらずに契約を全部解除できる場合として5つ
の解除事由を，一部解除できる場合として2つの解除事由を列挙し
ている。これらの事由は，いずれも，催告を経ずに契約の拘束力か
ら（全部または一部の）離脱することを正当化するほどの重大な債務
不履行に当たるものとして，民法が具体的な規律により（「重大な債

務不履行」というような抽象的な規律によってではなく）認めているものである。

全部解除事由 542条1項が契約の全部解除事由として列挙しているのは，①全部履行不能，②全部履行拒絶，③一部履行不能または一部履行拒絶，④定期行為の履行遅滞，⑤その他の催告不要の場合である。

①全部履行不能（542条1項1号） 建物の売買契約を締結した後に，その建物が火災により全部焼失したときのように，債務が後発的に履行不能となった場合だけでなく，原始的履行不能の場合も含む。

②全部履行拒絶（542条1項2号） 履行期の前後を問わず，債務者がその債務の全部の履行を拒絶する意思を明確に示した場合をいう。契約の拘束力からの離脱を正当化するほどの状況であることが必要であり，債権者と債務者との間の履行をめぐる交渉の過程で債務者がその債務の履行を拒絶する趣旨の言葉を発したという程度では要件を満たさないとされる可能性が高い。

③一部履行不能または一部履行拒絶（542条1項3号） 履行不能，履行拒絶の意味については，①②で述べたことが妥当する。そして，ここでは，一部の履行不能・履行拒絶により契約を全部解除する場合が問題なのであるから，「残存する部分のみでは契約をした目的を達することができない」ことが必要とされている。

④定期行為の履行遅滞（542条1項4号） 一定の時までに履行をするのでなければ，その目的を達成することができない契約を定期行為という。たとえば，クリスマスのケーキを菓子屋に注文したが，菓子屋はクリスマスが終わってから，それを持ってきた場合，買主はただちに契約を解除して，ケーキの受け取りを拒むことができることになる。

⑤その他の催告不要の場合（542条1項5号）　債務の不履行によって，「催告をしても契約をした目的を達するのに足りる履行がされる見込みがないことが明らかであるとき」には，債権者は無催告解除をすることができる。この規定は，542条1項1〜4号に比べて抽象的・包括的な文言を用いており，542条1項1〜4号に該当しないけれども無催告解除が認められてしかるべきである場合を広くカバーしようとする受け皿規定である。不完全な履行がされ，修補・追完が無意味な場合（たとえば，信用調査を依頼された者がずさんな調査報告をし，その調査報告に基づいて既に融資が実行された場合など）や付随義務・保護義務に違反する行為があり，相手方契約当事者にとり契約を維持し続けることがもはや期待しえなくなった場合（たとえば，大型機材を用いたビルの清掃業務の委託契約において受託会社従業員がその不注意によってビル内の人に大怪我を負わせたような場合）には，この規定により，催告を要せずただちに契約を解除することができる。

　◆契約目的の達成不能と債務不履行の軽微性との関係　542条1項5号では「契約をした目的を達するのに足りる履行がされる見込みがないことが明らかである」という要件が解除の可否を左右する決定的な要件となるし，542条1項3号・4号においても契約目的達成不能という要件が重要な意味をもつ。この契約目的達成不能という要件と催告解除の阻却事由である「債務不履行の軽微性」の要件（541条ただし書）は表裏の関係に立つものではない。つまり，契約をした目的を達することができる場合であっても，債務の不履行が軽微であるとはいえない場合があり，その場合には，債権者は催告解除をすることができる。

　一部解除事由　債務の一部が履行不能となったり，債務の一部が履行拒絶された場合には，当該履行不能・履行拒絶にかかる部分についてのみ，契約を解除できる（一

部解除）のが原則である（542条2項1号・2号）。この場合，催告は必要ない。一部履行不能・一部履行拒絶により，契約を一部ではなく，全部解除するためには，既に述べたように，残部のみでは契約目的が達成不能であるという要件が満たされることが必要である（542条1項3号）。

債権者有責の場合の
解除阻却

既に述べた通り，債権者からの契約解除に基づく主張に対して，債務者は，債務不履行が自己の「責めに帰することができない事由」（415条1項ただし書）によるものであることを立証して，債権者の解除を否定することができない。しかし，その債務不履行が債権者の責めに帰すべき事由によるものである場合にまで，当該債権者からの解除を認め，契約の拘束力を免れるのを認めるのは相当でない。そこで，543条は，債務不履行が債権者の責めに帰すべき事由によるものであるときは，債権者は541条・542条による解除をすることができないと定めている。

◆双方有責の場合の解除の可否　　債務者と債権者の双方に帰責事由がある場合に，債権者が債務不履行による契約の解除をすることができるかが問題となる。543条にいう「債務の不履行が債権者の責めに帰すべき事由によるものであるとき」とは，もっぱら債権者に帰責事由がある場合や債権者の帰責事由が債務者のそれを上回る場合のことであり，債務者と債権者の双方に同じ程度の帰責事由が認められる場合や，債務者により重い帰責事由が認められる場合には，543条は適用されず，解除は妨げられないと解される。

6 複数契約の解除

甲・乙という2つの契約が組み合わされた取引において，甲契約

に関する債務不履行を理由として，甲契約だけでなく乙契約をも解除することができるかという問題がある。判例で問題となった事例としては，リゾートクラブ会員権付きでリゾートマンションを購入した者が，クラブ施設の一部である屋内プールの完成遅延を理由としてマンション購入契約を解除できるかが争われたものがある。その事案において，最高裁は「同一当事者間の債権債務関係がその形式は甲契約及び乙契約といった二個以上の契約から成る場合であっても，それらの目的とするところが相互に密接に関連付けられていて，社会通念上，甲契約又は乙契約のいずれかが履行されるだけでは契約を締結した目的が全体としては達成されないと認められる場合には，甲契約上の債務の不履行を理由に，その債権者が法定解除権の行使として甲契約と併せて乙契約をも解除することができる」という一般論を述べた上で，会員権契約の要素たる債務の履行遅滞を理由として，541 条により，リゾートマンション売買契約を解除することができるとした（最判平 8・11・12 民集 50 巻 10 号 2673 頁）。

　この判決が扱ったのは，同一当事者間における複数契約の問題であるが，異なる当事者の間でも類似の問題（AB 間の契約と AC 間の契約が一定の密接な関係にある場合も，AB 間の契約の不履行を理由に AB 間の契約と AC 間の契約の双方を解除できるか）が生じうる。さまざまな給付ないしは契約を組み合わせる複雑な契約ないし取引が増加してきている現代においては，これらの問題の検討を深める必要性が高まっている。平成 8 年判決の提示した要件は解釈余地の広い一般条項的なものであり，事例の積み重ね等により，その内容を具体的に明らかにしていくことが望まれている。

7 解除権の行使

意思表示による解除 解除権が発生したとしても，契約が当然に解除されたことになるのではない。解除権者の相手方に対する意思表示によってはじめて解除されたことになる（540条1項）。実際には，541条の場合，催告のときに2日以内に代金を支払え，払わなければ，解除されたものとします，という通知をすることが多い。このときには，相当の期間が経過すれば，当然に解除されたことになり，改めて解除の意思表示をする必要はない。

解除権をいったん行使したら，その後になって解除を撤回することは，相手方の法的地位を不安定にするので，許されない（540条2項）。

解除権の不可分性 AがBB′からBB′の共有する土地を買う契約を結んだ場合やAAがBからB所有の土地を買う契約を締結した場合には，この契約の解除は，解除する側の全員から解除の相手方となる側の全員に対してされなければならない（544条1項）。これを解除権の不可分性という。こうした規定が置かれているのは，複数の当事者の一部の者からの解除や一部の者に対する解除を認めると，残りの者との間の契約だけが存続する（たとえば，AがBB′から共有土地を買う契約につき，AからBに対してだけ解除することを認めると，AとB′間の売買契約だけが残る）ことになって，法律関係がいたずらに複雑になるからである。もっとも，544条1項は強行規定ではないから，別段の特約をすることは可能である。

なお，全員からの解除または全員に対する解除の意思表示は，同

時にされる必要はなく，順次にされたときは，全員からのまたは全員に対する意思表示がそろった時に，はじめて解除がされたことになる（大判大12・6・1民集2巻417頁）。

　当事者の一方が数人ある場合に，そのうち一人の解除権または一人に対する解除権が消滅したときは，他の者の解除権または他の者に対する解除権も消滅する（544条2項）。

　なお，解除権の不可分性は，解除権をどのように行使するかについてのルールを示すにとどまるものであって，複数当事者間の意思決定のルールが別に設けられている場合にそれを排除するような意味を持つものではない。たとえば，共有者が共有物を目的とする賃貸借契約を解除する場合には，252条にいう「共有物の管理に関する事項」として，共有者の持分価格の過半数によって決められ，544条1項の規定は適用されない（最判昭39・2・25民集18巻2号329頁）。

8 解除の効果

概　説

　解除権が行使されると，当事者は契約の拘束力から離脱することになるが，より具体的にどのような効果が生ずるかについては，545条が規定しており，以下のように整理することができる。

　①各当事者は，その契約に基づく債務の履行を請求することができない。つまり，未履行債務は履行しなくてもよくなる。この効果は，545条には明記されていないが，判例・学説により異論なく認められている。

　②各当事者は，その相手方を原状に復させる義務（原状回復義務）を負う（545条1項本文。当事者が相互に原状回復義務を負う場合，546

条により両債務は同時履行の関係に立つ）。すなわち，契約に基づく債務の履行として給付を受けた場合には，その受領したもの，受領した金銭から生じた利息または受領した物（金銭以外の物）から生じた果実を返還しなければならない（利息の返還につき545条2項，果実の返還につき545条3項）。

③前記①②によっても償われない損害が解除した債権者に生ずる場合には，不履行債務者は損害賠償の一般原則にしたがってこれを賠償しなければならない（545条4項。損害賠償債務と原状回復債務は，546条により同時履行の関係に立つ）。この場合，解除者は，契約が履行されたならば得られたであろう利益（履行利益）の賠償を相手方に求めることができる（415条2項3号）。たとえば，買主が代金を支払わないので売主が解除し，他の買い手を探して売却したが，当初の売買契約で約定した値段よりは安くしか売れなかったというときには，その差額の賠償を請求しうることになる。

④契約の目的物につき解除の相手方と取引関係に立っている第三者の法的取扱いが，さらに問題になる。これについては，後述する。

［解除の効果の法律構成］ 以上の結論（とりわけ①②③）については，判例・学説によりおおむね承認されているところである。ところが，なぜそういう結論になるのかという法律的説明（理論構成）の問題になると，古くから見解が対立している。

まず，判例（大判大10・5・17民録27輯929頁など）・伝統的な学説（直接効果説）は，契約が解除されると，契約は遡及的に消滅すると考える。この立場からは，契約が遡及的に消滅すれば，債務も遡及的に存在しなかったことになるから，①は当然の帰結であり，②は，契約が存在しないのに給付されたものは，不当利得として返還されるべき（703条・704条）ところ，ここで問題となっているのは解除という特別の理由によって生じた不当利得関係であるから，545条

1項が原状回復義務という特別の効果を定めているのだと説明する。さらに、③については、解除によって債務がはじめから存在しなかったことになるというなら、その債務について不履行の損害賠償（履行利益の賠償）を認めるのは、筋が通らず（はじめから存在しなかったはずの債務について不履行を問題とするのは背理であり）、たかだか、契約が有効に成立したと信じたことによって生じた損害の賠償（信頼利益の賠償）を請求できるだけであることになりそうなものであるが、直接効果説の立場からは、だからこそ、545条4項の明文規定をもって、特に債務不履行の損害賠償を妨げないと承認しているのだと説明することになる。

　これに対して、間接効果説は、解除により契約の効力は失われず、解除の時点で、当事者が原状回復の義務を負うことになるのだと説明する。こう解すると、③の損害賠償については、スムーズに説明できるものの、①の未履行債務については、この立場は、債務は依然として負担しているものの、解除によって履行拒絶の抗弁権が生ずることになるとする。この点は、むしろ債務が消滅するとした方が、すっきりする。

　そこで、同様に解除による契約の遡及的消滅を否定しつつ、未履行債務については、解除の時点での消滅を認める折衷説や、これと同じ帰結を、解除によりもとの契約の債権関係が原状回復の債権関係に変形するという理論から導く原契約変容説が登場する。

原状回復義務の内容) 　原状回復義務（545条1項）の内容に関しては、法律の規定・判例・学説により、いまだ明確なルールが明らかにされていない問題もある。

(1) **価額償還** 　まず、各当事者は、受領した給付が金銭以外の場合で、受領した給付や果実を返還することができない場合は、返還できない原因の如何を問わず、その給付等の客観的な価額を償還

する義務（価額償還義務）を負う。

　この場合に償還すべき価額については，解除者が負担する反対給付の価額を上限として価額償還義務を負うとか，解除者が負担する反対給付の価額または現に受けている利益の額（たとえば，目的物を転売して得た代金の額）のいずれか多い方を上限として価額償還すれば足りるという解釈が主張されている。これは，たとえば，売買契約において，品違えにより契約の趣旨に適合しない物（ただし，価額は本来の目的物のそれを上回る）が給付されたケースにおいて，品違えを理由に契約を解除した買主が，その物が滅失するなどして現物返還ができない場合に，高額の価額償還義務を負わされるとすると，買主はその契約において負担すべきであった対価を超える額の償還を強いられることになって不都合である等の理由から主張されているものである。この見解によると，目的物を引き渡した売主が，買主の代金不払を理由として契約を解除する場面でも，売主は約定代金を超える額の償還は請求できないことになる。なお，反対給付または現受利益の多い方を上限とするとの見解は，以上で述べた見地に，他人の財産を用いて得た利益は返還すべきであるという考え方を加味するものであるといえる。

　価額償還をすべき場合に，その価額の算定の基準時をいつと解するかについては，解除時とする見解，給付時とする見解，滅失・損傷時とする見解，契約締結時とする見解が説かれている。

　(2)　使用利益　　次に，各当事者は，受領した給付が金銭以外の場合に，その給付の使用利益も返還しなければならない（大判昭11・5・11民集15巻808頁，自動車の他人物売買の解除に関する最判昭51・2・13民集30巻1号1頁）。たとえば，建物の売買で，買主が建物の引渡しを受けて，居住していた場合には，この居住による利益相当額も売主に返還しなければならない（最判昭34・9・22民集13巻

11 号 1451 頁)。もっとも，給付の目的物が，自動車など時間の経過による価値の減耗が著しいものの場合には，給付目的物の価値の減耗と使用利益との関係をどのように理解するかという問題が生ずる。

| 解除と第三者 | 解除された契約の目的物につき解除の相手方と取引関係に立っている第三者の法的取扱いが，解除の効果の法的構成とも関係して，問題になる。

Case 5-2

Aはその所有する甲，乙両地をBに売却し，両地の所有権移転登記が行われたが，Bが売買代金を支払わないため，541 条等に基づきBに対し，両地の売買契約を解除する旨の意思表示をした。Bは解除の意思表示を受ける前，既にCに甲地を転売して所有権移転登記が行われたが，さらに，解除の意思表示を受けた後に，乙地をDに転売し，所有権移転登記も行われた。Aは，真正な登記名義を回復するために，Cに対し甲地，Dに対し乙地の所有権移転登記手続を請求することができるか。

Case 5-2 におけるCは，Aによる契約解除前にBと甲地売買契約を締結した者（解除前の第三者）である（図 5-1 第 1 図）。解除の効果について直接効果説に立つならば，解除がされると，契約は遡及的に消滅する。Bは終始甲地の所有者ではなかったことになるから，そのBから甲地を譲り受けたCも甲地の所有権を取得するはずはなく，AはCに対し，甲地の所有権移転登記手続を請求できることになるはずである。しかし，このような帰結を認めたのでは，有効な契約に基づいて新たな法律関係に入った第三者に予期せぬ不利益を被らせる。したがって，このような第三者を保護するために，545 条 1 項ただし書が解除の遡及効に制約を加えており，この規定により，AのCへの請求は認められないことになると，直接効果説は説明する。

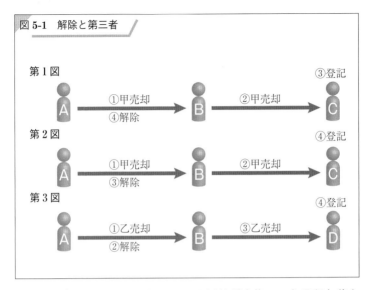

図5-1　解除と第三者

第1図

①甲売却
④解除

A　B
②甲売却
C
③登記

第2図

①甲売却
③解除

A　B
②甲売却
C
④登記

第3図

①乙売却
②解除

A　B
③乙売却
D
④登記

　もっとも，Case 5-2においてCが甲地所有権につき登記名義を
得ていないならば，同様の解決にはならない。545条1項ただし書
は単に「第三者」と定めるのみであるが，同規定により第三者が保
護を受けるためには，その権利につき登記を備えていなければなら
ないと解されているからである。もっとも，その登記の意義につい
ては，対抗要件であるとした判決（最判昭33・6・14民集12巻9号
1449頁）があるものの，権利保護資格要件としての登記と解する見
解が有力である。つまり，解除の遡及効を制限して，解除前の第三
者を例外的に保護しようとするのが，545条1項ただし書であるか
ら，同規定にいう第三者とは，登記名義を得る程度までは当該不動
産と密接な利害関係を築いた第三者でなければならないというわけ
である（なお，仮に，Cの移転登記具備が解除の意思表示の後であったと
しても（図5-1第2図），原則として同じ取扱いになる）。

　次に，Case 5-2におけるDは，解除後に目的物の所有権を取得

した者（解除後の第三者）である（図5-1第3図）。判例・伝統的学説は，解除後の第三者は545条1項ただし書の「第三者」にはあたらず，解除により目的物所有権が遡及的にAに復帰し，Aがその復帰した所有権をDに対抗するためには，対抗要件を備えることを要する（最判昭35・11・29民集14巻13号2869頁）と解している。これによれば，Case 5-2におけるAのDに対する請求も認められないことになる。もっとも，解除の遡及効を前提とする以上，Dは無権利者Bからの取得者と考えて，94条2項の類推適用等の法理（Bの登記名義を信頼して，Bを所有者と信じ，取引をした善意のDを保護する法理。詳しくは，民法総則・物権法の教科書に譲る）に解決を委ねるのが論理的ではないかと考えられる。判例・伝統的学説は，解除による契約の遡及的消滅を唱えながら，解除後の第三者の取扱いにおいては，それと適合しない対応を行っているのではないかとの疑いがあり，このような見地からの有力な批判がある。

　解除と第三者の問題に関し，解除の遡及効を否定する立場（間接効果説・折衷説・原契約変容説）は，AB間の甲地・乙地売買契約が解除された結果，甲地・乙地所有権について，BからAへの復帰的物権変動が生じ，これと，BC間およびBD間の各土地売買契約に基づくBからCおよびBからDへの各土地所有権移転とが対抗関係にあるととらえ，この処理を177条の規律に委ねる。この立場からは，545条1項ただし書は，解除前の第三者への物権変動と解除者への復帰的物権変動とが対抗関係に立つということを示す注意規定に過ぎないと解されることになる。

9 解除権の消滅

解除権が発生しても，それを行使するか否かは解除権者の選択に委ねられている。しかし，解除権が行使されないままの状態が長期間継続すると，契約の相手方の法的地位が非常に不安定になる。そこで，解除権の行使について期間の定めがない場合は，相手方は，相当の期間を定めて，解除するか否かを期間内に確答すべき旨を催告し，この期間内に解除の意思表示が到達しないときは，解除権は消滅するものとされている（547条）。

解除権が消滅した場合に，債権者は，それぞれの権利の要件が充足するかぎりにおいて，履行請求・損害賠償請求等をすることができる。

> 解除権者の故意・過失
> による目的物の損傷等

548条によれば，解除権者が自己の故意または過失によって契約の目的物を著しく損傷した場合，解除権者が自己の故意または過失によって契約の目的物を返還することができなくなった場合，解除権者が加工または改造によって契約の目的物を他の種類の物に変えた場合には，解除権は消滅する。ただし，解除権者が解除権を有することを知らなかった場合には，解除権は消滅しない（同条ただし書）。548条は，物の返還が不能になった場合の規定であり，性質上の返還不能の場合（役務の場合）は，解除権の消滅ではなく，価額償還の問題になる。

この規定が解除権消滅を認める理由は，これらの場合には解除権者はその解除権を黙示に放棄したものといえること，解除による原状回復として契約の目的物を（従前の状態で）返還することができ

ないため解除を認めると相手方との間の公平を害することであると
されている。もっとも，黙示の放棄という説明について言えば，故
意による損傷の場合はともかく，過失による損傷の場合に，黙示の
放棄で説明するのは，無理があるであろう。

Case 5-3

BはAから中古自動車を購入し，引渡しを受けた。その自動車はAB
間の契約で合意されたグレードを少なからず下回るもので，Bは，近日
中にAに対し解除を含む善処を求めたいと考えていた矢先，自分の運転
ミスでその自動車を著しく損傷させてしまった。

この場合，Bはまさに自分の過失で自動車を著しく毀損してしま
ったから，548条により，契約内容と少なからず相違する自動車で
あるにもかかわらず，契約を解除できず，代金の返還も請求できな
いことになりそうである。このような帰結はBに厳しく，むしろ，
解除を許した上で，自動車が著しく損傷する前の価値を金銭で賠償
させる（545条1項の原状回復の内容としての価額賠償）という解決の
方が妥当ではないかと感じられないでもない。実際，民法改正に至
る検討過程で548条の削除も検討されたところであるが，548条が
基本的に維持された以上は，解除権消滅の結論は動かしがたく，B
は損害賠償請求・代金減額請求等の手段をとるべきことになろう。

なお，Case 5-3において，Bの故意・過失によらずに自動車が
損傷したのであれば，Bは解除権を失わず，解除すれば，Aに対し
既払代金の返還を請求できるが，給付された物の損傷前の価額を返
還すべきことになる。

| 解除権の消滅時効 | 解除権も債権に準ずるものとして，解除権
を行使できることを知った時から5年，ま |

たは，解除権を行使できる時から10年の経過によって，時効によ

って消滅する（166条1項。大判大5・5・10民録22輯936頁，612条2項に基づく解除に関する最判昭62・10・8民集41巻7号1445頁を参照）。また，解除権が時効消滅以前に行使されると原状回復請求権が発生するが，この原状回復請求権については，同権利を行使できることを知った時（通常は，解除すれば，原状回復請求権を行使できることを知ると考えられるから，解除した時）から5年の消滅時効にかかることになる（大判大7・4・13民録24輯669頁参照）。もっとも，このような解釈に対しては，解除権について，契約に基づく債権と独立に消滅時効を考えたり，原状回復請求権について，解除権行使の時点からのあらためての消滅時効の進行を問題とするのではなく，原状回復請求権は原契約に基づく本来の債権の時効消滅とともに消滅し，その結果，解除権も当然に消滅すると解すべきであるとする見解が，学説上有力に主張されている。

第6章 約款と定型約款

> 日常の契約場面や企業間の取引でしばしば用いられ，重要な役割を果たしている普通取引約款（約款）について，民法上どのような法的取扱いがされているのかを見た後に，改正民法で新たに設けられた定型約款の規律につき，定型約款の定義を明らかにした上で，組入れ・開示・変更についての基本的内容を説明する。

1 約　　款

約款の定義 ⟩

　　約款とは，普通取引約款の略称であり，①契約の一方当事者により一般的かつ反復的な使用のためにあらかじめ準備された契約条項であること，②個別的に合意された条項（個別合意条項。個別に交渉された条項と必ずしも同義ではない）でないことという，2つの基準を満たしたものをいう。①からして，一方当事者により1回の契約のためにあらかじめ準備された契約条項（個別ケース条項）は約款条項ではないことになる。

　このような学説上の約款の定義は，極めて広いものであって，特定の数個の契約に使用するために作成された書式や，切符に印刷された少数の難なく理解しうる条項なども「約款」に含まれることになる。書面性も，約款にとって必須のものではない（口頭の約款条項もありうる）。

　かつては約款の概念は比較的狭いものであって，企業が不特定多

数の取引に使用するために作成した，多数の条項を含む浩瀚な文書であって，しかも，契約書や申込書とは切り離されたものというイメージでとらえられるものであった（保険約款，銀行取引約款，運送約款などがその典型）。しかし，現在では，前記の定義から分かるように，約款概念は著しく拡張するに至っている。その結果，約款と一言でいっても，その中には多種・多様なものが含まれ，一律な取扱いが難しいことにもなっている。

約款は契約か法規か
約款は法規だという見解がある（法規説）。法規説の内容も論者によって一様ではないが，約款を「当該取引圏という部分社会における自治法」であるとして，約款に法源性を認める見解を，その古典的な例といえるとすれば，約款一般にではなく，一定の約款についてのみ法規範性を承認する折衷的見解は，その洗練された現代版といえよう（約款概念の拡張が背景にある）。一例として，現代の有力な見解は，各種業法において約款に対する監督官庁の規制を認める規定が存在する場合には，当該規定は同時に約款の法規範性を認めるものと解釈することが可能だと説く。

　しかし，法規説には，国家ならざる企業（約款を使用する者）がなぜ法規を制定することができるのかという根本的な疑問がつきまとう。そのため，現代の民法学においては，約款は，制定法による特別の授権がないかぎり，それを契約に採用する旨の合意によってはじめて，当事者を拘束するに至るという考え方（契約説）が主流であるといってよい。約款を法律行為論や契約法の一般論と切り離して考察すべきではなく，後述する組入れ・解釈・効力の各場面において多種多様な約款の特質を考慮に入れつつも，あくまでも法律行為論や契約理論の枠内に位置付けた法的取扱いを目指すべきだと考えられているのである。

約款の契約への組入れ　契約説においては，約款は当事者の合意により個々の契約の構成部分になる（「構成部分になる」とは，「内容になる」とおおむね同じであるが，約款条項と異なる内容の個別合意が当事者間においてなされた場合には，双方が契約の構成部分になり，いずれが優先して契約内容と認められるべきかが，契約の解釈として問題になる）ことによって，当事者を拘束するものになる（ただし，「拘束」とはいっても，それは，約款が個々の契約に一括して組み入れられたということを意味するにすぎず，まだ当事者を最終的に拘束すると決まったわけではないことに注意）。約款が個々の契約の構成部分になることを，約款の契約への組入れという（「採用」とか「編入」ということもある）。約款が契約に組み入れられるためには，どのような要件が備わっていなければならないか。

この問題についてのリーディング・ケースである大審院の一判決（大判大4・12・24民録21輯2182頁）は，火災保険約款中の免責条項が契約内容を構成するか否かの問題に関し，保険会社の約款による旨を記載した申込書に客が調印して申し込み，契約を締結した場合には，たとえ契約の当時その約款の内容を知らなくても一応約款による意思で契約したものと推定する旨判示し，約款の組入れに関するいわゆる意思推定理論を展開した。

しかし，判例は，どのような約款や約款条項についてもそのような取扱いをしているわけではなく，相手方が契約締結時に約款条項の内容を知らず，かつ，適切な仕方で知らされもしなかった場合において，条項内容がその契約において相手方が一般的に有する合理的期待に反するときには，当該条項については意思表示の合致がなく，当該条項は契約の構成部分とならないとされる場合もある。

たとえば，「建物の賃借人にその賃貸借において生ずる通常損耗についての原状回復義務を負わせるのは，賃借人に予期しない特別

の負担を課すことになるから，賃借人に同義務が認められるために
は，少なくとも，賃借人が補修費用を負担することになる通常損耗
の範囲が賃貸借契約書の条項自体に具体的に明記されているか，仮
に賃貸借契約書では明らかでない場合には，賃貸人が口頭により説
明し，賃借人がその旨を明確に認識し，それを合意の内容としたも
のと認められるなど，その旨の特約……が明確に合意されているこ
とが必要である」と述べ，契約条項に引用されている負担区分表に
基づく通常損耗補修特約の成立を否定した最判平 17・12・16 判時
1921 号 61 頁は，その一例である。

　また，ロッカーの上に掲げられている約款は，契約の内容になっ
ているとは認められず，単なる「告示」(商 594 条 3 項) に止まると
し，ゴルフ場クラブハウス内貴重品ロッカーからのキャッシュカー
ドの盗難，預金の払戻しについて，場屋営業者の「不注意」(商 594
条 2 項) を認め，損害賠償請求を認容した秋田地判平 17・4・14 判
時 1936 号 167 頁も，約款の安易な組入れに歯止めをかけた事例で
ある。

　ただし，これらの裁判例と後述する「隠れた内容規制」との関係
は微妙である。

約款の内容規制　約款条項とそれ以外の契約条項とを分け，
前者は後者に比べてより厳しい内容規制に
服してしかるべきではないかが問題とされる。約款による合意にお
いては，相手方は約款を包括的に受け入れているだけで，契約内容
は約款使用者が一方的に決めている (これは，取引合理化のために法
的に認められている) のであるから，通常の契約条項とは違って，約
款条項への踏み込んだ内容的チェックを行ってバランスをとるべき
だというのである (いわゆる約款アプローチ)。

　これに対して，契約条項の内容規制の場面では，約款か否かとい

う形式に着目するのではなく，契約当事者間の広義での交渉力不均衡（狭い意味での経済的力関係の格差というだけではなく，取引経験や法的知識の差，さらには約款の使用等の契約締結の態様から生ずる交渉上の優位・劣位も含んだ意味）を問題とすべきで，約款使用ということは，交渉力不均衡を示す一要因として位置付けるべきだという考え方も主張されている（いわゆる交渉力アプローチ）。

　判例はどうかといえば，不当な内容の契約条項の規制を行う際に，一般論的な枠組みを設定することには極めて謙抑的で，むしろ，契約条項の解釈等の手法を活用して，具体的紛争の解決に当たってきている（条項を正面から無効ないし一部無効とするのではなく，特約の不成立あるいは条項の解釈に名を借りて，実質的には，条項を無効ないし一部無効とするのと類似の帰結をもたらす裁判上の便法であり，「隠れた内容規制」と呼ばれる手法である）。一例として，宿泊客がホテルに持ち込みフロントに預けなかった物品，現金，貴重品について，ホテル側にその種類・価額の明告をしなかった場合におけるホテル側の賠償限度額を15万円と定める宿泊約款中の条項は，ホテル側に故意・重過失がある場合には適用されないと判示した最判平15・2・28判時1829号151頁を挙げておこう。

消費者契約法上の
不当条項規制　この関連で留意されるべきなのは，消費者契約法における**不当条項**（消費者の利益を不当に害する条項）の規制に関する規定である。同法は，1条の目的規定において，事業者と消費者の間の情報の非対称性や交渉力の不均衡に触れた上で，8条から10条までに定める契約条項を無効とする内容規制ルールを定めている。

　消費者契約法8条1項は，事業者の損害賠償責任を全部または一部免除する免責条項を4つ列挙して，これらを無効とする。具体的には，①事業者の債務不履行責任を全部免除する条項，②故意・重

過失による事業者の債務不履行責任を一部免除する条項，③事業者の債務の履行に際してされた不法行為による責任を全部免除する条項，④事業者の債務の履行に際してされた事業者の不法行為（故意・重過失によるものに限る）に基づく責任を一部免除する条項が，列挙されている。

次に，消費者契約法8条の2は，事業者の債務不履行に基づく消費者の解除権を放棄させる条項を無効とする。

さらに，消費者契約法9条は，消費者が債務不履行をした場合に過大な違約金を課する違約金条項等を2つ列挙して，これらを無効とする。具体的には，①契約の解除に伴う損害賠償（額）の予定または違約金を定める条項は，同種の契約の解除に伴い事業者に生ずべき平均的な損害額を超える部分において無効であり，②消費者が金銭債務の履行を遅滞した場合の損害賠償（額）の予定または違約金を定める条項は，年14.6％を超える部分において無効とされる。

最後の消費者契約法10条は，契約条項の内容審査のための一般規定であり，「法令中の公の秩序に関しない規定の適用による場合に比して消費者の権利を制限し又は消費者の義務を加重する消費者契約の条項であって，民法第1条第2項に規定する基本原則に反して消費者の利益を一方的に害するものは，無効」であると定める（なお，10条前段に定める条項の例示として，「消費者の不作為をもって当該消費者が新たな消費者契約の申込み又はその承諾の意思表示をしたものとみなす条項」が挙げられており，これが10条後段の要件も満たせば，無効とされる）。この一般規定は，8条や9条の定める免責条項や違約金条項以外にも，事業者からの契約解除・解約の要件を緩和する条項，権利行使期間短縮条項，契約内容変更条項等々，消費者の利益を一方的に害する契約条項は多々ありうるので，それらも全て捕捉する趣旨で設けられているものである。

これらの規定は，消費者契約中の契約条項一般を適用対象とするものである。もっとも，実際の紛争事例では，消費者契約中の約款条項への適用が問題となるケースが多い。

**不当条項使用
差止請求権**

消費者契約法は，消費者団体訴訟制度と呼ばれる制度についても定めており，契約条項との関係では，内閣総理大臣の認定を受けた一定の消費者団体（適格消費者団体）に，事業者に対し，同法 8 条から 10 条までに規定する条項を含む消費者契約の申込みまたはその承諾の意思表示を行うことを停止する等の措置をとることを請求する権利（不当条項使用差止請求権）を与えている。差止請求権を行使できるのは，事業者やその代理人が不特定多数の消費者に対して問題の条項を含む契約締結行為を現に行い，または行うおそれがある場合である（消費契約 12 条 3 項・4 項）。

不当条項からの消費者の保護は，不当条項を含む契約を締結した個々の消費者が訴訟等の場で条項の有効性を争えるというだけでは，十分ではなく，はじめから不当な条項を含む契約を結ばなくても済むようにすることが必要である。そのために，不当条項を含む契約の締結行為の停止等を請求する権利を，消費者集団の利益の守り手たるべき適格消費者団体に付与しようというのが，この制度を導入した立法の趣旨である。

2 定型約款

**定型約款・定型取引・
定型取引合意**

改正民法は，定型約款・定型取引・定型取引合意という，従来の判例・学説においては用いられてこなかった新概念を立て，定型約款の法的取扱いに関する基本的で重要な規律を設けた（548 条

の2以下）。

548条の2第1項は，定型約款を「定型取引において，契約の内容とすることを目的としてその特定の者により準備された条項の総体」と定義する。そして，この定義中に現れる**定型取引**という概念については，「ある特定の者が不特定多数の者を相手方として行う取引であって，その内容の全部又は一部が画一的であることがその双方にとって合理的なもの」という定義を与え，定型取引を行うことの合意を**定型取引合意**と呼ぶ旨を定める。

インターネットを介して通信販売業者からある商品を購入する際に，詳しい契約条件を定めた約款がパソコンやスマートフォンの画面に表示され，同意ボタンをクリックして，購入操作を終えたという場合を例にとると，どの商品をいくらで売買するかについての当事者間の合意が定型取引合意であり，画面に表示された約款が定型約款に当たる。購入者が同意ボタンをクリックすることにより，当事者間に約款の組入合意が成立することになるが，この合意は，民法の規定上は「定型約款を契約の内容とする旨の合意」（548条の2第1項1号）と呼ばれている。

> 定型約款の要件

548条の2によれば，定型約款に該当するには，次の3つの要件を満たす必要がある。

第1に，問題となる取引が，ある特定の者が不特定多数の者を相手方として行うものであることである。相手方が特定多数の場合や少数の場合は，この要件を満たさず，定型約款には当たらないことになる。また，労働契約は，労働者の個性に着目して行われる契約であって，「不特定多数の者を相手方として行う取引」に該当しないので，労働契約において利用される契約書のひな型は定型約款に当たらないとされる。

第2に，問題の取引の「内容の全部又は一部が画一的であること

がその双方にとって合理的」であることである。これは，契約内容の全部または一部が画一的であることが定型約款準備者にとって合理的であり，相手方がその変更を求めずに契約を締結することが取引通念に照らして合理的であるという意味である。金融機関の預金規定やコンピュータの汎用性ソフトウェアの利用規約のようなものは，通常，この要件を満たす。これに対し，ある企業が製品の原料売買契約を取引先企業との間で締結する場合には，「取引の内容の全部又は一部が画一的であることがその双方にとって合理的」とまではいえないため，一方当事者が準備した契約約款は定型約款には当たらない。

　第3に，定型取引において，契約の内容とすることを目的としてその特定の者により準備された条項の総体であることである。ここで「契約の内容とする」とは，定型約款が契約に一括して組み入れられることを意味する。したがって，契約内容を十分に吟味するのが通常といえる場合には，仮に当事者の一方によってあらかじめ契約書案が用意され，その案のまま契約が締結されたとしても，それはいわゆるたたき台にすぎず，「契約の内容とすることを目的として」いるとはいえないことになるから，定型約款性は否定される。

　以上から分かるように，定型約款の概念は，約款一般の概念に比べて，狭いものであり，とりわけ事業者間の取引において使用された約款が定型約款と認められるのは，相当に限定された場合になるといえよう。

定型約款の契約への組入れ

(1) 個別条項に関する合意の擬制　548条の2第1項は，定型取引合意をした者は，2つの場合において，定型約款の個別の条項についても合意をしたものとみなす旨を定め，定型約款が契約に組み入れられるための要件を定めている。

548条の２第１項は，個別条項のみなし合意という規定の仕方をしている。これは，定型約款準備者（定型約款を準備した者）の相手方が定型約款の個別の条項について認識していないのに，それらの条項が契約の内容になると扱われることは，契約の成立に関して民法が通常想定しているルールとは異なるという理解に基づき，個別条項についての合意を擬制する特別ルールを設けたものである。

　定型約款が契約に組み入れられる２つの場合とは，第１に，定型約款を契約の内容とする旨の合意をしたときである（548条の２第１項１号）。この場合には，両当事者が，その契約にその定型約款を一括して組み入れることを，明示的ないし黙示的に合意しているのであるから，定型約款の個別の条項が契約の内容になるものと扱ってよいと考えられているわけである。なお，１号は「あらかじめ」という文言がないことから分かるように，定型取引合意成立の後，事後的に定型約款を組み入れる場合も対象にした規律である。

　第２に，定型約款準備者があらかじめその定型約款を契約の内容とする旨を相手方に表示していたときである（548条の２第１項２号）。「表示していたとき」というのは，取引を実際に行おうとする際に，相手方に対して個別に面前で示されていなければならず，定型約款準備者のホームページなどに一般的にその旨を公表しているだけでは表示とは言えない。そのような事前の表示に対して，相手方が異議を唱えずに定型取引合意をする場合は，相手方が定型約款の契約への組入れに黙示的に同意すると評価できる典型的な場面であるので，特に明示的に規定したものである。

　このように２号は，相手方が組入れに異議を述べないことを前提とした規律である。相手方が異議を述べた場合には，定型約款準備者は契約に応じないのが通常と考えられるし，仮に外形的に契約締結行為がされても，定型取引の特性（取引内容の全部または一部の画

一性）からして，定型約款抜きの契約成立は定型約款準備者の意思に反するため，契約は不成立となる。

*Column*④　「公表」による組入れ　◆━◆━◆━◆━◆━◆━◆━◆━◆━◆━

　　鉄道・バス・航空機等による旅客運送事業，高速道路等の通行に関する事業，電気通信事業は，事業の公共性が高く，定型約款を使用する必要性が大きい一方，鉄道の自動改札を IC カードを使って通過する場合などのように，548 条の 2 第 1 項の定める組入方法によることが契約締結の態様に照らして困難な場合も存在するという理由から，各種の特別法で，定型約款準備者がその定型約款を契約の内容とする旨をあらかじめ公表していた場合に，定型約款の契約への組入れを認める規定を設けている（鉄営 18 条の 2，海運 32 条の 2，道運 87 条，航空 134 条の 3，電通事 167 条の 2 など）。このような特別の規定がない限りは，548 条の 2 第 1 項の定める組入要件を満たさないと，定型約款は契約に組み入れられない。

◆━

⑵　定型約款の組入問題と内容の開示問題の切り離し　　ところで，定型約款の契約への組入れが認められるためには，548 条の 2 第 1 項の定める要件の他に，相手方が定型約款の条項内容を知ることができたこと（条項内容に関する相手方の認識可能性）も要件となるのではないかということも，問題となる。しかし，民法は，相手方の定型約款の内容を知る機会の確保の問題は，定型約款の契約への組入れの問題とは原則として切り離して，扱うこととしている（548 条の 3）。これは，定型約款の内容の開示を受けても，それを読まない客がほとんどであるから，組入要件の一部として開示を要求するのは，コストに比してメリットの少ない策であり，特にたまたま契約締結時に約款を見ることができない状態が生じていた場合（たとえば，定型約款を掲示していたウェブページが一時的に見られない状態であったにもかかわらず，それに気づかずに契約締結をした場合）に，相手方

があえて定型約款を見ようとしていなかったときであっても，それが契約内容とならないとするのは効果として過大であると考えられたためである。したがって，定型約款の内容の開示がなくても，548条の2第1項の要件を満たせば，定型約款は契約の内容になることになる（548条の3第2項本文の場合は例外であり，後述する）。

　以上，(1)(2)のような内容の548条の2第1項は，定型約款準備者の定型約款組入れに関する利益に最大限配慮したものであるといえる。

契約に組み入れられない条項（不当条項）

定型約款は，548条の2第1項の要件を満たすことにより，契約の内容になるが，その場合であっても，548条の2第2項の定める条項（不当条項）については，例外的に合意がされなかったものとみなされる。「合意がされなかったものとみな」されるというのは，548条の2第1項の要件を満たすことにより契約の内容になる条項の中に含まれないという意味である。したがって，定型約款中の個別条項が，548条の2第1項の定める一括組入れではなく，個別に合意されて契約内容になる例外的な場合には，548条の2第2項は適用されない。

　548条の2第2項により契約への組入れから排除される（合意擬制がされない）条項とは，「相手方の権利を制限し，又は相手方の義務を加重する条項であって，その定型取引の態様及びその実情並びに取引上の社会通念に照らして第1条第2項に規定する基本原則に反して相手方の利益を一方的に害すると認められる」条項である。

　この条文文言は，一見すると，消費者契約法10条のそれと，たいへんよく似ている。しかし，同法10条違反の効果が，条項の無効であるのに対して，548条の2第2項は，問題となる条項がそもそも契約の内容となるかというレベルの問題を扱うものである点で，

両者は異なっている。条項の無効ではなく，契約内容となるかどうかのレベルで規制する手法は，従前の判例における隠れた内容規制の手法の一部を明文化しようとするものといえる。

　条項が，どのような基準と比べて「相手方の権利を制限し，又は相手方の義務を加重する」かが問題になる。この点につき，548条の2第2項は何も定めていないが，その条項がなかったとすれば適用されえた明文の任意規定，判例によって民商法等の解釈として承認された種々の準則，明文のない基本法理等と比較してという意味である。

　信義則に反するかどうかを判断する際の考慮要素として「その定型取引の態様」を挙げているのは，契約の内容を具体的に認識しなくとも定型約款の個別の条項について合意をしたものとみなされるという定型約款の特殊性を考慮するという意味である。このことに着目する点で，消費者契約法上の不当条項規制とは趣旨が異なるとされる。

　また，「(取引)の実情」や「取引上の社会通念」を考慮することとされているのは，当該条項だけでなく取引全体に関わる事情（当該条項そのものは相手方にとって不利であっても，取引全体を見ればその不利益を補うような定めがあって，均衡がとれているかどうかなど）を広く考慮し，合理的な取引慣行を考慮すべきことを意味している。

　条項が相手方にとって予測し難いという事情も，その内容を容易に知りうる措置を講じていなければ，信義則に反すると認められやすくなるという意味で，その条項の内容の当・不当の問題と並んで，一考慮要素となる。

定型約款の内容の開示

　(1) 定型約款の内容の開示請求権　548条の3は，定型約款の内容の開示（548条の3の条文見出しでは「表示」とされているが，548条の2第1項2号の「表

示」と紛らわしいので，本書では「開示」の語を用いる）に関して規定する。定型約款を用いて契約を締結する場面では，相手方も定型約款の内容を逐一読もうとしない場合が多く，定型約款準備者の側から常に相手方に事前に内容を開示しなければならないとするのは，かえって煩雑なことになりかねないが，相手方が，自分が締結しようとし，または締結した契約の内容を確認することができるようにすることは必要であるという考え方に立って，相手方から定型約款準備者に対する定型約款内容の開示請求権を認めるという趣旨のものである。

　548条の3第1項本文によれば，「定型取引を行い，又は行おうとする定型約款準備者は，定型取引合意の前又は定型取引合意の後相当の期間内に相手方から請求があった場合には，遅滞なく，相当な方法でその定型約款の内容を示さなければならない」。

　「相当な方法」としては，取引の実情に応じ，定型約款を記載した書面を交付したり，定型約款が掲載されているウェブページを案内するなどの方法が考えられる。

　相手方が定型約款の内容の開示を請求できるのは，契約の締結前のほか，締結後相当の期間内においてである。契約が継続的なものである場合には，その終了から相当の期間内という意味である。契約存続中は当然に開示請求が認められる。なお，相手方から開示の請求をすることがそもそも期待できないという場合（たとえば，インターネットを介してする取引において，定型約款準備者側のウェブサイトが請求を受け付けるようには設定されておらず，他の連絡方法も不明な場合など）には，相当の期間経過後でも，開示請求できると解する余地があるであろう。548条の3第1項本文の定めは，相手方が請求しようと思えば，できたことを前提としていると解されるからである。

他方において，定型約款準備者が相手方に対して，定型約款を記載した書面を交付したり，定型約款を記録した電磁的記録を提供（電子メールに添付しての PDF ファイルの送信など）していたときには，相手方は定型約款の内容の開示を請求することができない（548 条の 3 第 1 項ただし書）。この場合には，相手方が定型約款の内容を確認できる状態となったのであり，その後の請求を認める必要がないという理由に基づく。

(2) **定型約款準備者の開示拒絶** 　定型約款準備者が定型取引合意の前に相手方からの開示請求を拒んだときは，定型約款の個別条項についての合意擬制（548 条の 2）はされず，したがって，当該定型約款は契約内容にならない（548 条の 3 第 2 項本文）。もっとも，一時的な通信障害が発生した場合その他，請求の拒絶に正当な事由がある場合は，この限りでない（548 条の 3 第 2 項ただし書）。

これに対して，定型取引合意がされた後に相手方から開示請求があり，これを定型約款準備者が拒んだときは，既に定型約款が組み入れられた契約が成立していることになり，相手方は，契約上の義務の違反として，発生した損害の賠償を請求することができる。相手方が開示の履行を請求することも，もとより可能である。

定型約款の変更
---

(1) **環境変化と契約の変更** 　継続的契約・長期的契約（締結から履行までの間に長い時間的間隔が存在する契約）においては，契約関係存続中に，事実的ないし法的な環境が変化することがあり，そうした環境変化に応じて契約内容を変更する必要が生ずることがある。たとえば，携帯電話のための通信サービスを提供している電気通信事業者が，口座振替やクレジットカードによる利用代金の支払が普及してきたため，コンビニエンス・ストアや郵便局での窓口支払を行っている顧客に対し，今後は払込取扱票発行等にかかる手数料の負担を求めるように

契約内容を変更するような場合である（東京地判平27・1・16 2015WLJ PCA1168013）。そのような場合，契約当事者は，当初の契約内容を変更する合意をすることにより，そうした変化に対応することができることはもちろんであるが，契約の一方当事者が，一方的に契約内容を変更するようなことは，事情変更の法理が適用されるような特別の場合でないかぎりは，許されないのが，大原則である。

約款や定型約款を使用して契約内容が定められている場合には，（定型）約款準備者が事情変化に対応すべく新（定型）約款条項により既に存在している契約（既存契約）の内容を変更しようとすると，しばしば極めて多数に上る契約相手方から，どのようにして新条項への承諾を取り付けるかという問題に直面することになる。

なお，企業がその定型約款を変更しても，その変更が既存契約に影響するのではなく，その後に締結される契約に使用されるに過ぎないのであれば，ここにいう「定型約款の変更」には当たらない。しかし，継続的な取引関係が基本契約に基づいており，その基本契約に定型約款が使用されている場合に，定型約款準備者がこれを変更したときは，定型約款の変更に該当するのであり，この場合こそが，定型約款の変更が問題とされる中心場面である。

⑵　定型約款の変更の（実体的）要件　　民法は，548条の4に定型約款の変更に関する規定を置き，全ての相手方との間で画一的に定型約款を変更したいと望む定型約款準備者に，2つの場合において，変更後の定型約款の条項について合意があったものとみなし，契約の内容を一方的に変更することのできる権利を認める。ひとたび結んだ契約の内容を，一方の契約当事者が相手方の同意なしに一方的に変更できる（相手方は異議を述べることもできない）という，契約の原則からすると異例な権利が認められている。こうした規律には，

定型約款準備者の立場に最大限配慮する姿勢を見てとることができる。

　そのような契約内容変更権は，もちろん無限定に認められるわけではない。すなわち，それが認められるのは，第1に，「定型約款の変更が，相手方の一般の利益に適合するとき」（548条の4第1項1号）である。この場合には，相手方の一般の利益になる変更なのであるから，相手方も通常これに同意すると考えられるという理由に基づく。

　変更が認められる第2の場合は，定型約款の変更が，契約をした目的に反せず，かつ，変更の必要性，変更後の内容の相当性，548条の4の規定により定型約款の変更をすることがある旨の定め（変更条項）の有無およびその内容その他の変更にかかる事情に照らして合理的なものであるとき（548条の4第1項2号）である。この場合は，相手方の利益にならない（さらには，不利益になる）変更であるので，列挙されている諸考慮要素に照らして合理的であることが必要とされている。「変更の必要性」としては，定型約款準備者が相手方全員の個別の同意を得ることがどの程度困難かなどが考慮される。また，前記の変更条項の有無・内容が考慮に入れられるためには，当該変更条項が契約の内容になっている必要があり，同条項が，548条の2第2項の規定により（個別条項の）合意擬制から排除されたり，消費者契約法10条に反して無効とされる場合には，顧慮されない。定型約款の変更に異議のある相手方にどのような救済手段（契約の解除・解約権など）が認められているか，新条項の効力発生までに認められる予告期間なども，それが変更条項に定められている場合は，変更条項の内容として，そうでない場合は，「その他の変更に係る事情」として，考慮要素となりうる。

　⑶　定型約款の変更の周知　　548条の4の規定による変更権の行

使が形成権の行使（意思表示）であるとすると，その意思表示が相手方に到達しなければ効力を生じないことになるはずである（97条1項）。つまり，定型約款を変更するためには，その旨を個別に通知することが必要になると考えられる。しかし，548条の4第2項は，定型約款準備者に「定型約款を変更する旨及び変更後の定型約款の内容並びにその効力発生時期をインターネットの利用その他の適切な方法により周知」する義務を課するにとどめた。これは，常に個別の通知を要するものとすると，定型約款を変更する定型約款準備者側の事務負担が過大になりうることに配慮したもので，これにより，相手方の権利義務に関する重要な変更については個別に通知するが，相手方にとっての不利益がそれほど大きいとは言えない変更についてはウェブサイトに変更の通知とその内容を掲載して相手方が確認する機会を設けるにとどめるというような対応が可能になる。

　548条の4第2項による周知を怠った場合の効果は，どのようなものか。同条3項によると，1項2号の規定による定型約款の変更は，2項の効力発生時期が到来するまでに2項による周知をしなければ，その効力を生じないものとされる（定型約款の変更の手続的要件）。他方，同条1項1号の規定による定型約款の変更は，2項の周知をしなくても，効力を生ずる。つまり，1項1号による変更については，周知は行為義務にとどまり，変更の効力発生要件ではない。

　なお，定型約款の変更には，より厳格であり，かつ，考慮要素も異なる548条の4第1項各号の規定が適用されるので，548条の2第2項の規定は適用されない（548条の4第4項）。

PART 2 契約各論

第7章　典型契約総論

> 　各人は，自らの意思に基づいて自らが拘束される規範を設定できるが，民法は贈与以下 13 のいわゆる典型契約を規定する。各人が自由に契約を締結できるのであれば，何ら民法が定める契約の諸規定に拠る必要はないはずであろう。民法が定める典型契約はどのような意義を有するのであろうか。

私的自治の原則　　民法は，549 条以下に 13 種類の典型契約を規定する。これらは，西欧社会において歴史的な経緯を経て形成・重視されてきた「歴史的産物」である。したがって，典型契約の中には，今日のわが国の社会でほとんどその意味が見出されない契約もあり，また，典型契約以外にも重要な無名契約が多くある。そこで，典型契約自体の意味を，今日いかに評価するのかが問題となる。

　典型契約は，一定の歴史的・社会的に形成されてきた産物であって，相応に普遍的な契約類型もあれば，今日ほとんど意義を持たない契約類型もある。しかも，私的自治の原則により，当事者は，自由に契約の内容を決定することができるのであるから，必ずしも典型契約に拘束されるものではない。既に，ある契約がどの典型契約に該当するのかを探求することには意味がなく，典型契約規定の適用を認めるべき事実が具体的な契約にあるのかを探求することが重要であることが指摘されてきた。さらに，典型契約が実社会において今日その意味をほとんど喪失し機能していないことを前提に，契

約法の任務は，特定人間の権利義務を事前に設計することにあるという視点から，典型契約はその過程での1つの道具と位置付けるべきとの見解も現れている。

　もちろん，典型契約は，当事者が典型契約類型に則した合意をした場合に，その内容が不明確なときにはその内容を解釈する基準として機能し，その内容が不完全なときには内容を補充する機能を営むことに異論はない（契約解釈・補充機能）。また，契約を形成しようとする当事者からすれば，レストランでアラカルトの料理注文をするのが煩瑣で面倒であるのに比して，いわばレストランのコースメニューの如く，典型契約類型を利用することで，契約を容易に形成できる。こうして，標準的な契約が形成される一方で，当事者が典型契約類型に一定の修正を施すことを通じて，新たな契約類型の創造も可能となる（創造補助機能）。

契約正義による
契約矯正

　さらに，典型契約の今日的な意義を積極的に模索する見解もある。契約自由の原則から生みだされる多様な契約領域において，典型契約は一定の枠組みとパターンを提示して法律問題を具体的に浮かび上がらせるなどの意義を有するとの見解がある。また，複雑多様な社会における認識カテゴリーとして典型契約を位置付け，人はこのカテゴリーを通じて契約に対処できるとする見解もある。もちろん，これらの見解も，既にある典型契約を絶対視するものではなく，社会の変遷に応じた枠組みやカテゴリー自体の変化を否定するわけではない。

　まず，具体的な契約を検討する際には，当該契約がどのような契約類型であるのかを分析・類型化して，典型契約への性質決定が可能か，それができず非典型契約として分析すべきかどうかが決定されなければならない（分析基準機能）。具体的な契約の解釈やその法

的な構成に際して，まず契約類型を確定するためには，まさに典型契約の類型がその基準として参照されるのである。たとえば，サブリースに借地借家法の賃料減額請求権（借地借家32条）が適用されるのかどうかをめぐる議論では，サブリース契約が賃貸借契約に該当するのか，それとも，無名契約としての不動産開発契約なのかが争われたが，判例は，サブリース契約も賃貸借契約であるとして，賃借人からの賃料減額請求の余地を認めた（詳細は，⇒第1章7 4）。

それを超えて，典型契約は歴史的・経験的に形成されてきた契約の正義の判断基準が内包されているため，合理的でない限り，むしろその規定内容から逸脱することが許されないという半強行法規的な側面を持っているという（内容形成・内容調整機能）。たとえば，消費者契約法10条は，任意法規の規定内容に比べて消費者の権利を制限したり義務を加重する条項は，信義則に反して消費者の利益を一方的に害する場合を無効としている。この機能は，まさに典型契約規定と具体的な条項との対比場面で発揮されることとなろう。

典型契約の積極的な意義を模索する見解は，このような典型契約の機能を発見することにより，当事者の私的自治を万能とするのではなく，むしろ，当事者意思形成を超えた客観的な契約正義の観点を強調する傾向にある。

典型契約の意義について各見解が前提とするのは，いうまでもなく今日の社会において典型契約規範が果たす紛争解決機能の低下である。もちろん，私的自治の原則が起点である以上，それに対する「正義」の介入は慎重でなければならない。私的自治の原則と典型契約に内在する正義の基準との調整には，社会で行われる多様な契約の正義適合性を検証しなければならないが，典型契約に内在する正義の基準を探求するために，まずはその理論的体系化を必要としよう。

第8章 売　買

売買とは，物や権利の取得に対してその代価を支払う
有償契約のもっとも基本的な契約類型である。したがっ
て，売買の諸規定は有償契約に準用され，売買規定は，
いわば有償契約の総則的役割を果たしている。とりわ
け，売主が負担する財産権移転義務と買主が負担する代
金支払義務は，常に対価的な関係で調整されなければな
らない点に，売買に特有の問題が現れる。

1 序

売買の意義　　売買契約とは，売主が買主に対して**財産権
移転義務**を負い，買主が売主に対して代金
支払義務を負う，諸成・双務・有償の契約である（555条）。売買契
約は，取引社会においてもっとも頻繁に利用される契約であり，有
償契約のもっとも基本的な典型契約であることから，売買契約に関
する規定は，その他の有償契約にも準用される（559条）。

売買法の特徴と課題　　わが国の民法学は，ローマ法の伝統に則し
て，特定物売買を基本モデルとして扱って
きており，しかも，売買契約が双務・有償契約であることから，そ
れらの各制度にとっても，特定物売買が基本モデルとされてきた。
ところで，わが国における特定物売買の中心は不動産売買であり，
民法の売買契約も不動産売買を中心に議論が展開されてきた。この
点で，不動産売買が一般モデルとして通用する範囲を明確化しつつ，

それに適合しない新たな売買に対応するモデルを構築することが売買法の担うべき課題といえよう。

　この問題を考える際に重要なのが商品売買である。19世紀の産業革命以降，市場に流通する大量の工業製品をめぐる売買契約が展開することとなり，種類売買をも取り込む形の売買法の発展がみられる。もっとも，種類売買も種類債務の特定を契機として，特定物売買へと引き直す形で理論が構築されてきたが，種類売買を全て不動産売買を基本モデルとする特定物売買に引き直すことには限界があろう。むしろ，改正された民法は，特定物売買と種類売買を区別することなく，統一的なルールで扱う傾向にある。

　さらに，売買の目的物だけではなく売買の主体や形態も考慮されなければならない。とりわけ，消費者と事業者が取引主体である場合には，取引情報や商品情報についての両者の格差を是正する観点が必要となる。特別法によって一定の範囲で消費者保護が図られてはいるが，より公正な売買法を確立する上で消費者保護のあり方も考慮される必要がある。また，商事取引における売買では継続的な売買契約が常態となっている。民法が想定する売買契約モデルは単発的な売買契約であるため，継続関係に基づく特殊性に配慮する必要がある。

2　売買契約の成立

① 売買契約の締結

　売買契約は諾成契約であり，その成立には何らの方式も必要なく，売主の代金獲得のために財産権を移転する意思表示と買主の財産権を獲得するために代金を支払う意思表示との合致のみによって成立

する（555条）。ただし，当事者の合意に加えて法律上の要件が必要となる場合もある。たとえば**農地売買**が効力を発生するには，当事者の合意だけでなく，農地としての売買では農業委員会の許可，転用目的の売買では都道府県知事の許可が必要となる（農地3条・5条）。

　売買の際に必要となる印紙代や公正証書作成費用等，さらに場合によって必要となる目的物の鑑定費用や測量費用等の契約締結に要する費用は，特約のない限り当事者の折半とされる（558条）。

② 売買の予約

売買の予約

　売買の予約とは，将来に正式な売買契約（本契約）を締結する旨の合意である。売買の予約には，当事者の一方が本契約の締結を申し込むときに，相手方が承諾義務を負う**承諾義務型**と当事者の一方が**予約完結権**を行使することによって本契約を締結することができる**予約完結権型**がある。さらに，承諾義務型予約には，当事者の一方だけが本契約締結のための承諾義務を負う**片務予約**と，当事者双方が本契約の成立に対する承諾義務を負う**双務予約**がある。もっとも，承諾義務があるとはいっても，承諾義務者が任意に承諾に応じない場合には，申込者は強制履行に頼る他はない（414条1項，民執174条1項）。そこで民法は，相手方の承諾なく本契約が締結される売買の一方の予約（予約完結権型）を規定する。

売買の一方の予約

　売買の一方の予約とは，予約の当事者の一方が予約を完結して本契約を締結する権利（予約完結権）を有していて，その一方当事者が予約完結の意思表示を行うと，相手方の承諾を要さずに，正式の売買契約が締結される旨の予約である（556条1項）。通説は，予約完結権を当事者の一方

のみが有する予約（一方の予約）と双方の当事者が有するもの（双方の予約）を認めるが，双方の予約は両当事者が相互に履行期の定めのない本契約を締結することに他ならないとする見解もある。

予約完結権 | 予約完結権は，相手方に対する行使によって本契約を締結する形成権である。予約完結権の行使期間について合意があれば，その期間内に予約完結権が行使されないと，予約完結権は失効する。予約完結権の行使について期間が定められていないときは，相手方は相当期間を定めてその行使をするか否かの確答を催告でき，相当期間内に確答がなければ予約完結権は失効する（556条2項）。こうした催告がない場合でも，予約完結権は予約成立の時から原則時効期間を経て消滅するため（大判大4・7・13民録21輯1384頁），5年ないし10年で時効消滅する（166条1項）。

債権担保としての売買予約 | 売買の一方の予約は，一種の債権担保としても利用されている。たとえば，貸金債権が返済できないときに不動産の売買を締結できるとしつつ，その代金債務と貸金債権を相殺することを合意する売買予約や，実質的に融資のために売買契約を締結しつつ返済できればその目的物を再び売買することを予約する再売買予約である。前者では目的物が不動産の場合に，予約完結権を仮登記する形式で将来の所有権移転請求権を保全する形式が利用され（不登105条2号），仮登記担保の一種と扱われる（仮登記担保1条，担保物権法参照）。また，後者は，買戻しと同様の譲渡担保の機能を果たす場合もある（⇒5）。いずれも法形式上は売買であるが，その実質は債権担保であることから，債権額と目的物価格との調整を図る清算義務にみられるような担保法に特有の法理に従う。

3 手　付

手付の意義

手付とは，売買契約締結の際に交付される金銭その他の有価物であり，買主が手付を交付し，履行の際に代金債務の支払の一部として充当されるのが通常である。

Case 8-1 ―――――――――――――――――――――――――――――――

　Aはその所有地を 1000 万円で売買する契約を B との間で締結し，その際，B は手付として 100 万円を A に交付した。

―――――――――――――――――――――――――――――――――――

　契約締結時にはさまざまな名称で金銭が交付されることが多いが，手付は単なる代金前払の性質しか有しない内金とは性質が異なる。

手付の機能

手付は，その機能に応じて，証約手付，解約手付，違約手付に区別される。まず，証約手付とは，手付における契約締結の証拠の機能を指す名称であり，全ての手付にこの機能が認められる。つまり，手付交付者が契約の成立を主張するときには，手付交付の事実が契約成立の証拠となる。とりわけ，不動産の売買は諾成契約であるとはいえ，実務は契約の締結を認定するのに慎重であり，手付が交付された事実は，契約締結の重要な証拠となる。

　次に，解約手付とは解除権が留保される手付のことであり，民法は解約手付について，交付者が契約を解除する場合には手付金を放棄し（手付損あるいは手付流し），受領者が解除する場合には手付金の倍額を交付者に償還すること（手付倍戻し）を定めている（557 条 1 項）。たとえば，Case 8-1 では，買主 B が手付金 100 万円を売主 A に交付しているため，B は手付金 100 万円を放棄して契約を解除でき，A は手付金の倍額 200 万円を返還して契約を解除できる。そ

の際に，買主が契約の解除に抵抗して手付金を受け取らない場合も
あるため，売主が手付倍戻しによって契約を解除するためには，売
主は手付の倍額を買主に対して**現実に提供**しなければならない（557
条1項，最判平6・3・22民集48巻3号859頁参照）。解約手付によって
解除される場合には，手付金に加えて民法上の損害賠償を請求する
ことは認められない（557条2項）。

　さらに，**違約手付**とは，契約違反における違約金の機能を有する
手付である。たとえば，手付の交付に際して，将来買主が債務を履
行しなかった場合には手付金を売主が没収できる旨が合意されてい
る場合が違約手付である。このように，違約手付も違約金と同様の
機能を有することから，原則として**損害賠償額の予定**と推定される
（420条3項参照）。しかし，違約手付が違約罰と認定されれば，違約
当事者は手付金とは別に実損害の賠償責任も負わなければならない。

手付の認定

　　　　　　　　　　　　　　民法は広範な諾成契約の原則に立つが，わ
　　　　　　　　　　　　　　が国の伝統的な慣習を尊重して，解約手付
を原則とした（557条1項）。判例は，反対の証明がない限り解約手
付と認定すべきとするため（最判昭29・1・21民集8巻1号64頁），解
約手付の認定に関して緩やかな態度をとる。これに対して，解約手
付は無条件で契約の解除を認めることになり，「**契約は守るべし
（pacta sunt servanda）**」という近代法の基本原則に矛盾するため，契
約の拘束力を弱めることとなる解約手付の認定には慎重を期すべき
とする見解もある。しかし，解約手付が無条件で契約の解除を実現
するとしても，手付の放棄や倍額の返還が必要となるため，解約手
付にも一定の契約の拘束力を強化する機能がある。また，不動産取
引のような重要財産の取引において，手付の交付によりなお解除権
を留保するというのがわが国の取引慣行ないし契約意識の反映であ
るとして，解約手付の認定を厳しくすべきとする見解を批判する立

場が多い。

違約手付と
解約手付の関係　解約手付は，手付の放棄または倍戻しにより契約を解消できる点で契約の拘束力を弱めるのに対して，違約手付は，契約違反の違約金を定めることで契約の拘束力を強化する機能を有するため，1つの手付が解約手付と違約手付の両方の機能を兼ね備えることは論理的に矛盾し，そのような手付は認められないとする見解がある。しかし，判例は，反対の証明がない限り，違約手付であっても解約手付でもあることが推定されるとして，両機能を備える手付を認めている（最判昭 24・10・4 民集 3 巻 10 号 437 頁）。債務不履行の場合に解除と損害賠償が並立することは矛盾するわけではなく（545 条 4 項参照），また，債務不履行がある場合に，違約手付による損害填補と解約手付による解除は，ともに契約の清算・解消方向に作用する。さらに，わが国の取引慣行において手付は有用であるともされるため，学説でも判例を支持する見解が多い。

履行の着手　解約手付が交付された場合でも，当事者の一方が履行に着手すると，もはや相手方は手付に基づいて契約を解除することはできない（557 条 1 項ただし書）。履行の着手とは，「債務の内容たる給付の実行に着手すること」であり，客観的に外部から認識しうるような形で履行行為の一部もしくは履行の提供に必須の前提行為を行うこととされる（最大判昭 40・11・24 民集 19 巻 8 号 2019 頁）。判例は，解約手付を推定することで解約手付を広く認定しつつ，反面で，履行の着手も緩やかに認めることにより，解約手付による解除が認められる範囲を具体的場面で制限・調整している。

　売主側の履行着手とされたのは，売買不動産の賃借人を退去させて売買する契約をした場合にその退去を求めたこと（最判昭 30・

12・26 民集 9 巻 14 号 2140 頁)，売主が所有者から不動産譲渡を受けたこと（前掲最大判昭 40・11・24），農地の売買に必要な農地法上の許可申請を買主と共同で行ったこと（最判昭 43・6・21 民集 22 巻 6 号 1311 頁）等である。

これに対して，買主側では，履行期後に売主に対して代金を準備しつつ履行を催告することが履行の着手にあたる（前掲最判昭 30・12・26，最判昭 33・6・5 民集 12 巻 9 号 1359 頁）。履行期前でもそうした行為が履行の着手となりうるが（最判昭 41・1・21 民集 20 巻 1 号 65 頁），履行期前に買主が土地の実測や代金の口頭の提供を行っても，売主の都合で履行期が 1 年 9 か月先に定められていた事案では履行の着手とはならず，履行期が定められた趣旨・目的や行われた行為の時期から，履行の着手を総合的に判断すべきとされる（最判平 5・3・16 民集 47 巻 4 号 3005 頁）。

着手後の解除制限　当事者の一方が履行に着手することによって抱いた履行への期待は，相手方が手付に基づいて解除することによって覆されてはならない。たとえば，売主が既に履行に着手していた場合には，それ以降，相手方買主は手付を放棄して契約を解除することはできない（557 条 1 項ただし書）。

Case 8-2

Ａはその所有地を 1000 万円で売買する契約をＢとの間で締結し，その際，Ｂは手付として 100 万円をＡに交付したのち，Ｂは代金を準備して，履行期にＡに移転登記と引渡しに応じるように求めた。

この場合には，履行に着手した買主Ｂの相手方である売主Ａは，もはや手付の倍戻しによって売買契約を解除できなくなるが，履行に着手したＢは，なお手付を放棄して売買契約を解除できる。このように履行に着手した当事者の相手方のみ，それ以後，手付によ

る解除が制限されるにすぎず，履行に着手した当事者は，なお手付によって解除することができる。もっとも，履行の着手を解除権放棄とみるなら，履行に着手した当事者も，もはやそれ以降手付に基づく解除を主張できないはずである。しかし，履行の着手によって手付解除を制限するのは，もっぱら履行に着手した当事者が有する履行への期待を保護するためであるから，相手方が履行に着手しない限り，履行に着手した当事者は，なお自己の有していた履行への期待を断念して，手付に基づく解除を主張できるのである（前掲最大判昭 40・11・24 参照）。

Web 不動産売買と予約・手付 ❖❖❖❖❖❖❖❖❖❖❖❖❖❖❖❖❖❖❖❖❖❖❖❖❖
　売買契約が要式契約である場合には，その方式が整うまで仮の形で売買の予約を締結しておくこととなるが，売買契約自体が諾成契約とされると，売買の予約には固有の意義は認められにくくなる。しかし，不動産売買において，実務は正式な売買契約の認定に慎重であり，学説も一定の外形的な行為が行われるまで売買契約の締結を認めるべきではないとしている。このように売買契約に一定の方式が事実上求められる場合には，それ以前の売買交渉過程を売買予約の関係として理解することも可能となる。さらに，不動産売買では手付が利用されるのが一般的であるが，解約手付は諾成契約の趣旨と矛盾するといわれる。解約手付によって契約解除が容易であれば，少なくとも履行の着手まで諾成契約は容易にその拘束力を失うからである。この趣旨を敷衍すれば，とりわけ不動産売買において，現実に拘束力を有する売買契約は，合意時点ではなく履行の着手として外形的な行為が現実に行われる時点まで事実上成立していないこととなる。もっとも，手付の交付から当事者が契約の拘束力を意識する事実を積極的に評価すべきとの見解もあり，それによれば手付の交付時点ではじめて契約の成立が認められるべきこととなろう。

❖❖❖

3 売買契約の効力(1)

●売主の義務

> 売主の義務

売主は売買契約に基づいて，売買の対象となる財産権を買主に移転する義務を負うとともに（555条），財産権に関わる対抗要件を買主に備えさせる義務を負う（560条）。これが，売主の本体的な義務であるため，そこから当然に，売主は目的物を買主に引き渡す義務を負い，目的物の占有を買主に移転しなければならない。さらに，売主は，契約に適合する売買目的物を買主に引き渡す義務を負う（562条1項・565条参照）。

① 財産権移転義務

> 財産権移転義務の内容

財産権移転義務に基づいて，売主はその所有する土地の所有権を買主に移転する義務を負い，対抗要件である登記を移転する義務も負う。もっとも，所有権自体は当事者の意思表示のみで移転されるため（176条），特約がない限り，売主が所有権移転義務を履行するために特別な行為をする必要はない。

しかし，売主が第三者である他人が所有する目的物を買主に売却する場合には，売主は所有者から当該目的物の所有権を取得して，買主に移転しなければならない（561条）。仮に，種類売買で，売主が他人の所有する物を引き渡した場合にも，買主はなお所有権を移転するように求めることができる。その場合，売主は，自己が所有する他の種類物を給付することによって，財産権移転義務を履行することができ，最初に給付した他人物を取り戻すことができる（475条）。最初の物の返還と二度目の正当な物の引渡しは，同時履

行の関係に立つと解すべきであろう（533条）。

┌─────────────────┐
│ 他人物売主の責任 ╱
└─────────────────┘　売主は**財産権移転義務**を負うため，他人が
所有する物を売買した場合には，売主は所
有者から物の所有権を取得して，買主に移転する義務を負う（561
条）。したがって，他人が所有する目的物を売買した売主が，所有
者からその目的物の所有権を取得して買主に移転していないとき，
買主は売主に対して，物の所有権を移転することを請求することが
できる。しかし，売主が所有権を所有者から調達できない場合には，
売主は買主に対してどのような責任を負うのか。

Case 8-3 ─────────────────────────────

　Aは，Cから土地を借り受けてその地上に建物を建てて住んでいたが，
Bに対して，Cから土地所有権を取得できるため，その土地と地上建物
を購入しないかと持ちかけ，Bとの間で土地・建物の売買契約を締結し
たが，その後，Cは頑としてAへの土地の譲渡に応じないため，Aは土
地所有権を取得してBに移転することができない。

─────────────────────────────────────

　他人物の売主は，物の所有権を取得して移転する義務を負うので
あるから，売主Aが所有者Cから土地所有権を取得できない以上，
買主Bは建物だけの所有権移転を受けても意味を持たないため，B
はAに対して，権利の取得・移転義務の不履行に基づいて，**損害
賠償を請求し**（415条），さらに**売買契約全体を解除**することができる
（541条・542条）。しかし，他人の物を売買した売主は，その責めに
帰すべき事由がなければ，損害賠償責任を負わない（415条1項ただ
し書）。

　たとえば，Case 8-3のように，売主Aが所有者Cから所有権を
調達することを買主Bと合意していた場合には，売主が所有権の
取得・移転を請け負っている以上，所有権の取得ができない場合に

賠償責任を免れることは極めて難しい。これに対して，売主が他人物を自己の所有物と誤信して買主と売買した場合には，そもそも売主は他人からの所有権取得を契約で引き受けていなかったのであるから，相応の取得努力をしたにもかかわらず所有者から所有権を取得できなくても，損害賠償を免責されると解する余地がある。

　なお，目的物の一部が他人に属する場合にも，売主は目的物の一部の所有権を所有者から取得して買主に移転する義務を負うが（561条），一部他人物の場合は移転された権利が契約に適合しない場合であるから（565条），売主は契約不適合の責任を負う（⇒④）。

他人物売主と相続　　他人物売主が死亡して物の所有者がその地位を相続した場合，判例は，所有者が相続前と同様に権利の移転について諾否の自由を有しており，信義則に反すると認められるような特段の事情がない限り，売主としての履行義務を拒否することができるとする（最大判昭49・9・4民集28巻6号1169頁）。それでも，無権代理人の地位を本人が相続して追認を拒絶する場合には，本人はなお無権代理人としての責任を負わねばならないとする判例（最判昭48・7・3民集27巻7号751頁）からすれば，権利移転を拒否する相続人は，他人物売買の売主として，なお所有権を移転する義務を負い（561条），あるいは，債務不履行に基づく損害賠償責任を負わねばならないと解される。もっとも，所有権の移転を拒否できた相続人が，なお他人物売主として所有権の移転義務を負うとすることは矛盾であり，他人物売主としての所有権の移転義務を免れると解する余地もあろう。

　他方で，判例は，無権代理人が本人の地位を相続する場合，無権代理人は信義則上追認を拒絶できないとする（最判昭37・4・20民集16巻4号955頁，当然追完を認める最判昭40・6・18民集19巻4号986頁も参照）。したがって，他人物売買の後で目的物の所有者が死亡し

て，売主がその地位を単独で相続する場合にも，やはり他人物売主も買主への所有権の移転を信義則上拒否できないであろう。しかし，本人を無権代理人と第三者が共同相続する場合には，判例は，追認権が不可分であることを理由にして，第三者が追認を拒絶する限り，無権代理人も追認を拒絶できるとする（最判平5・1・21民集47巻1号265頁）。もっとも，所有者を他人物売主と他の相続人が共同相続する場合には，持分権の処分は自由であるため，買主が他人物売主に対してその相続した持分の移転を求める限り，他人物売主は持分権の移転を信義則上拒否できないであろう。

他人物売買の解除と
使用利益の返還

他人が所有する物を売買した売主がその所有権を取得して買主に移転することができないため，買主が売主の債務不履行を理由に売買契約を解除して（561条・541条・542条），代金とその利息の返還を求めた場合（545条1項・2項），売主はその目的物の使用利益の返還債権（545条3項）との相殺を主張できるであろうか。

Case 8-4

サブディーラー A は，ディーラー C が代金支払まで所有権を留保した自動車を購入して，B に売却し代金を受け取ったが，C に代金を支払うことができなかったため，C が留保所有権に基づいて B に自動車の返還を求め，B は自動車を C に返還した後，A との売買契約を解除して代金の返還を求めたところ，A は B がその間に利用した自動車の使用利益分を控除すべきことを主張した（図8–1）。

そもそも目的物の使用利益は最終的には所有者 C に帰するため，所有権を有しない売主 A は，たとえ契約が解除されても，買主 B に対して目的物の使用利益の返還を求めることができないとする見解もある。しかし，判例は，解除による遡及的な契約消滅の場合に

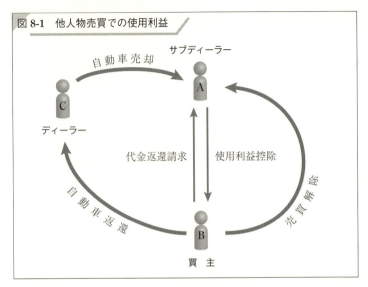

図8-1　他人物売買での使用利益

自動車売却　サブディーラー
C　ディーラー　A
代金返還請求　使用利益控除
自動車返還　売買解除
B　買主

原状を回復するためには，買主が引渡しから解除に至るまで目的物を使用した利益を返還させる必要があり，この理は，たとえ売主が所有者から利得の返還を請求されて使用利益を保有できないとしても異ならないとする（最判昭51・2・13民集30巻1号1頁）。解除に基づく原状回復義務の趣旨は，給付がなかった契約締結時の状態を回復することにある以上，給付受領者には利得を全て返還させるべきとして，判例を支持する見解が多い。

② 目的物引渡義務

売主は，売買目的物の所有権を買主に移転する義務を負うとともに，その目的物自体を買主に引き渡す義務を負う。すなわち，売買目的物の占有を買主に移転しなければならない。引渡しの時期と場所について売買に特別な規定はないため，債権総則の一般原則による（引渡時期に関して412条・484条2項，引渡場所に関して484条1項

を参照)。

③ 売買目的物の契約適合性確保義務

売主は，売買目的物が種類，品質または数量について契約内容に適合している状態で目的物を買主に引き渡す義務を負う（562条1項参照）。また，売主は，売買契約で合意された内容の権利を買主に移転しなければならない（565条参照）。（これらの義務に違反した場合の責任⇒④）

④ 売買目的物の契約不適合責任

契約不適合責任の意義

売買目的物が売買契約で合意された種類・品質または数量に適合しない場合，あるいは，売買契約で合意された内容の権利が買主に移転されない場合，売主は自身が負っている目的物を契約に適合した状態で買主に引き渡す義務を履行していないため，買主は売主に対して債務不履行に基づく権利を行使することができる。すなわち，買主は，売主に対して，追完を請求し（562条・565条），損害賠償を請求し（564条・415条・565条），あるいは契約を解除できる（564条・541条以下・565条）。また，売買は有償契約であるため，売主と買主の給付の対価的均衡を図るために，買主は代金減額を請求することもできる（563条・565条）。

契約不適合の概念

契約不適合とは，売買契約で当事者が合意した内容から引き渡された売買目的物の種類・品質または数量が逸脱することである。売買目的物に契約不適合があるとされるのは，売買目的物の危険が移転する引渡し時点においてである（567条1項）。もちろん，契約上で目的物の品質が合意されていた場合には，その品質に適合しないことが契約不適合と

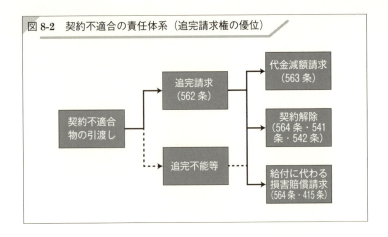

図 8-2　契約不適合の責任体系（追完請求権の優位）

なり，品質が合意されていなくても目的物の使用目的が告げられていれば，その使用目的に適合しない品質は契約不適合とされる。契約でことさら目的物の性質や用途が想定あるいは合意されないこともあるが，こうした場合には，一般に，契約上通常の品質を売買目的物が有することが合意されていると解釈されよう。

　たとえば，土地が売買されたところ，その土地の一部が法律上市街化調整区域に指定されていて宅地開発できなかった場合のように，売買目的物に行政法規による利用制限がある場合も契約不適合とされる（最判昭 41・4・14 民集 20 巻 4 号 649 頁）。しかし，借地権と建物が売買されたが，借地の崖に水抜き穴がなかったため，大雨の水圧で崖崩れが生じて，その上の建物自体も取り壊さなければならなくなった場合，買主は売主に対して，契約不適合の責任を追及できず，むしろ土地の賃貸人に対して，修補義務違反や契約不適合責任を追及すべきとされる（最判平 3・4・2 民集 45 巻 4 号 349 頁）。

　あるいは，ある土地が 100 坪あるとして，1 坪 10 万円で合計金額 1000 万円で売買されたところ，10 坪が不足していることが判明

した場合，契約上の数量に売買物が適合していないことになる。では，1瓶500円の飲料品が100本合計5万円で売買されたが，10本引き渡されなかった場合も契約不適合であろうか。このような種類売買では，一部遅滞として，不足分10本について債務不履行を問題にする余地もある。しかし，不足分の代金調整を端的に実現できる代金減額請求が認められるのが適切であり，契約不適合として扱われよう。

Web 契約不適合概念の外延 ❖❖❖❖❖❖❖❖❖❖❖❖❖❖❖❖❖❖❖

下級審判例には，マンションの一室の売買契約においてその部屋で以前自殺があったことをも瑕疵（契約不適合）に該当するとしたものもあるが（いわゆる心理的瑕疵：東京地判平25・7・3判時2213号59頁など），主観的な品質基準からすれば，そうした事情も契約不適合に該当すると解しうる。さらに，眺望の良いマンションの売買において，隣接地に建造物が建つことにより眺望が妨げられたような事情についても，下級審判決の中には瑕疵担保（契約不適合）責任に基づく解決を試みるものもある（いわゆる環境瑕疵：大阪地判昭61・12・12判タ668号178頁など）。ここでは，契約に基づいて目的物自体に備わるべき性状ではなく，目的物の性状に影響を与える外部事情が問題とされており，契約内容に基づく売主の給付義務の内容に影響しない事情も瑕疵（契約不適合）と呼ばれている。したがって，問題の本質は目的物の品質に関する契約不適合責任の問題というよりも，その外部事情について，売主が事前に十分説明を尽くしたかという説明義務等の問題として扱われるべきであろう。

❖❖❖❖❖❖❖❖❖❖❖❖❖❖❖❖❖❖❖❖❖❖❖❖❖❖❖❖❖❖❖❖❖❖❖

◆瑕疵担保責任の法的性質　　改正前の物の瑕疵についての売主のいわゆる瑕疵担保責任に関して，法定責任説は，契約締結時に既に存在する瑕疵ある特定物について売買契約が締結された場合には，売主の引渡義務はその瑕疵ある目的物の引渡しによって完全に履行されるため，買主は売主に何ら債務不履行責任を問えないと理解し

ていた。なぜなら，契約締結時に，既に瑕疵ある目的物に関して瑕
疵のない目的物を想定した売買契約は，瑕疵部分について原始的一
部不能の契約であり，その瑕疵の部分について契約は一部無効とな
るためである。したがって，売主の瑕疵ある給付と買主の瑕疵のな
いものとして合意された代金給付との不均衡を，有償性の観点から
是正するために法が特別に認めるのが瑕疵担保責任であると理解し
ていた。

　これに対して，およそ売買において目的物の性状が引渡義務の内
容とならないとするのは非常識であり，当事者があるべき性質を備
えた目的物の売買を合意した以上はそれに対応した引渡義務を認め
るべきであるから，引渡義務もあるべき性状を備えた目的物の引渡
義務として再構成されるべきであるとの批判があった。それによれ
ば，売主が瑕疵ある目的物を給付する場合，それは売主が負担する
あるべき性状を備えた引渡義務に対する不完全履行を意味するため，
瑕疵担保責任は引渡義務違反である債務不履行責任であり，一般の
債務不履行責任の売買における特則であると理解していた（債務不
履行責任説）。

> ### 追完請求権

給付された売買目的物が種類，品質または
数量につき契約に適合しない場合，買主は，
売主に対して追完請求権を有する。すなわち，買主は，売主に対し
て，目的物の修補，代替物の引渡しまたは不足分の引渡しを求める
ことができる（562条1項本文）。もっとも，契約不適合が買主の責
めに帰すべき事由によるときには，買主は，追完を請求することは
できない（562条2項）。たとえば，売買された土地に想定されてい
なかった土壌汚染が発見された場合，買主は，売主に対して，汚染
土壌の取替えによる目的物の修補を請求することができる。このよ
うな特定物売買では，当事者は代替物を想定していないため，代替
物の引渡しは一般的には認められない。しかし，たとえば，大型の
家電量販店で売買された目的物が，売買時にたまたま特定されてい

ても，当事者にとって他の同種の目的物で取り替えることで何らの不利益もない場合もありえる。このような場合には，たとえ契約時に特定された物の売買であっても，買主は修補に限らず，代替物の引渡しを請求することができる。売主が他の代替物と取り替える場合には，最初の契約不適合物の返還と新たな引渡しとは同時履行の関係に立つと解されよう（475条類推適用）。

　一般的な種類売買では，給付された目的物が契約に適合しない場合には，買主は，当該目的物の修補または代替物の引渡しを求めることができる。

Case 8-5 ───────────────────────────

　家電量販店Aから，BはPC1台を20万円で購入して自宅に持ち帰って利用していたが，しばらく経って，PCがうまく作動しなくなったため，専門店で調べてもらったところ，PCの内部に売買当初から機械的な不備があることが明らかとなった。

───────────────────────────

　このような場合，買主Bは，売主Aに対して，当該PCの修補またはその取替えを請求することができる。そこで，BはAに対してPCを契約不適合のない新たな同種のPCと取り替えるように求めることができる。しかし，売主にとって，顧客がいったん利用した目的物を取り替えると，もはやその引き取った目的物を新品として取引できないために，損害を受ける可能性もある。そこで，売主は，買主に不相当な負担を課するものでないときには，買主が請求した方法と異なる方法によって，履行を追完することができる（562条1項ただし書）。したがって，Bが，目的物の取替えを求めても，Aは，Bを不相当に待たせることなく可能であるなら，目的物の修補によって追完することができる。

　契約の不適合に基づいて，買主が売主に対して追完を請求する場

合，その費用は売主が負担すべきである。もともと，売主は契約に適合した目的物を給付する義務を負っていたのであるから，不適合によって生じる余分な追完費用は，買主が負担するいわれがないからである。

Column ⑤　住宅の品質確保の促進等に関する法律 ◆━◆━◆━◆━◆━◆━◆

　改正前の瑕疵担保責任に関して，法定責任説は瑕疵担保責任を法が定めた特別な責任とするため，明文で定められた以外の効果を認めない。これに対して，債務不履行責任説は瑕疵担保責任を一般債務不履行責任（415条・541条以下）に対する特則と理解するため，瑕疵担保責任規定に定められていない効果についても，一般債務不履行として認められる効果を認める。したがって，債務不履行責任説は一般的に認められる完全履行請求権を認めるのに対して，法定責任説はこれを認めなかった。この点は，とりわけ欠陥住宅をめぐる問題としてクローズアップされ，平成11年に制定された住宅の品質確保の促進等に関する法律95条1項は，新築住宅に関して基本構造部分の瑕疵等に限って，改正前民法の売買および請負契約の担保責任規定（改正前570条・566条1項・634条1項・2項前段）に依拠して，従来の学説で争われていた住宅の売買契約に基づく買主の修補請求権を認めた。民法改正により，品確法2条5項は，「瑕疵」を「種類又は品質に関して契約の内容に適合しない状態」と定義して，従来から建築業界で定着していた「瑕疵」の文言を維持しつつ，同法95条1項は，改正前の売買および請負規定に代えて，売主が「民法第415条，第541条，第542条，第562条及び第563条に規定する担保の責任を負う」として，売買の契約不適合責任規定に依拠した売主の責任を定めている。

◆━◆━◆━◆━◆━◆━◆━◆━◆━◆━◆━◆━◆━◆━◆━◆━◆━◆

|代金減額請求権|

売買契約は双務有償契約の典型であり，当事者が負担する債務は対価関係に立ち，相互の給付も対価関係に立つ。したがって，売買契約に基づいて給付

された目的物が種類，品質または数量につき契約に適合しない場合，買主は，相当の期間を定めて追完を請求し，その期間内に追完がなければ，目的物の契約不適合の程度に対応して，**売買代金の減額を請求することができる**（563条1項）。たとえば，1個1万円で売買された100個の商品のうち，90個しか引き渡されず，相当期間内に追完もされなければ，買主は売主に対して，不足する10個の商品分の代金10万円の減額を請求できる。

　しかし，買主にとって売主の追完を期待できない場合には，相当期間を定めた追完を催告することなく，買主はただちに，代金の減額を請求できる（563条2項）。すなわち，履行の追完が不能である場合（同1号），売主が履行の追完を拒絶する意思を明確に表示する場合（同2号），契約の性質または当事者の意思表示により，特定の日時または一定の期間内に履行をしなければ契約をした目的を達することができないにもかかわらず（いわゆる定期行為），売主が追完をしないままその時期を経過した場合（同3号），あるいは，その他買主が相当期間を定めた追完の催告をしても，履行の追完を受ける見込みがないことが明らかな場合である（同4号）。

　いずれも，契約の不適合が買主の責めに帰すべき事由によるときには，買主は代金の減額を請求できない（563条3項）。

　◆代金減額額の算定方法　改正前の民法では，一部他人物の売買および数量指示売買の場合に，買主に代金の減額請求権が認められていた（改正前563条1項・565条）。たとえば，1坪10万円で100坪合計1000万円の土地の売買が締結されたところ，引き渡された当該土地が90坪しかなかった場合に，買主は売主に対して，契約締結時点での価格を基準にして，不足に対応する100万円の代金減額請求が認められた（最判昭57・1・21民集36巻1号71頁参照）。つまり，改正前の担保責任法は，契約締結時点を基準に，契約時の価格設定で不足分の数量額を減額することしか認めなかった。しかし，

改正後の契約不適合責任は，売主の債務不履行責任であり，履行すべき時点を基準にして，買主の不利益を調整する機能を果たすべきである。もっとも，1坪10万円で売買された100坪の土地が1坪15万円に値上がりしていて，10坪の不足分があるときには，代金1000万円に土地価格1500万円の不足分価値150万円の割合を乗じた100万円の代金減額請求だけが依然として認められるにすぎないため，土地の値上がり益50万円分は損害賠償の対象となる。これに対して，60万円で売買されて引き渡された目的物の品質に契約不適合があるため，契約時にも履行時にも20万円の価値しかないが，契約不適合がなければ契約時には40万円であった価値が履行時には80万円に高騰しているような場合，契約時を基準にする代金減額額は代金額の1/2の30万円，履行時を基準にする代金減額額は代金額の3/4の45万円となるため，基準時によって減額額に違いが生じるのである。

| 損害賠償請求権 |

売買契約に基づいて給付された目的物が種類，品質または数量につき契約に適合しない場合，買主は売主に対して，債務不履行に基づく**損害賠償**を請求することができる（564条・415条）。たとえば，売買に基づいて給付された土地の地下から埋設廃棄物が見つかった場合，買主が売主に対して土地の修補を請求して（562条1項），売主が埋設物を除去する場合には，その除去費用は売主が負担するため，買主は損害を被らない。しかし，当該土地をその間利用できなかったことで被る損害の賠償を求めることができる。あるいは，売主が埋設物の除去に応じなければ，買主は売主に対して，埋設物の除去費用に加えて，当該土地を転売することによって得られたはずの利益を失うこともありえる。買主は，こうした損害を全て売主に対して賠償請求できる。

Case 8-6

　BはAから借地権付きの建物を 3000 万円で購入して引渡しを受け
たところ，当該建物には水回りなどに不具合が数か所あったため，Bは
Aにその修理を求めたが，Aは頑としてそれに応じず，代金の支払を求
めてきた。Bは代金の支払を全額拒絶しつつ，建築業者のCにそれを修
補させ，それには 300 万円の費用を要したため，Bは代金 3000 万円
と修理に要した費用 300 万円の相殺を主張した。

　買主Bが追完請求に代わる損害賠償 300 万円を請求する際には，
売主Aが損害を賠償するまで，同時履行の抗弁によって，原則とし
て，自己の代金 3000 万円全額の支払を拒絶できる。ただし，不適
合の程度や各契約当事者の交渉態度等に鑑みて，不適合の追完に代
わる損害賠償債権で代金債権全額の支払を拒むことが信義則に反す
ると認められるときは別である（533 条，改正前の請負規定である旧
634 条 2 項後段に関する最判平 9・2・14 民集 51 巻 2 号 337 頁を参照）。買
主が追完を請求できる限り，売主が追完するまでは不完全履行とし
て代金の全額を拒絶できるのであるから（533 条），追完に代わる損
害賠償を請求するときでも買主の地位に代わりはなく，反面で，軽
微な不適合に過ぎないにもかかわらず売主が代金の全額の支払を受
けられなければ売主に不公平となるからである。

　もちろん，買主は，第三者に修補をさせて損害賠償額が確定すれ
ば，その損害賠償債権と代金支払債務とを相殺できる（改正前の請
負規定である旧 634 条 2 項後段に関する，最判昭 53・9・21 判時 907 号 54
頁）。この場合，買主が差額の残代金支払債務について履行遅滞に
陥るのは，相殺の意思表示の翌日からである。相殺の遡及効（506
条 2 項）によって債務の消滅効果が相殺適状時である引渡時まで遡
及するなら，買主に代金全額の支払拒絶を認めた実質的な意義が没

却されるからである（改正前の請負規定である旧634条2項後段に関する，最判平9・7・15民集51巻6号2581頁を参照⇒第13章 *2* 4 損害賠償請求権を参照）。

　買主が，契約不適合に基づいて，売買目的物の取得を断念して，それに代わる価値の損害賠償（塡補賠償）を求めるには，債務の追完が不能な場合（415条2項1号），債務者が債務の追完を拒絶する意思を明確に表示した場合（同2号），あるいは，契約が解除されるか，債務の不履行による解除権が発生した場合である（同3号）。

　いずれにせよ，買主が契約不適合に基づいて売主に対して損害賠償を請求した場合，売主は，当該契約不適合について責めに帰すべき事由がないことを抗弁して賠償責任を免れる余地がある（415条1項ただし書）。

　◆損害賠償の範囲　　改正前の瑕疵担保責任に関する法定責任説は，原始的不能における契約締結上の過失責任との対比と無過失責任としての瑕疵担保責任の特質から，損害賠償の内容を信頼利益の賠償に限定していた。下級審裁判例は，この信頼利益として，瑕疵の除去費用の賠償を認める傾向にあった。しかし，瑕疵の除去費用の賠償を認めることは瑕疵のない物を売主の負担で買主が手に入れることとなるため，買主に修補請求を否定しつつ，経済的な利益でそれに匹敵する瑕疵除去費用の賠償を認めることは，相矛盾するとの批判も向けられていた。これに対して，債務不履行責任説は，瑕疵担保責任を債務不履行責任の一種とするため，履行利益の賠償を認めていた。信頼利益と履行利益の違いの典型が，転売利益である。改正法は，契約不適合の場合に，買主にこの転売利益も含めた履行利益の賠償を認めている。

契約解除権

給付された売買目的物に種類，品質または数量につき契約の不適合がある場合，買主は，売主に対して相当な期間を定めて追完を催告し，売主がその期

間内に追完をしなければ，契約を解除することができる。しかし，契約不適合が軽微で，追完がなくとも契約の目的達成に不都合がなければ，買主は契約を解除することができない（564条・541条）。

これに対して，買主は，契約不適合に基づいて，無催告で売買契約の全部を解除することができる場合もある。債務の追完が不能な場合，あるいは，売主が債務の追完を拒絶する意思を明確に表示しており，その不適合があるため，契約の目的が達成できない場合（564条・542条1項1号ないし3号），いわゆる定期行為であって，追完なくその時期が経過した場合（542条1項4号），その他，買主が追完を催告しても売主が追完する見込みがないことが明らかな場合（同5号）である。

なお，契約不適合があって，債務の追完が不能であるか，あるいは，売主が追完を拒絶する意思を明確に表示する場合には，買主は売買契約の不適合部分を解除することができる（564条・542条2項）。しかし，このような契約不適合部分の一部解除は，結局，買主が代金の減額を請求することと大差ないといわれる。

買主が，契約不適合に基づいて契約を解除できるのは，契約不適合が買主の責めに帰すべき事由によらない場合である（543条）。

移転された権利の契約不適合

売買契約に基づいて売主が買主に移転した権利が契約の内容に適合しない場合にも，買主は，売主に対して，上記の契約不適合に基づく権利を行使することができる（565条）。たとえば，土地の売買において，当該土地の一部が売主以外の他人の所有であった場合に，売主は当該土地の所有権全部を買主に移転していないため，契約不適合である。あるいは，他人の権利が一切及んでいない土地として売買された土地上に，他人のための通行地役権が設定されていた場合など，買主に対抗できる他人の権利があるため，負担のな

い土地所有権が移転されていないときも、契約不適合となる。

　売主は、目的物の一部が他人所有であれば、その所有権を取得して買主に移転する義務を負い（561条）、また、何らの負担もない土地所有権を売買したのであれば、そこにある負担を除去する義務を負うと解すべきであろう。売主がその義務を履行しない場合、買主は、売主に対して、当該土地の一部の所有者から所有権を取得して買主に移転する、あるいは、売買目的物である土地に存在する他人の権利を除去するように追完を求めることができる（565条・562条）。さらに、契約不適合の程度に応じて売買代金の減額を請求し（565条・563条）、損害賠償を請求し（565条・564条・415条）、あるいは、契約を解除することができる（565条・564条・541条以下）。

契約不適合責任の
期間制限

　　　　　　　売主が種類または品質について契約の内容に適合しない目的物を買主に引き渡した場合、買主は、その契約不適合を知ってから1年以内にその旨を売主に通知すれば、買主は契約不適合に基づく上記の各権利を行使できる（566条本文）。それでも、買主の各権利は、買主がそれらの権利を行使できることを知った時点から5年、あるいは、それらの権利を行使できる時点から10年で時効消滅する（166条1項、最判平13・11・27民集55巻6号1311頁参照）。

　買主が上記の期間内に通知をしなければ、買主は契約不適合に基づく上記各種の権利を主張することができない。しかし、売主が、目的物を引き渡す時点で、当該不適合を知っていたか、または、重大な過失で知らなかった場合には、買主はなお契約不適合に基づく権利を行使することができる（566条ただし書）。なお、数量の不適合は明確であるため、数量についての契約不適合については通知を要しない。

　商人間の売買では、買主が目的物を受け取ったときには、遅滞な

く，その目的物を検査しなければならず（商526条1項），買主が目的物の種類・品質または数量についての契約不適合を発見した場合には，直ちに，その旨を売主に発しなければ，契約不適合に基づく各種の権利を主張できない。また，直ちに発見できない種類または品質についての契約不適合についても，6か月以内に契約不適合を発見すれば，やはり直ちにその旨を売主に通知しなければ，不適合に基づく権利を喪失する（商526条2項）。ただし，売主が契約不適合について悪意であった場合には，買主はなお契約不適合に基づく権利を行使できる（商526条3項）。もっとも，注文とは異なる目的物が給付された場合には，買主の検査義務は排除される（商528条）。

　商法上のいわゆる買主の**検査・通知義務**とは異なって，民法上は，買主に検査は義務付けられていない。しかし，買主は，種類および品質についての契約不適合を知ったときには，それから1年以内に，契約不適合がある旨を売主に通知する義務を負う。契約不適合について，それが判明したときには，買主がその旨を通知することで，両当事者間で，できる限り速やかに，その問題に対処できるきっかけを作り出すためである。

　　◆**通知義務の期間の意義**　　民法上の買主，とりわけ消費者に，商人のような迅速な取引対応を期待することは難しいため，買主は検査義務を負わず，不適合を知ってから1年以内に通知しなければならないという緩やかな通知義務が定められている。改正前には，買主にこのような通知義務は課せられていなかったが，買主は瑕疵を知ってから1年以内に損害賠償または契約の解除をしなければならなかった（改正前566条3項）。判例は，この期間を除斥期間として，買主がその期間内に裁判外でも権利を行使すればよいとしつつ，買主が「損害賠償請求権を保存するには，少なくとも，売主に対し，具体的に瑕疵の内容とそれに基づく損害賠償請求をする旨を表明し，請求する損害額の算定の根拠を示すなどして，売主の担保責任を問

う意思を明確に告げる必要がある」（最判平4・10・20民集46巻7号1129頁）としていた。民法改正によって，買主は，契約不適合を知って1年以内にその旨を通知しなければならないが，具体的な権利を行使することまでは求められてはいないため，改正前よりも，買主の権利行使要件のハードルは下がったとも評することができる。

錯誤と契約不適合責任
との関係

たとえば，購入した土地に埋設廃棄物があった場合に，買主は売主に対して，契約不適合に基づく一連の責任を追及することができる。しかし，他方で，買主は当該契約不適合を知っていたなら当該土地を買わなかったはずであるとして，錯誤に基づく売買契約の取消しを主張することもできる（95条1項2号・2項）。

　売買目的物の性状が意思表示の動機ないし前提であることを基礎とすると，契約不適合がないつもりで買った目的物に既に契約不適合があった場合には，買主の救済として契約不適合責任と動機の錯誤との競合が問題となる。ここでは，両者の一方のみの優先を認めるか，それとも両者の選択的な主張を認めるのかという見解に分かれる。改正前の瑕疵担保責任と錯誤の競合に関する判例は，動機が表示されている限り瑕疵担保規定の適用が排除されるとしているため（最判昭33・6・14民集12巻9号1492頁），錯誤優先説とも解される。もっとも，当事者が契約不適合責任を主張してきた場合には，それを排除する積極的な意図まであるとはいえないであろう（選択説）。

　これに対して，学説では，売買における特則という意味から契約不適合優先説が有力であるが，買主が自由にその主張を選択できるとする選択説も主張されていた。しかしながら，買主に自由な選択を認めると，錯誤には契約不適合の通知義務（566条）がないため，不均衡が生じる。この不均衡を調整する観点から，錯誤取消しの主

張に566条を類推適用すべきとの見解もありえるであろう。このように考えた場合には，契約不適合責任優先説と実質的に大差なくなる。

売買目的物に契約不適合がある場合，買主は，追完請求権，代金減額請求権，損害賠償請求権および契約解除権を有する。これらの各種権利の関係が問題となる。

売主の追完機会の保障

買主が，契約不適合に基づいて，代金減額請求，塡補賠償請求あるいは契約解除をする場合，原則として，買主は追完のために相当な期間を定めて催告をしなければならない（563条1項・564条・415条2項・541条）。例外的に，追完不能など買主にとって売主による追完が期待できない場合にだけ，買主は，追完のための相当な期間を定めて催告することなく，ただちにそれらの権利を行使することができるにすぎない（563条2項・564条・415条2項・542条）。そのため，契約不適合があれば，買主は，原則として，まず売主に対して追完を請求しなければならない。そうしなければ，買主は追完以外の権利を行使することができなくなる。したがって，追完請求権は，売買目的物が契約に適合しない場合における買主の第一次的な救済と位置付けられる。

では，買主が，目的物が契約に適合しないものの，まずは追完請求すべきであった場合に，売主に追完を請求することなく，ただちに目的物を専門業者に修理させ，あるいは，他から代替品を購入した場合，修補・調達に要した費用の償還を売主に請求できるであろうか。

Case 8-7 ─────────────────────────

　BはAから借地権つき建物を購入して引渡しを受けたが，その建物の水回りに数か所不具合があったため，BはAに修補を求めることなく，

建築業者Cにその修理をさせて，300万円の費用を要した。なお，仮にAが自身で修理をしていたなら，その費用は250万円で済んでいたはずであった。

　買主Bが売主Aに修補を請求したにもかかわらず，Aがそれに応じないかあるいは修理に失敗した場合に，BはAに対して修補に要した300万円の費用の全額の賠償を求めることができる。もちろん，Aは自身の責めに帰すべき事由がなかったことを証明して責任を免れる余地はある（415条1項）。

　BがまずAに修補を請求してAが修補する場合には，その費用250万円はAが負担すべきである。それにもかかわらずBがAに修補を請求しないまま，第三者Cに修補させる場合には，BがAにその費用の償還を請求できないとするなら，本来は，Aが自らの費用で追完しなければならなかったはずの追完費用の出費を免れることになる。果たして，これで良いのであろうか。

　民法改正前の請負の瑕疵担保責任に関する判例は，注文者が瑕疵ある目的物を第三者にただちに修補させて，請負人にその費用の賠償（修補に代わる無過失の損害賠償：改正前634条2項前段）を求めた事例で，請負人は，注文者はまず請負人に修補を求めるべきであると主張したが，注文者は，請負人に修補の機会を与えなくても，ただちに修補に代わる損害賠償を請求できるとしている（最判昭52・2・28金判520号19頁，最判昭54・3・20判時927号184頁）。なぜなら，注文者が修補請求と修補に代わる損害賠償を自由に選択できるためである。

　しかし，上述の通り，契約不適合の場合に，追完請求権が買主の第一次的救済として，他の救済手段に優先することが定められている以上，売主は，たとえ一度は契約に適合しない目的物を給付して

いても，今一度，目的物を追完できる機会を有することになる（売主の二度目の提供の権利）。この売主の追完の機会を保障するためには，買主に，追完請求権と追完費用の償還請求権との自由な選択は許されないと解すべきであろう。したがって，Bは，Aに対して，売主が免れた出費250万円の償還すらも請求できないと解すべきであろう。

競売の場合の特則　　債務者の財産が民事執行法その他の法律の規定に基づいて強制執行の対象となった場合，当該財産を買い受けた買受人は，債務者との間で当該財産の売買契約を締結したのと同様に扱われる。この場合に，買受人が買い受けた目的物に数量や移転された権利について契約不適合が存在したため，買受人が買い受けた目的が達成できないときは，買受人は541条・542条，563条の規定に基づいて契約を解除し，あるいは，代金減額を請求できる（568条1項）。

　もっとも，この場合，売主の地位にある債務者は，債権者に強制執行を申し立てられた者であるから，資力が十分でないことが想定される。したがって，買受人は，債務者が無資力の場合，強制執行によって配当を受けた債権者に対して，その配当の全部または一部の返還を請求することができ，これによって解除または代金減額の目的を達成することができる（568条2項）。さらに，こうした契約不適合があることについて債務者あるいは債権者が悪意である場合には，買受人は損害の賠償を請求できる（568条3項）。

　しかし，目的物に種類または品質に関する契約不適合がある場合には，買受人は上記の権利を行使することができない（568条4項）。強制競売がそうした目的物の種類・品質を欠くことによって解除できるとされると，画一的な強制競売手続が混乱するためである（改正前も瑕疵担保責任は排除されていた。改正前570条ただし書）。

債権の売主も，買主に対して財産権として | 債権の売主の担保責任
の債権の移転義務を負い，必要な対抗要件
を具備させる義務を負う（555条・560条）。たとえば，売主が他人の
債権を売買した場合には，561条に基づいて，他人から債権を取得
して，それを買主に移転しなければならず，それができなければ債
務不履行の責任を負う。このように，その性質上，物の売買と共通
する局面では，債権の売主も物の売主と同様に，財産権移転義務お
よび契約不適合（561条・565条）に基づく責任を負担することにな
る。

　もっとも債権の売買では，債務者によって債権が弁済されなけれ
ば事実上買主は財産権である債権売買の目的を達成できない。そこ
で，債権の売主は，債権売買契約の内容と債権の適合性を確保すべ
く，債務者による債権の弁済について一定の責任を負担しなければ
ならないことがある。すなわち，債権の売主が債務者の資力を担保
した場合には，この担保は債権の売買契約当時の債務者の資力を担
保するものであると推定される（569条1項）。弁済期前に債権が売
買され，売主が債務者の将来の資力を担保した場合には，その担保
は弁済期における債務者の資力を担保したものと推定される（569
条2項）。したがって，反証のない限り，その推定される担保内容
で債権の売主は，債務者が弁済できない場合に債務者に代わって買
主に対して債権を弁済しなければならない。

　判例は，将来長期にわたって発生する債権の譲渡について，とり
わけ想定された債権が発生しない場合にも，それは譲渡当事者の負
うべきリスクであって，「債権が見込みどおり発生しなかった場合
に譲受人に生ずる不利益については譲渡人の契約上の責任の追及に
より清算する」として，将来債権の譲渡も有効とする（最判平11・
1・29民集53巻1号151頁）。ここで売主が負担すべき「契約上の責

任」は，売主が買主に対して将来債権が発生することを保証したことに由来する約定の責任と解すべきであろう。

担保権実行の際の
費用償還

売買目的物に抵当権または質権が設定され，あるいは，先取特権が及んでいて，完全な所有権を買い取ったと信じた買主が，それらの担保権の実行によって売買目的物の所有権を奪われるおそれが生じる場合が想定される。こうした事態に備えて，買主が担保権の実行前に債権者に対して，被担保債務を弁済することで担保権を消滅させて，目的物の所有権を保存することもありえる。買主が，それらの担保権の実行を免れるために被担保債権の弁済を行った場合には，その出捐の償還を売主に対して請求できる（570条）。

担保責任免除特約

売主が562条1項本文または565条の契約不適合責任を負わないことを特約した場合でも，売主が知っていて告げなかった事実があったり，売主自らが第三者に権利を設定したり譲渡していたような場合には，売主はそれに基づく契約不適合責任を免責されない（572条）。

⑤ 危険の移転

危険の負担

売買契約において，契約締結後履行期前に，目的物（特定物）が当事者双方の責めなくして滅失・損傷するなどして，売主の給付義務が履行不能となる場合，買主は売主に履行を請求することができない（412条の2第1項）。その場合，債権者である買主も，売主からの代金支払請求を拒絶することができる（536条1項⇒第3章3）。買主が代金支払債務を消滅させたいのであれば，契約を解除しなければならない（542条1項1号）。もちろん，売主の給付義務の不能が，債権者である買主の責めに帰すべき事由によるときには，買主はなお代金支払義務

を負う（536条2項前段）。

引渡しによる
危険の移転

売買契約締結後履行期前に目的物（特定物）が両当事者の責めに帰すことができない事由によって滅失・損傷した場合に，売主が代金の支払を請求しても買主に拒絶されるため，売主が目的物の滅失・損傷について危険を負担するが（536条1項），それは目的物の引渡しまでである。目的物が引き渡されることにより，危険は売主から買主に移転し，それ以後，目的物が当事者双方の責めに帰すことができない事由によって滅失・損傷しても，その危険は買主が負担する。そのため，買主は，そのような目的物の滅失・損傷を理由にして契約不適合に基づくいかなる請求もすることができず，買主はなお売買代金の支払義務を負ったままである（567条1項）。目的物に生じうる損傷・滅失を最良に回避できるのは，目的物を事実上支配している者であるという考え方が背景にある。

　目的物の引渡前に既に契約不適合があって，目的物の引渡後に，買主が故意または過失によって，目的物を著しく損傷・滅失させ，または，加工もしくは改造によって他の種類の物に変更した場合には，買主は，もはや契約を解除することができない（548条本文）。しかし，買主が契約不適合に気がつかずに，そうした行為を行った場合，買主はなお契約を解除することができる（548条ただし書）。また，契約に適合しない目的物の引渡後に目的物が当事者双方の責めに帰すことができない事由で損傷・滅失しても，買主の解除権は妨げられない。それでも，買主が目的物を支配していた以上，損傷・滅失について買主が売主に価値賠償義務を負うと解する余地もある。

| 受領遅滞による
危険の移転 | 売主が契約に適合した目的物を提供したにもかかわらず，買主がその受領を拒み，あるいは，受領することができない場合には， |

買主は受領遅滞に陥る（413条）。その場合，もし買主が受領遅滞になければ，目的物の引渡しが完了して，危険は買主に移転していたはずであるから，売主が為すべきことを全てしているにもかかわらず，もっぱら買主の側の事情で受領遅滞が生じた場合にも，やはり危険は買主に移転すべきであろう。すなわち，目的物が提供されて買主が受領遅滞に陥った後に，目的物が当事者双方の責めに帰すべきではない事由によって滅失・損傷した場合，買主が危険を負担し，買主はそれを理由にして売主に債務不履行責任等を主張できず，かえって，買主はなお代金支払義務を負担したままである（567条2項）。

⑥ 果実引渡義務

| 果実引渡義務の意義 | 売買目的物から果実が生じた場合，その果実を収取する権利を有するのは所有者である。 |

したがって，売買契約に基づいて買主が所有権の移転を受けて以降は，買主が果実を収取できる。仮に，売買契約時に直ちに所有権が移転すると解すると（176条），買主は契約締結時以後に発生する売買目的物の果実を取得できるはずである。他方で，売主が現実に引き渡すまでは，目的物の占有は売主の許にとどまり，目的物の管理に費用を要することもあるはずであろう。したがって，目的物の引渡時を契機に，買主は売主に対してそれまでの果実の引渡しを求め，売主はそれまでの管理費用の償還を求めることができることになる。さらに，目的物の所有権移転と引き替えに代金も支払われるべきであるなら，代金が支払われるまでの利息は売主に帰すべき

であるから，買主はその間の利息を売主に返還しなければならない
はずであろう。

　民法は，このように複雑な清算関係を，現実の引渡時を基準とし
て，それ以前に買主が償還すべき目的物に関する費用および代金の
利息と売主が返還すべき果実とを相殺して清算関係を明確化する。
すなわち，引渡しまで，目的物の果実を売主が収取でき（575条1
項），保管費用は売主が負担する。また，この引渡時まで買主が代
金の利息を収取できる（575条2項本文）。もっとも，代金支払につ
いて，引渡時より後の履行期が定められていた場合には，その履行
期が利息の支払義務の起点となるため，買主は引渡しを受けても利
息を支払う必要はない（575条2項ただし書）。

　これに対して，仮に所有権の移転時期を引渡時と解する見解によ
れば，引渡時までは売主が所有者であるから，その目的物の果実を
収取できる反面，その目的物の保管費用も負担するのは当然である。

　　履行遅滞と575条　　売主が売買目的物の引渡しを遅滞した場合
　　　　　　　　　　　でも，現実の引渡時を基準に上記の清算関
係を認めて，575条を適用するのが判例・通説である（大連判大
13・9・24民集3巻440頁）。しかし，買主が代金を既に支払っていた
場合には，もはや売主に果実収取権は認められない。代金の支払期
限が引渡しと同時であるときに清算関係に代金の利息も含まれるこ
とから，代金額が支払われることにより清算関係の基礎は変更を受
け，売主は収取した果実を買主に返還し，買主は売主に目的物の保
管費用を償還しなければならない（大判昭7・3・3民集11巻274頁）。

4 売買契約の効力⑵

① 買主の義務

売買契約に基づく買主の主要な義務は**代金支払義務**である。さらに，売主の目的物引渡義務に対応して，売主をその義務から現実に解放させるために，買主には目的物の**引取義務**も認められるべきである。

② 代金支払義務

代金支払義務
> 売買契約における買主の主要な義務は，代金の支払義務である。当事者が代金額の支払時期や支払場所について合意をしていない場合，代金の支払時期は引渡しと同じ時期と推定され（573条），支払場所も引渡場所とされる（574条）。もっとも，買主は，引渡しが現実に行われるまで代金の利息を支払う必要はなく（575条2項），代金支払債務が履行遅滞となっても同様と解されている（大判大4・12・21民録21輯2135頁）。

代金の支払拒絶権
> 買主は，同時履行の抗弁によって，売主が履行を提供するまで代金の支払を拒絶できる（533条）。

また，売買目的物について第三者が所有権などの権利を主張する場合，買主はその目的物の所有権を取得できないおそれが生じる。たとえば，第三者の所有権主張が正当であれば買主は目的物の所有権を取得できないであろうし，第三者が一部の所有権を主張すれば，目的物の一部について所有権を取得できないであろう。こうした場

合に，買主は，第三者が主張する権利の程度に応じて，代金額の全部または一部の支払を売主に対して拒絶することができる（576条本文）。買主は，これによって，売主に対する契約不適合責任等に基づく代金額の返還をあらかじめ回避することができる。もっとも，売主が担保を提供して，場合によってはあるべき売主の責任の履行を確実にする場合には，買主は代金の支払拒絶権を行使できない（576条ただし書）。

　さらに，売買目的物に契約の内容に適合しない抵当権が設定されている場合に，買主は抵当権消滅請求をすることができ，その手続が終了するまで，代金の支払を拒絶することができる。この場合，売主は買主に対して，遅滞なく抵当権消滅請求をするように求めることができる（577条1項）。買主が買い受けた不動産に契約に適合しない先取特権または質権の登記がある場合にも，同様である（577条2項）。

　576条および577条に基づいて買主が代金の支払を拒絶する場合，第三者の所有権主張を排除したり，抵当権消滅請求をする間に，買主が無資力となると，買主から代金を取得できなくなるため，売主は買主に対して，代金を供託するように請求することができる（578条）。

③ 目的物引取義務

　買主は，売主が提供する売買目的物を適時に引き取る義務を負うと解すべきである。かつては権利者が権利である受領について同時に義務を負うことはないとして，こうした買主の義務も否定されたが（受領遅滞に関する法定責任説），近時は，権利者が一般的に受領義務を負うか否かとの議論に加えて，目的物の占有の移転を要する場合に，占有を受ける債権者は413条あるいは信義則に基づいて，目

的物引取義務を負うことが一般的に認められる傾向にある（受領遅滞に関する債務不履行責任説および折衷説，詳細については債権総論参照）。買主の目的物引取義務はその代表的な例であり，判例は，硫黄鉱石の継続的な売買契約において，買主の信義則上の引取義務を前提に，それに違反した買主の損害賠償義務を認めている（最判昭46・12・16民集25巻9号1472頁）。

5 買戻し

① 買戻しの意義と要件

買戻しの意義

買戻しとは，不動産の売主が売買契約と同時に買戻しの特約を付し，買主が支払った代金額と契約費用を返還して売買契約を解除するものである（579条）。買主が目的物を買い入れて使用収益するが，売主がそれを買い戻すことができる旨を合意する真正な買戻しと，買主が代金額の名目で売主に金銭を貸し付けつつ担保として目的物を買い受け，売主が借受金に利息を付して返済すれば，目的物を買い戻すことができる担保としての買戻しとしても利用されうる。金銭の貸主である買主にいったん目的物の所有権が担保目的で移転されるため，そのような買戻しは譲渡担保の一種である。そのため，買主は，売主が貸付金を返済できない場合に，目的物価格と貸付金との差額を清算する義務を負う（最判平18・2・7民集60巻2号480頁）。したがって，担保としての買戻しかそうでないかを区別することが重要となるが，「買戻特約付売買契約の形式が採られていても，目的不動産の占有の移転を伴わない契約は，特段の事情のない限り，債権担保の目的で締結されたものと推認され，その性質は譲渡担保契約と解するの

が相当」とされる（前掲最判平 18・2・7）。

<u>買戻しの要件</u>　買戻しの要件は，対象が不動産に限定され，買戻しの特約は売買契約と同時になされなければならない（同時性）（579 条前段）。買戻代金は，改正前は売買代金と契約費用に限定されていたが（同額性），別段の合意をすることも認められる（579 条かっこ書）。また別段の合意がなければ，不動産の果実は利息と相殺されたものと扱われるため（579 条後段），この点で用益権能と利息が等価と扱われている（不動産質権者は利息を請求できないと定める 358 条参照）。

　買戻期間は 10 年を超えることができず，超える場合には 10 年に短縮される（580 条 1 項）。買戻期間が定められた場合には，後日にその期間を延長することはできず（580 条 2 項），期間を定めなかった場合には 5 年以内に買い戻されなければならない（580 条 3 項）。買戻特約を売買契約と同時に登記すれば，買戻しは第三者に対抗できる（581 条 1 項）。しかし，買戻特約が登記された後で，当該目的物に対抗力のある賃借権が設定された場合には，売主が特約に基づいて買戻権を行使しても，賃借権は残期間 1 年に限って売主に対抗できる（581 条 2 項本文）。農地を想定した場合，このようにしないと，賃借人が種を蒔いた農作物の収穫が売主のものとなってしまうため，特に定められた例外措置である。ただし，売主を害する目的でなされた賃借権は，当該不動産を買い戻す売主に対抗できない（581 条 2 項ただし書）。

② 買戻しの実行

<u>買戻しの実行方法</u>　買戻権は，売主が買主に対して買い戻す旨の意思表示による売買契約の解除によって行われる（579 条）。しかし，買戻期間内に売主が代金と契約費用等

を提供しなければ，買主は目的物の所有権を確定的に取得する（583条1項）。これに対して，譲渡担保としての買戻しでは買主が清算義務を負い，清算義務が果たされるまで，売主は目的物を買い戻す（受け戻す）ことができる。

　買主または転得者が，目的不動産に費用を支出したときは，売主は，196条にしたがって，その費用を償還しなければならない。したがって，買主が必要費を支出した場合，売主はその必要費を償還しなければならないが，買主が果実を収取していた場合には，通常の必要費は買主が負担する（196条1項）。買主が有益費を支出して目的物の価格の増加が現存する場合，売主は，その支出された金額または目的物の増加額のいずれかを選択して償還しなければならない。（196条2項本文）。この場合，裁判所は，売主の請求によって，その償還について相当な期限を許すことができる（583条2項ただし書）。

買戻権の代位行使　　売主の債権者が，債権者代位権（423条）を行使して，売主に代わって買戻権を行使しようとする場合，買主は，裁判所が選任した鑑定人の評価にしたがって，不動産の現在の価格から売主が買戻しのために返還すべき金額を控除した残額に達するまで，売主の債務を弁済し，なお残余があるときにはこれを売主に返還して，買戻権を消滅させることができる（582条）。買戻しによって不動産が売主に復帰するとしても買戻しの代金額は逸出するため，売主の債権者が代位権行使で期待できる利益は，不動産の現在価格と買戻代金との差額に限定されるからである。

③ 共有持分の買戻特約の特則

共有持分の買戻し

不動産の共有持分が買戻特約付きで売買された後で，その不動産の分割または競売があった場合，売主は，買主が受けたかあるいは受けるべき部分または代金について買い戻すことができる（584条本文）。たとえば，AとBの共有不動産のAの共有持分がCに買戻特約付きで売買されて，BとCの協議で，分割または競売された場合，AはCが取得した不動産部分または代金を買い戻すことができる。しかし，分割または競売が売主に通知されずに行われた場合には，売主に対抗できないため（584条ただし書），Aはなお不動産がBとCの共有であることを主張して，Cの持分を買い戻すことができる。この場合，共有物の分割は効力を失う。

買受人たる
買主からの買戻し

買主が共有物の分割を請求した競売で，買主自身が当該不動産を買い受けた場合，売主は，競売の代金および契約の費用等を支払って，当該不動産の全部を買い戻すことができる（585条1項）。しかし，他の共有者が分割を請求した競売で，買主が当該不動産を買い受けた場合には，売主は，その持分しか買い戻すことができない（585条2項）。

④ 再売買予約

再売買予約の意義

再売買予約は，売主が目的物を買主に売却し，将来，売主がそれを再び買い受けるとの売買の一方の予約を付すものである。買戻しが原売買契約の解除であるのに対して，再売買予約は原契約とは別個に新たな売買契約を締結することとなる点が異なる。しかも，買戻しのような要件は

一切不要であるため，不動産以外の目的物についても再売買予約を締結することができる。再売買予約の対抗要件には，予約の完結による所有権復帰の請求権を保全するための仮登記が利用できる（不登105条2号）。

再売買予約の
完結権行使

再売買予約は，予約権者（原売主）の相手方に対する意思表示による予約完結権行使による（556条1項）。買戻しでは，売買契約と同時の特約や代金額の提供等といった厳格な要件が求められるが，再売買予約ではそのような要件は一切必要ない。また，買戻しと同様に，再売買予約も譲渡担保として利用できる。買主が売主に売買代金名目で金銭を貸し付けて，その担保のために売主所有目的物を買い受け，将来，売主が貸付金と利息を返済できれば，買主から目的物を再売買予約に基づいて買い戻すことにより，取り戻すことができる。この場合にも，譲渡担保としての買戻しと同様に，原買主の清算義務と，清算されるまでの原売主の受戻権（予約完結権の行使）を認めるべきであろう。

6 特殊の売買

以下では，とりわけ消費者保護にとって重要な特定商取引に関する法律（以下，「特定商取引法」と呼ぶ）および割賦販売法における規制の概要を眺める。さらに，今日，とりわけ事業者間で重要な取引形態となっている継続的取引について概観する。

① 特定商取引

訪問販売とその規制

特定商取引法上の訪問販売とは，事業者が，営業所以外の場所で商品，政令で定められ

た指定権利等の特定権利（特定商取引2条4項）または役務を有償で販売・提供する場合のほか（特定商取引2条1項1号），営業所以外の場所で勧誘し，営業所で販売・提供する場合も含む（特定商取引2条1項2号）。商品売買はもちろん，スポーツ会員権等の権利の売買も訪問販売に含まれ，結婚情報や技芸教授といった役務の提供を内容とする取引も訪問販売として扱われる。訪問販売の規制の特徴は勧誘規制にある（特定商取引3条以下）。

クーリングオフ

クーリングオフ（Cooling Off）とは，元来，頭を冷やすとの意味であり，特定商取引法および割賦販売法で規定されている特別な権利である。この権利は，訪問販売等とりわけ消費者が幻惑されやすい状況下で締結される契約で認められていて，購入者側が主体的に申込みを行う通信販売では認められない。この権利は，購入者や役務提供を受ける消費者が，契約締結後一定の条件および一定の期間内に契約を一方的に解消できる権利であり，消費者にとって強力な武器となる。訪問販売等では，契約締結に際して書面が交付される日から8日のクーリングオフ期間が起算され（特定商取引9条1項），連鎖販売取引と業務提供誘引販売取引では，その取引の仕組みが複雑なことから熟慮するための期間を確保するために期間が20日とされている（特定商取引40条1項・58条1項）。しかし，悪質な事業者は相手方にクーリングオフについて誤った情報を与えて，クーリングオフの期間内にその権利を行使できないようにすることもある。そこで，事業者がこういったクーリングオフの妨害を行う場合には，期間はクーリングオフができる旨を記載した書面が改めて交付された時から起算される（特定商取引9条1項など参照）。

通信販売とその規制

特定商取引法上の通信販売とは，事業者が郵便等を使って商品等の契約の申込みを受

けて締結される契約形態である（特定商取引2条2項）。カタログ販売やネット販売が想定される。通信販売規制の焦点は広告の規制にある（特定商取引11条以下）。**通信販売**では，購入希望者が通信販売事業者に申込みを行い，不意打ち的な契約の締結は想定されないため，購入者にクーリングオフの権利は認められない。それでも，購入者は，商品の引渡しや特定権利の移転を受けた日から8日以内に契約を解除して返品できるが，事業者が返品できない旨を広告に表示する場合，**返品権**は認められない（特定商取引15条の3）。クーリングオフの権利は強行法規であり，返品費用は事業者が負担するが，返品権は任意法規であり，返品費用は購入者が負担する点等で相違がある。

電話勧誘販売と
その規制

特定商取引法上の電話勧誘販売とは，事業者が電話を通じて契約の締結を勧誘し，相手方が郵便等で契約の申込みを行うことで商品等が販売されるものであり（特定商取引2条3項），訪問販売規制に準じた規制となっている（特定商取引16条以下）。

連鎖販売とその規制

特定商取引法上の**連鎖販売取引**とは，販売員が物品の売買契約等を通じて顧客を勧誘して販売員とし，それによって販売網を拡大する，いわゆるマルチ商法と呼ばれる取引形態である（特定商取引33条）。商品等を介在させないで，自らが勧誘する会員連鎖組織から金品等の交付を受ける**無限連鎖講**（いわゆるねずみ講）は，その組織を予定された利益獲得のための人員がすぐに膨大な数を必要とすることとなり，必ず破綻するため，無限連鎖講の防止に関する法律によって全面的に禁止されている。これに対して，マルチ商法は組織構造の面ではねずみ講と同様の側面を持つが，商品等の取引という生理的な経済活動の側面もあり，禁止されてはいないが，近時その規制は強化されつつあ

る。連鎖販売取引では，加入者は，クーリングオフの期間（20日）を経過した後でも契約を中途解約することができ（特定商取引40条の2第1項），それに伴う個別の商品販売契約も解除することができる（特定商取引40条の2第2項）。

特定継続的役務提供とその規制

特定商取引法上の特定継続的役務提供とは，身体の美化・知識または技能の向上等を目的として，一定期間にわたり，一定金額を超えて金銭が支払われることで，事業者が，継続的に役務を提供する契約，あるいは，そうした役務の提供を受ける権利を販売する契約である（特定商取引41条）。前払式取引では，事業者の突然の倒産により，顧客が多大の損失を被るおそれがあるため，事業者は業務および財産状況を記載した書類を事務所に備え置き，契約の相手方はその書類の閲覧を求め，謄本および抄本の交付を受けることができる（特定商取引45条）。また，連鎖販売取引と同様にクーリングオフ期間（8日）の経過後でも中途解約権が認められている（特定商取引49条）。

業務提供誘引販売とその規制

特定商取引法上の業務提供誘引販売とは，物品の販売や有償での役務の提供に従事することによって得られる利益で勧誘し，一定の負担を負わせる取引であり（特定商取引51条），将来の一定の仕事を約束してその準備のために機器を購入させる，いわゆるモニター商法や内職商法が該当する。勧誘に際して提示された利益の獲得が実際には得られず，利益獲得の前提として強いられた機器の購入等の負担のみが残る点で社会問題となった。ここでも連鎖販売取引と同様に，中途解約権が認められている（特定商取引58条）。

訪問購入とその規制

特定商取引法上の訪問購入とは，物品の購入を業とする事業者が，営業所以外の場所

で，売買契約の申込みを受けあるいは契約を締結して行う物品の購入である（特定商取引58条の4）。事業者が家庭を訪問して貴金属を買い漁るような形態の取引である。

ネガティブオプション
とその規制

特定商取引法上のネガティブオプションとは，購入の申込みをしていない者に商品等を送りつけ，返品のない場合に契約を締結したものと扱って，代金を請求する行為である。購入の申込みをしていない者に商品等が送付された場合，商品の送付から14日以内，あるいは，送付を受けた者が商品の引取りを請求した日から7日以内に，送付を受けた者が承諾をせず，あるいは，販売業者が商品を引き取らなければ，販売業者は送付した商品の返還を請求できなくなる（特定商取引59条）。

② 割賦販売等

割賦販売とその規制

割賦販売とは，一般には，代金の分割払での売買を意味するが，割賦販売法では，政令で定められた指定商品・指定役務あるいは指定権利の代金ないし対価が，2か月以上で3回以上にわたって分割して支払われる取引である（割賦2条1項1号）。割賦販売には，カード等を用いて指定商品等が販売され，一定期日までに購入された商品代金の合計額のうち未払残高に対する一定額の支払を定められた時期に行う，いわゆるリボルビング払の方式も含まれる（割賦2条1項2号）。

包括信用購入あっせん
とその規制

割賦販売法上の包括信用購入あっせんとは，クレジットカード等を用いて，販売業者等が提携する信用供与事業者から，商品・権利の販売または役務の提供の際に，代金の立替払を受け，購入者が信用供与事業者に2か月以上で立替金等を返済する契約を締結する

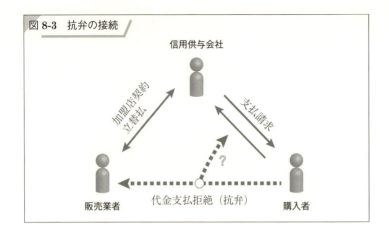

図 8-3　抗弁の接続

信用供与会社

加盟店契約
立替払

支払請求

？

代金支払拒絶（抗弁）

販売業者　　　　　　　　　　　購入者

契約取引であり（割賦 2 条 3 項 1 号），立替払金等の返済をリボルビング方式で行うものもある（割賦 2 条 3 項 2 号）。平成 20 年の改正前の総合割賦購入あっせんに相当する。

個別信用購入あっせん
とその規制

割賦販売法上の個別信用購入あっせんとは，販売業者等が提携する信用供与事業者から，カード等を利用することなく，商品・指定権利の販売または役務の提供の際に，販売業者が代金の立替払を受け，購入者が信用供与事業者に 2 か月以上で立替金等を返済する個別契約である（割賦 2 条 4 項）。平成 20 年の改正前の個品割賦購入あっせんに相当する。

抗弁の接続

販売事業者と顧客との売買契約等に必要な金融手段として，顧客が信用供与会社と消費貸借契約を別途独自に締結する方策以外にも，リース契約や立替払契約のように，信用供与会社と顧客および販売事業者との三者間で，顧客が信用供与会社から直接金融を受けるのではなく，販売事業者との契約に際して，信用供与会社との融資をめぐる契約を締結

する形態も多い。こうした場合には，顧客が販売事業者から提供される商品や役務内容について，販売業者との二当事者間であれば販売事業者に対して契約の無効・取消しや同時履行の抗弁などの抗弁を提起できるはずである場合に，その契約とは別個の契約に基づく信用供与会社からの支払請求を顧客が拒絶できる（いわゆる抗弁の接続。図 8-3）か否かが問題となる。

Case 8-8

Ｘは，Ａ会社が派遣する女性販売員から呼び出され，その甘言に乗せられて，価値のない貴金属について十分な説明のないままに 200 万円で買い受ける契約を締結させられ（訪問販売），その売買代金の支払のために，Ａを通じてＹ会社との間で立替払契約を締結した（個別信用購入あっせん）。しばらくして，ＸはＡに不当な取引に引き込まれたことに気がついたものの，当該立替払契約に基づく分割払として，Ｙに漫然と 80 万円を支払ったが，その後，Ａとの売買契約の無効に基づいて，Ｙに対する残額 120 万円の支払を拒絶するとともに，既に支払った 80 万円の返還を求めた。

　判例は，顧客が個品割賦購入あっせん契約〔現在の個別信用購入あっせん〕に基づいて呉服を購入したが，事業者が商品を引き渡さないため立替払をした信販会社に対して代金の支払を拒絶した場合に，顧客は売買契約に基づく抗弁をもって，それとは別個の立替払契約の当事者である信販会社に対して，原則として代金の支払を拒絶できないとした（最判平 2・2・20 判時 1354 号 76 頁。この判例の事案では，割賦販売法に抗弁の接続規定が存在しなかった）。したがって，事業者に対する抗弁をもって顧客が信販会社に対して代金支払を拒絶することを認める割賦販売法の規定（割賦 35 条の 3 の 19，包括信用購入あっせんでは同法 30 条の 4）は，こうした拒絶権を例外的に認める立法

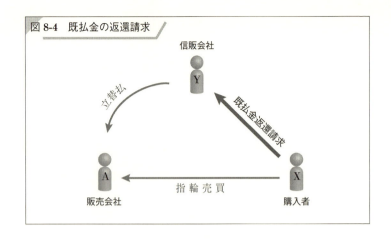

図 8-4　既払金の返還請求

信販会社

Y

立替払

既払金返還請求

A
販売会社

指輪売買

X
購入者

措置と理解される。Case 8-8 では，A 会社が X の異性に対する感情につけ込んで不当な取引を行わせる，いわゆるデート商法という悪質な販売行為に基づいて，貴金属の売買契約が公序良俗違反として無効であるなら（90条），X はそれを抗弁にして，Y からの未払の立替払金 120 万円の支払請求を拒絶できる。

既払金の返還

では，X は，Y に既に支払った 80 万円の既払金の返還を請求できるであろうか（図8-4）。割賦販売法は，平成 20 年の改正によって，個別信用購入あっせん業者に，その基礎となる商品等の販売契約が特定商取引法上の 5 類型（訪問販売，電話勧誘販売，連鎖販売個人契約，特定継続的役務提供契約，業務提携誘引契約）である場合に，販売契約等の調査を義務付け（割賦 35 条の 3 の 5・35 条の 3 の 6），一定の要件の許で個別信用購入あっせん契約の締結を禁止し（割賦 35 条の 3 の 7），個別信用購入あっせん契約のクーリングオフも定める（割賦 35 条の 3 の 10・35 条の 3 の 11）。さらに，販売契約について，特定商取引 5 類型で不実告知による誤認や威迫などがあった場合，購入者は当該販売行為を取

り消し，併せて個別信用購入あっせん契約も取り消して，既払金の返還を請求できる。しかし，この取消権は，追認できるときから1年あるいは行為の時点から5年で時効消滅する（割賦35条の3の13～35条の3の16）。そのため，Case 8-8で，Xは，訪問販売によって商品価値について不実告知による誤認を基礎に売買契約を締結したため，当該売買契約を取り消すとともに，販売者Aが媒介したYとの立替払契約も取り消すことができるが，追認できる時点から1年を経過した後では，上記のような割賦販売法上の保護を受けることはできない（割賦35条の3の13第7項）。

　では，Xは，売買契約が90条に基づいて無効であることから，立替払契約の効力を否定して，既払金の返還を求めることができるのであろうか。判例は，販売契約と立替払契約を原則として別個の契約として扱う平成2年判決を前提にして，「個品割賦購入あっせんにおいて，購入者と販売業者との間の売買契約が公序良俗に反し無効とされる場合であっても，販売業者とあっせん業者との関係，販売業者の立替払契約締結手続への関与の内容及び程度，販売業者の公序良俗に反する行為についてのあっせん業者の認識の有無及び程度等に照らし，販売業者による公序良俗に反する行為の結果をあっせん業者に帰せしめ，売買契約と一体的に立替払契約についてもその効力を否定することを信義則上相当とする特段の事情があるときでない限り，売買契約と別個の契約である購入者とあっせん業者との間の立替払契約が無効となる余地はないと解するのが相当である」として（最判平23・10・25民集65巻7号3114頁：ただし平成20年の割賦販売法の改正前の事案である），Xの請求を認めなかった。

③　継続的売買

　原材料の仕入れや中間業者への卸売り，さらには小売業者への卸

売りといった商取引においては，一定数量の物品が定期的に継続して売買される。従来，こうした契約は継続的供給契約として，その一部の不履行が契約全体に及ぼす影響や，その解除が遡及効を有しないことなどが特徴として挙げられていた。もっともそこでは，公法的な規制が強い電気やガスの供給契約や，消費者を相手とした新聞雑誌の定期購読のような継続的な契約が想定されていたため，商取引に典型的に見られる継続的売買契約には十分な分析が加えられてこなかった。

　商取引に見られる継続的売買契約では，当事者間に取引の基本ないし大枠を定める**基本契約**（枠契約）が締結され，それに基づいて各個別の売買契約が締結されるとの特徴が見られる。その上で，売主側の出荷停止の法的な根拠や契約解除のあり方，さらには基本契約の更新をめぐる問題点が，その契約の継続性に照らして問題となる。継続的売買契約でも賃貸借など他の継続的な契約と同様，その契約の維持への当事者の期待は高いため，下級審裁判例は，信頼関係の破壊・信用不安・重大な債務不履行といったやむをえない事由があった場合にのみ，一方的な契約の解消を認める傾向がある（⇒第1章*4*）。

7 交　　換

1 意　　義

　交換とは，当事者が互いに金銭の所有権以外の財産権を移転する義務を負う契約であり，諾成・双務・有償の契約である（586条1項）。金銭の交換，すなわち両替は，有償の無名契約と解されている。

② 効　　力

　交換の両当事者は，合意された財産権の移転義務を負い，物の交換にあっては引渡義務や対抗要件の移転義務も負う。なお，両当事者が給付すべき物の価値に格差があるため，一方の当事者がそれを補う金銭も交付する場合には，この金銭の支払について，売買契約の代金支払義務に関する規定が準用される（586条2項）。

第9章 贈　　与

> 　贈与とは無償で物や権利を相手方に譲渡する契約であり，無償契約のもっとも基本的な契約であるため，贈与規定はいわば無償契約の総則的な役割を演じる。今日の経済活動は主として有償契約を中心に営まれるが，経済的利益に直結しない情義や愛情などに基づいて贈与が広く行われる。

1 贈与の意義

　贈与契約とは，当事者の一方（贈与者）がある財産権を無償で相手方（受贈者）に与える契約である（549条）。今日の社会では一般に，有償契約によって取引が展開されているが，そうした中でも，人間関係を円満に展開するための贈答が行われたり，家族や親族間で扶養のためや生前相続として一定の財産を授受したり，さらにはチャリティーとして寄付が行われたりすることが広く見られる。かつて民法制定時には，武士に二言なしといった武士気質から，いったん贈るとしたものは贈らねばならないことに贈与契約の拘束力の本質を見出す説明も見られた。その後も，諾成契約とされるわが国の贈与法の特質は，契約自由を尊重する気風と，義理や恩から発生する義務としての贈与意識というわが国の贈与観に求められてきた。反面，法技術的な面からは，いったん成立した贈与も容易に解除できるため，無償契約としての贈与の拘束力を有償契約よりも弱く位

置付ける理解の趨勢もあるが，法律の規定に現れる技術的な側面にのみとらわれることなく，今日の社会における契約意識一般から贈与の拘束力を改めて問い直すべきとの指摘もある。贈与の拘束力をいかなる理論的基礎の上に構築すべきなのかは，なお困難な問題を含んでいる。

2 贈与の成立

① 贈与契約の締結

諾成契約の原則

贈与契約は当事者がある財産権を無償で移転する合意をすれば，それによって直ちに拘束力を生じる諾成契約である（549条）。したがって，父親が息子に生前贈与のつもりで贈与の約束を口頭でした場合のように，贈与者に贈与する意思があり相手方にそれに対応する意思があれば贈与契約が成立する。贈与の意思に基づく合意こそが贈与契約の拘束力の本質であって，その贈与意思とは相手方に恩恵を与えるために形成された意思であるとされる。

また，贈与契約は「ある財産」の無償移転を内容とする契約であるから（549条），贈与者がたとえ自身が所有しない物を贈与する契約を締結した場合でも，当該他人物贈与契約は有効である（改正前は「自己の財産」とされていたが，他人物贈与も有効とされていた。最判昭44・1・31判時552号50頁参照）。

現実贈与

贈与契約の締結によって，贈与者は受贈者に対して一方的に財産権移転義務を負い，受贈者はそれに対する対価を出捐しないため，贈与契約は片務・無償契約である。手渡しの贈与は現実贈与と呼ばれ，それが債権契約

なのか物権契約なのかが議論されるが，いずれにせよ民法上の贈与規定の適用を受けるため，議論の実益は薄い。

② 書面によらない贈与

贈与の解除 贈与契約は諾成契約であるが，書面によらないで行われた贈与契約は各当事者がこれを解除することができる（550条本文）。ただし，履行が終わった部分についてはもはや解除できない（550条ただし書）。したがって，書面でなされない贈与契約は諾成の原則に従って有効に成立するものの，履行されない間はいつでも解除されうることから，その拘束力は弱いと理解される。

　諸外国では，書面，とりわけ公正証書で行われない限り贈与契約に拘束力を認めない立法例が多い。しかし，わが国ではもともと書面で贈与を行う慣行が必ずしもないことや，贈与をするには当事者間に相応の背景があることから，方式を必要とするまでもないとして諾成契約の原則が採用されたといわれている。もっとも，贈与者は，書面によらない贈与を軽率な贈与として反省すれば解除するであろうから，贈与者が解除しないのであれば，自身の贈与意思を明確にすることになると解されよう（大判大5・9・22民録22輯1732頁参照）。

　◆贈与の解除　書面によらない贈与は，元来，取り消すことができると規定されていた（平成16年改正前550条）。しかし，贈与の「取消し」は意思表示の瑕疵や制限行為能力による取消しとは異なって，贈与契約の締結に何らかの問題がある取消しではないため，平成16年の改正で「撤回」と改められた。ところが，「撤回」は，民法のその他の箇所では，意思表示の効力を消滅させるか（523条・525条・530条），あるいは，単独行為の効力を消滅させる（407

条・540条・891条・989条および1022条ないし1026条）意味で用いられている。他方で，550条では，意思表示あるいは単独行為の効力を消滅させるのではなく，有効に成立した贈与契約を後に解消することが問題となるため，今般の民法改正では，贈与の「解除」と改められた。なお，この趣旨からすれば，従来，忘恩行為の「撤回」といわれてきたが，ここでも贈与契約の解消をもたらす「解除」が，用語上は適切となろう。

<table>
<tr><td>贈 与 意 思</td></tr>
</table>

贈与契約を基礎付けるのは当事者の合意であるが，とりわけ贈与者の贈与意思が重要である。判例には，客がなじみのホステスに独立して店を持つための資金を贈与する約束を取り交わし，後にそれを書面にした場合に，「諾約者〔客〕カ自ラ進テ之ヲ履行スルトキハ債務ノ弁済タルコトヲ失ハサラムモ要約者〔ホステス〕ニ於テ之カ履行ヲ強要スルコトヲ得サル特殊ノ債務関係」とする余地を認めたものがある（カフェ丸玉事件：大判昭10・4・25新聞3835号5頁）。もともと贈与の意思を認めて受贈者に法的権利を認める場合には，相応の贈与する意思が確認される必要があるため，諾成契約であるとはいっても，書面もなく，履行もない贈与における贈与意思の認定は慎重にならざるをえない。反面で，書面があったり，履行された贈与では，贈与意思が認定されてよいであろうから，さらに法的な権利のない贈与を認めることはかえって混乱のもととなるおそれが指摘されている。

<table>
<tr><td>書面による贈与の認定</td></tr>
</table>

書面によらない贈与は解除できるため，贈与契約が締結されたが，その契約の効力が争われる場合には，締結時の贈与意思自体が争われるというよりも，一方でその贈与が書面によって行われたか，他方で既に履行が終了したのか否かが，争われることとなる。

　贈与が書面で行われたか否かについて，贈与契約の契約書が作成

されていれば問題はないが，そうした契約書面でなくとも贈与者に贈与意思があることが判明する書面であれば足りると解されている。たとえば，農地の贈与者が受贈者と連名で県知事に宛てて提出した農地転用許可申請書（農地5条参照，最判昭37・4・26民集16巻4号1002頁），利害関係人として調停に参加した者に対する贈与が同人の「所有」として記載されているだけの調停調書（最判昭53・11・30民集32巻8号1601頁），不動産の買主が売主に対して第三者である受贈者名義に登記名義を移転することを要請するために司法書士に書面を作成させて内容証明郵便で送付した書面（最判昭60・11・29民集39巻7号1719頁）などでも，書面による贈与が認められている。

履行の認定　書面によらない贈与であっても履行が終われば，その部分についてはもはや解除できない。したがって，何をもって履行の終了となるのかが問題となるが，ここでも贈与意思を明確にする徴表があれば足りるとされている。たとえば，不動産の贈与では，登記でも引渡しでも履行の終了となり（最判昭40・3・26民集19巻2号526頁），その引渡しも占有改定で足り（最判昭31・1・27民集10巻1号1頁），あるいは簡易の引渡しでも足りるとされている（最判昭39・5・26民集18巻4号667頁）。さらに，贈与者の承諾なく不動産を占有し，登記名義を有する者に対して，受贈者が移転登記請求訴訟を提起して贈与者がそれに協力したときも，履行の終了とされる（最判昭56・10・8判時1029号72頁）。

　もっとも，判例が贈与の解除を制限する書面や履行を認定する際には，その前後の経緯も含んだ総合的判断に立って行っているため，贈与意思の確認がそれらの行為に仮託されているにすぎないとの指摘もある。この観点からすれば，書面や履行の要件を緩やかに認定

する判例の傾向も，相応に説明できるであろう。

③　忘恩行為による解除

　贈与者が書面による贈与を行い，あるいは既に履行を終了していたときでも，受贈者に一定の背信行為があるとき，あるいは贈与者の資力が悪化し生活に窮するような事態が生じたときに，贈与者は贈与契約を忘恩行為あるいは困窮により解除できるであろうか。外国の立法には，そうした場合に解除を認める例もあるが，わが国の民法起草者はいったん贈与が行われる限り，解除は認められないとしてその種の規定を置かなかった。

　たとえば，贈与者である父親が親身に世話をしてくれる息子に，今後も世話をしてくれることを期待して自身の家屋を贈与したところ，その後に息子がその世話を放棄し，さらに虐待を加えるようになったような場合でも，贈与者が受贈者に対する家屋の贈与契約をもはや解除できないとすれば，この結果は不合理であるとするのが近時の多数説である（⇒ 4 ②）。もちろん，受贈者の行為が信義則に反することは疑いないが，それによってただちに贈与契約の解除を導くことは難しい。贈与契約の基礎となる人的関係を受贈者が破壊したことを贈与契約自体の解消に結び付ける理論的な解決がなお課題である。

3　贈与の効力

①　財産権移転義務

　贈与者は，受贈者に対して贈与目的である**財産権を移転する義務**を負う（549 条）。目的物の所有権などの財産権を移転し，必要な対

抗要件を移転する義務を負う。また，贈与目的物を引き渡す義務も負う。さらに，特定物の贈与においては，目的物の引渡しまで，贈与者は契約および社会通念に照らして定まる善良な管理者の注意をもって目的物を保管しなければならない（400条）。

② 贈与者の引渡義務等

贈与者は，贈与目的である物または権利を，贈与の目的として特定した時の状態で引き渡し，または，移転することを約したものと推定される（551条1項）。したがって，受贈者が，目的物が特定時点の状態で引き渡されても，契約不適合であるとして，それに基づく権利を主張するには（562条以下参照），一定の契約適合状態での引渡義務があることを反証しなければならない。贈与者が他人物を贈与した場合にも，契約不適合に該当する一部他人物を贈与した場合と対比して（565条参照），贈与者は所有権を所有者から調達する義務を負わないことが推定されるとすべきであろうか。

4 特殊の贈与

① 定 期 贈 与

大学在学中は毎年学資を与える約束をする場合のように，定期的に一定の財産を与える契約を定期贈与と呼ぶ。こうした関係ができるのは，当事者の人的な関係を基礎とするため，定期贈与は，贈与当事者のいずれかの死亡によって終了する（552条）。

② 負担付贈与

贈与契約であるが受贈者側にも一定の給付を負担させるものを負

担付贈与と呼ぶ（553条）。負担付贈与における負担とは，贈与契約が無償契約であることから，贈与者が負う財産権移転義務の対価ではない。しかし，負担の範囲においては両当事者が債務を負担することとなるため，双務契約に関する規定が適用される（同条）。想定されるのは，同時履行の抗弁や危険負担の規定であるが，負担と贈与履行が同時であることは稀であり，危険負担もそれほど意義はないとされている。

さらに，負担付贈与には負担の範囲で有償契約としての性質も認められるため，贈与者は負担の限度で売主と同様の担保責任（契約不適合責任）を負う（551条2項）。たとえば，Aが1000万円の家屋を贈与する代わりにBは700万円の給付を行うべきとされた場合，1000万円の家屋に契約不適合があって600万円の価値しかなければ，受贈者の700万円の負担と贈与者の600万円の給付を調整する必要があるため，Bは差額100万円について負担の減額を請求することができる（563条参照）。

Case 9-1 ―――――――――――――――――――――――――――――――――

Aは，自身の子供がなかったため，甥のBを幼少の頃から引き取って世話をし，学費も負担してBを開業医になるまで養育したが，自身が老齢となってきたため，自身が所有する家屋をBに贈与することを約束しつつ，その代わりに，Aがその家屋の一室に住み続けるとともに，BがAのその後の生活の面倒を見ることも約束した。

負担付贈与において受贈者が負担を履行しない場合に，贈与者は贈与契約を解除することができる。たとえば，Case 9-1でBが約束したAの扶養を行わず，むしろ虐待を働いて当該家屋に住めなくするような場合，贈与者は541条等に基づいて契約を解除することができる（最判昭53・2・17判タ360号143頁）。もっとも，こうし

た場合には，忘恩行為に基づく解除も認められる余地もあるが，忘恩行為においては負担の不履行は必ずしも問題とならないため，双方の解除が常に競合するわけではない。たとえば，Case 9-1 で，BがAの面倒を見るものの，遊興費欲しさにAが所有する貴金属など贈与された以外の財産を無断で売却したような場合には，負担の不履行はないが，忘恩行為を認める余地があろう。

③ 死 因 贈 与

　贈与者が死亡したならその所有する土地を贈与すると約束するように，贈与者の死亡によって効力を生じる贈与を死因贈与と呼ぶ（554条）。これとよく似ているのが，死亡した後に当該土地を贈る旨の遺言を作成する遺贈である（985条）。死因贈与は契約であるが，遺贈は単独行為であるため違いはあるが，生前に相続関係を作り出す点では同様であるため，死因贈与には遺贈の規定が準用される（554条）。

　遺贈には一定の方式が求められているが（967条以下），死因贈与は諾成契約であり，方式はなんら求められていない。そのため，判例では，不動産の譲渡が，他人が作成した遺言であるため遺贈としては無効であっても，死因贈与として有効とされた（最判昭32・5・21民集11巻5号732頁）。

　また，遺言はいつでも遺言の方式によって撤回することができるが（1022条），贈与者の最終意思を尊重する趣旨から，遺言の方式を除いて，その規定は死因贈与に準用されるため（最判昭47・5・25民集26巻4号805頁），贈与者は死因贈与をいつでも無方式で撤回することができる。もっとも，負担付死因贈与で負担が既に履行されていた場合（最判昭57・4・30民集36巻4号763頁）や，贈与者の所有権確認とその死因贈与が裁判上の和解で確定された場合（最判昭

58・1・24民集37巻1号21頁）には，贈与者はもはや当該死因贈与を撤回することはできない。受贈者の贈与への具体化された期待が，こうして一定程度は保護を受けることになる。

④ 寄 付

特定人に向けて財産を一定の目的で利用されるように寄付を行うことは，贈与とみることができる。しかし，ある災害の義捐金を募集するといったように，公の目的のために発起人が不特定多数の者から金品を集める場合には，発起人自身が利益を享受するものではないため，一定目的のためにする一定財産の発起人への信託的譲渡と解されている。発起人は受託者として一定目的のための譲渡を受けた財産を使用する義務を負うが，この場合にも贈与に関する規定が準用される（550条など）。

第10章　消費貸借

消費貸借は，他人の物を貸し借りする貸借型の契約であっても，借主が借り受けた他人の物を消費する点で，他の貸借型契約とは異なる特質を持っている。消費貸借契約の典型が金銭の消費貸借契約であり，経済社会において大きな役割を演じている。消費貸借契約では，まず借主が目的物を借り受けてこそ返還義務が生じるため，契約締結にあたって借主の保護が重視される。

1 消費貸借の意義

消費貸借の意義

消費貸借とは，貸主が借主に対して金銭その他の代替物を引き渡し，借主が貸主に対して借り受けたのと同種同等の物を返還する債務を負う契約である（587条）。消費貸借は，それが成立するためには，原則として貸主が借主に対して貸与する物を引き渡さなければならない要物契約であり，その時点で契約が成立するため，それ以後は借主が貸主に返還義務を負うだけである。したがって，消費貸借契約は，借主が貸主に対して返還債務を負う関係のみが成立する片務契約である。他方で，借主が借り受けたものと同種同等の物を返還するに止まる場合，貸主が一方的に財産を出捐する関係となるため片務・無償契約であるが，借主が使用期間に応じた対価として利息も併せて返還しなければならない場合には有償契約となる。この場合，消費貸借契約は，片務・有償契約である（⇒第1章 *4*）。

> 消費貸借の機能

消費貸借は，借主が借り受けた物を自己のために消費して借り受けた物と同種同等の物を返還する関係であるため，代替物を目的とする契約である。したがって，代替物であればいかなる物でも消費貸借契約が成立する可能性があるが，実際に重要なのは金銭の消費貸借である。この場合，一般的に利息が付けられることが多いが，金銭を貸し付ける貸主が金銭を借り受けざるをえない借主に対して優位な立場にあることから，貸主に有利な形で利息が高くなる傾向がある。そこで，特別法が利息を制限するなどの規制を設けているが，詳細は利息債務の説明に譲る（債権総論参照）。

2 消費貸借の成立

① 消費貸借の締結

> 要物契約の原則

消費貸借は，原則として，消費貸借の合意に加えて貸借の目的となる物の授受を成立要件とする要物契約である（587条）。貸借であるから，貸借された物の一定の期間の利用とその返還が当然前提とされているため，返還時期の合意も重要視される。ただし，貸借とはいっても，他の貸借契約とは異なり，消費貸借では，目的物の所有権が引渡しにより貸主から借主に移転する。要物原則は，貸借目的物を実際に借主に引き渡すことで契約が成立することにより，借主が目的物を借り受ける利益を確実に保護することを目指すものとされており，消費貸借が要物契約とされるのはローマ法以来の沿革にも由来する。

　もっとも，金銭消費貸借では，金銭そのものが授受されなくても，それと同一の経済的利益を有する物が引き渡されれば，消費貸借が

有効に成立するとされている。たとえば，預金通帳と届出印鑑の交付（大判大11・10・25民集1巻621頁），約束手形の交付（大判大14・9・24民集4巻470頁）により消費貸借は成立する。あるいは，手形の交付によりその手形の割引を受けて額面額よりも少額の金銭しか受けられなくても満期に額面額が支払われれば額面額の消費貸借が成立する（最判昭39・7・7民集18巻6号1049頁）。

◆諸成契約への契機　金銭消費貸借契約が締結される場合，一般には，公正証書が作成された後や，金銭消費貸借が合意されてそれに基づく貸主の返還債権を担保するために抵当権等が設定された後に，貸借目的物である金銭が引き渡される。こうした場合に，消費貸借における要物原則を厳格に適用すると，金銭が貸主から借主に引き渡された時点で消費貸借契約が成立するため，それに先立って作成・設定された公正証書や抵当権等の担保権の効力が否定される余地がある。しかし，判例は，抵当権に関して，後に発生する債務を担保する目的で設定された抵当権は有効であるとして，抵当権の附従性を緩和する（大判明38・12・6民録11輯1653頁）。また，判例は，公正証書についても，後に発生する消費貸借上の債権についてあらかじめ公正証書が作成された場合でも，それは後に有効に発生した債権の債務名義（民執22条参照）となるとする（大判昭11・6・16民集15巻1125頁）。しかし，このような帰結を導くことは，消費貸借を要物契約とする限り困難であり，むしろ，消費貸借を諸成契約へと転換する契機を含んでいるのである。

| 諸成消費貸借 |

消費貸借は原則として要物契約と定められているが（587条），書面で，当事者の一方が金銭その他の物を引き渡すことを約し，相手方がその受け取った物と種類，品質および数量の同じ物を返還することを約すことで成立する諸成消費貸借も認められる（587条の2第1項）。ここで求められている書面要件が電磁的記録によっても充足されるのは（587条

の2第4項），保証契約等と同じである（446条3項参照）。消費貸借
は，取引社会で通常は書面で合意されるものの，物の授受に先立つ
その消費貸借合意や担保設定が要物契約の原則から無効となること
を防ぐため，こうした諾成契約による消費貸借契約の成立も認めら
れた。

　書面による諾成消費貸借によって，貸主は，合意された金銭等を
借主に引き渡す義務を負う。しかし，借主は，合意された物を借り
受ける義務を負うわけではない。そのため，借主は，金銭等の交付
を受ける前であれば，いつでも消費貸借を解除することができる。
ただし，それによって貸主が損害を被る場合には，借主はその損害
を賠償しなければならない（587条の2第2項）。

　また，書面による諾成消費貸借は，借主が貸主から金銭等を受け
取る前に，その当事者の一方が破産手続開始の決定を受けたときに
は，その効力を失う（587条の2第3項）。借主が破産した場合には，
消費貸借契約の基礎となる借主の資力が喪失されて返還が危ぶまれ
るためであり，貸主が破産する場合には，貸主からの金銭等の授受
が困難となるからである。

　Web 有償契約と無償契約 ❖❖❖❖❖❖❖❖❖❖❖❖❖❖❖❖❖❖❖❖❖❖❖
　契約当事者がそれぞれ為すべき給付と反対給付が対価的な関係に
立つ契約を有償契約，そうではない契約を無償契約と呼ぶ。売買や
賃貸借など，有償契約は諾成契約とされているが，それは市場経済
の発展にとって重要な意義を持つ有償契約の拘束力を反対給付の合
意に依存させることを意味する。これに対して，消費貸借や使用貸
借，寄託は要物契約とされてきた。本来，無利息の金銭の貸借のよ
うな無償の消費貸借が要物契約とされると，元本が借主に引き渡さ
れるまで消費貸借は法的に成立しないため，消費貸借を合意しても
貸主が借主に元本を引き渡す行為は，法的な拘束力がない恩恵的・
道義的な行為となる。反面で，実際に元本が引き渡されてはじめて

表 10-1　要物契約の諾成契約化と解除

有償／無償契約		無償契約
要物契約・書面契約	諾成契約	
消費貸借	寄託	贈与・使用貸借
書面による消費貸借での借主の解除の自由と履行による解除の制限	寄託者の解除の自由と履行による解除の制限	受贈者の解除の自由と書面・履行による解除制限
	書面によらない無償寄託での受寄者の解除の自由と履行による解除の制限	贈与者・使用貸主の解除の自由と書面・履行による解除の制限

　無償の消費貸借契約は効力を生じるのであり，好意や恩恵で行われる消費貸借，使用貸借および寄託といった無償行為は，物が引き渡されてはじめてその法的拘束力が生じる。贈与は諾成契約とされるが，ここでも書面によらない贈与は実際に履行されるまで解除できるのであるから（550条），やはり，現実に物が引き渡されてはじめて法的な拘束力が生じるという説明と整合的である。

　しかし，改正民法は，従来，要物契約とされてきた使用貸借および寄託を諾成契約と構成しつつ（593条・657条），消費貸借については要物契約を原則とする中で書面による諾成の消費貸借も認める構成を採用した。有償契約が諾成契約として発展するという歴史的経緯からみれば，使用貸借との対比における賃貸借はもちろん，有償契約としての消費貸借や寄託が諾成契約として構成されるのは整合的といえよう。他方で，無償契約の処遇としては，消費貸借で要物契約が維持される一方で，諾成消費貸借では書面が求められて貸主の解除が制限されるため，書面による贈与と同様の扱いがされている。また，使用貸借および寄託では，諾成契約とされつつ履行までは貸主または寄託者からの解除を許すという構成によって（593

条の2・657条の2第1項)，ここでも履行によって解除を制限する贈与と同様の扱いがされている。もっとも，無償寄託では，書面によらない限り，履行までは受寄者も解除できる点で（657条の2第2項)，なお有償寄託と無償寄託に区別が設けられている。

✦✧✦✧✦✧✦✧✦✧✦✧✦✧✦✧✦✧✦✧✦✧✦✧✦✧✦✧✦✧✦✧✦✧✦✧✦✧✦

消費貸借の予約

従来は，破産手続開始決定に関する同趣旨の規定が消費貸借の予約について設けられていた（改正前589条)。しかし，諾成消費貸借が認められるなら，実質的にそれと同じ機能を果たす消費貸借の予約の意義はなくなり，また，諾成消費貸借が書面を要件とするにもかかわらず，無方式の消費貸借の予約が認められたのでは，かえって，書面要件が潜脱されることになる。そのため，消費貸借の予約に関する規定は削除された。もっとも，消費貸借に利息付きの特約が付されたときには，消費貸借の予約も有償契約となって売買の一方の予約に関する規定が準用されるため（559条・556条)，予約権者は消費貸借の予約完結の意思表示をすることにより，消費貸借契約が成立する。この有償消費貸借の一方の予約が締結された場合であっても，やはり当該予約は書面で締結される必要があろう。

② 準消費貸借

準消費貸借の意義

金銭その他の物を給付する義務を負う者が，相手方との契約によってその物を消費貸借の目的とすることを約束した場合，その物について消費貸借契約を締結したものとみなされる（588条)。これを準消費貸借と呼ぶ。

Case 10-1 ――――――――

　Aはその所有する土地をBに2000万円で売却したが，Bはその後資金繰りに苦しむようになり，期日が過ぎても代金が支払えないまま，

遅延損害金も膨らんで，その計算が難しい状況となった。そこで，Ａと
Ｂは，滞っていた代金と遅延損害金を一括してＡからＢへの金銭貸付
と改めて，消費貸借とする旨の契約を締結した。

　たとえば，Case 10-1 のように，当事者間で売買契約から生じた
代金債務やその遅延損害金支払債務を一括して消費貸借に基づく債
務とするなど，**準消費貸借**は，既存の債務関係を新たに消費貸借債
務として当事者間で明確にするために行われる。たとえば，買主が
売主に対して負担している代金債務や，賃借人が賃貸人に対して負
っている賃貸借に基づく延滞賃料債務を消費貸借に改める準消費貸
借が行われる。あるいは，既存の消費貸借上の元本に契約上の利息
等を加算して改めて消費貸借が締結される場合にも準消費貸借が成
立する（大判大 2・1・24 民録 19 輯 11 頁：そのため「消費貸借によらな
いで」（改正前 588 条）という旧規定の文言が削除された）。準消費貸借に
おいては貸借目的物の授受は必要ないが，準消費貸借によって成立
する新債務の基礎となる旧債務の存在は必要である。したがって，
元の契約が無効や取消しの対象となって旧債務が成立しなければ，
準消費貸借も成立しない。

　　　　　　　　　　　準消費貸借によって旧債務は消滅し，新債
　準消費貸借の効力　　　務が成立するが，旧債務をめぐる法律関係
は，その消滅とともに完全に消失するのであろうか。この問題は，
当事者が準消費貸借を締結した意思の解釈にかかっている。
　たとえば，Case 10-1 で，売買代金債務について準消費貸借が締
結されたが，Ａが土地の引渡しと登記の移転をしないで，Ｂに準消
費貸借に基づく貸金返還請求をした場合，ＢはＡに対して同時履
行の抗弁を主張して，準消費貸借上の金銭返還債務の履行を拒絶す
ることができると解されている（最判昭 62・2・13 判時 1228 号 84 頁）。

また，給付債務のための担保も原則として存続すると解されている。一般に，準消費貸借の成立により旧債務が消滅して新債務が成立するとしても，それによって当事者が不利益を被る意思はないと解されるためである。判例は，旧債務と新債務の同一性を維持する当事者の意思が推定されるとして，準消費貸借成立前に債務者が行った詐害行為を旧債務の債権者が取り消すことができるとしている（最判昭50・7・17民集29巻6号1119頁）。

3 消費貸借の効力

① 貸主の義務

<u>貸主の義務総説</u>　要物契約である消費貸借では，貸主が貸借目的物を引き渡してはじめて契約が成立するため，貸主の貸す債務は発生しない。しかし，諾成消費貸借においては，貸主は貸借目的物を借主に交付する義務を負担する。

<u>貸主の引渡義務等</u>　利息付消費貸借契約は有償契約であるから，売買の規定が準用される。したがって，利息付消費貸借において，貸主から借主に交付される物が契約に適合しない場合，貸主は契約不適合に基づく責任を負担する（559条・562条以下参照）。これに対して，無利息の消費貸借は無償契約であるため，貸主の契約不適合をめぐる問題については，贈与における引渡義務等の規定が準用される（590条1項・551条）。さらに，利息特約の有無を問わず，貸主が引き渡した物が，その種類または品質について契約に適合しない場合には，借主は，同種の契約不適合物を返還するのに代えて，その価額を返還することができる（590条2項）。

② 借主の義務

<hr style="width:30%">

借主の返還義務 借主は消費貸借契約に基づいて，借りた物
と種類・品質および数量が同じ物を貸主に
返還する義務を負う（587条）。借主がもはや借り受けた物と同種の
物を返還できなくなった場合には，返還が不能となった時点におけ
るその物の価額を返還しなければならない（592条本文）。もっとも，
不能となる前に返還すべき物を貸主が特定していた場合には，借主
は返還債務から解放される（401条2項）。また，借り受けた通貨が
弁済期に強制通用力を失った場合には，借主はほかの通貨で弁済し
なければならない（592条ただし書・402条2項）。

借主が返還債務を履行すべき時期については，消費貸借契約の定
めに従う。消費貸借契約にその定めがない場合には，本来借主は借
りた時点から返還すべき義務を負うこととなるが（412条3項参照），
それでは借りた物を利用・消費することを内容とする消費貸借契約
の本質に反することとなる。そのため，貸主は相当の期間を定めて
返還の催告をしてはじめて借主に返還を求めることができる（591
条1項）。

その反面，借主は目的物を自己が利用・消費する都合にしたがっ
て，いつでも返還することができる（591条2項）。もっとも，当事
者が返還の時期を定めていた場合に，借主がその返還時期よりも前
に返還をすることで貸主が損害を被る場合には，貸主は借主にその
損害の賠償を請求できる（591条3項）。

<hr style="width:30%">

借主の利息支払義務 消費貸借契約において利息の定めがある場
合にのみ，借主は貸主に対して利息の支払
義務を負う（589条1項）。ただし，商人間の金銭消費貸借では，当
然に決定利息が付される（商513条1項）。利息は，元本の使用対価

であって，元本の使用は借主がそれを受け取った日から可能となるため，受取日よりも後から利息を支払う旨の特約がない限り，その受取日以後の利息を支払わなければならない（589条2項。最判昭33・6・6民集12巻9号1373頁）。とりわけ，諾成消費貸借で意味のある規定となる。

第11章 賃貸借

賃貸借は，財産権の移転を生じさせることなく，一定期間他人の物の使用収益を可能にする有償契約である。賃貸借契約を結ぶと当事者間にいかなる権利義務関係が生じるか，当事者の交替が生じた場合の三者間の法律関係はどのようなものか，賃貸借関係の存続に関してはどのような規律がなされているかを学び，さらに，建物賃貸借，建物所有を目的とした土地の賃貸借について，借地借家法が民法の一般的な規律をどのようなポリシーの下でどのように修正しているかに目を向けよう。

1 賃貸借とは

　賃貸借とは，当事者の一方（賃貸人）が，相手方（賃借人）に，ある物の使用収益をなさしめることを約し，相手方がこれに賃金を払うことおよび引渡しを受けた物を契約が終了したときに返還することを約することによって成立する契約である（601条）。本来，物を使用収益することは所有権の内容をなす権能であるが，賃貸借契約（あるいは使用貸借契約）を結ぶことにより，その権能が一定期間所有者以外の当事者に帰属することになる。

　賃貸借契約は，諾成・不要式の契約であり，双務・有償契約である。一定の期間目的物の利用が続くことが予定されているので継続的契約の一種でもある。また，賃貸借契約の予約をすることもできる（559条・556条）。

　もっとも，賃借権自体は，直接法律の規定に基づいて発生する場

合もあり（法定借地権〔仮登記担保 10 条〕），不動産賃借権については，判例・学説上，時効取得も肯定されている（163 条を根拠とする。先例は多いが，たとえば最判昭 43・10・8 民集 22 巻 10 号 2145 頁）。

　賃貸借契約に基づいて相手方に使用収益させるべき目的物としては，動産・不動産を問わないが，経済的には不動産の賃貸借が重要な意味を持つ。そして，建物，建物所有を目的とした土地，農地の賃貸借については，後に述べる特別法（借地借家法，農地法）が適用される。また，船舶の賃貸借については，商法に規定が置かれている（商 703 条・704 条）。他方，種類物の賃借については，消費貸借の形をとるのが通常である。なお，賃貸人が所有する物に限らず，他人の物の賃貸借契約も有効に成立するものと解されるが，賃貸人・賃借人・真の所有者の三者間の関係が生じる（⇒ *2 Column* ⑦）。

Column ⑥　リース（特に，ファイナンス・リース）　◆◆◆◆◆◆◆◆◆
　「リース」という言葉は，今日，極めて多義的に用いられるが，「リース契約」という場合には，リース会社が特定の物件（たとえば，自動車，事務機器，土木機械）の利用を希望するユーザーのために，ユーザーがサプライヤーとの間で交渉・決定した物件を，ユーザーに代わって購入し，ユーザーとの間で締結したリース契約に基づいて，物件をユーザーに使用収益させ，ユーザーがリース期間内に支払うリース料をもって，物件購入代金，金利，費用，諸手続料等を回収しようとする契約をさすことが多い。これによって，たとえば機械設備などを導入しようとする企業（ユーザー）に代わってリース会社がその機械設備などを購入し，企業は，長期間，一定のリース料の支払を受けながらそれを使用することが可能となる。このような取引はまさに金融的な側面にその本質があるから，「ファイナンス・リース」と呼ぶことも多い。この場合には，リース会社はリース期間内に物件の金額の全額をリース料として回収する必要があるため，ユーザーはその期間内は解約できないものとされている。

この契約の法的性質に関しては見解の対立があるが、裁判例には、金融的性格の無名契約とするものが多い。

わが国のリース産業は昭和 30 年代後半に設立された 2 社から始まり、現在では 200 社を超えるリース会社が存在する。リース契約書も種々のものが発達している。一般に、上記のリース期間内の解約禁止のほか、リース会社の担保責任の免除、ユーザーの物件の滅失損傷の危険負担、ユーザーの物件の保守修繕義務など、ユーザーに負担となる内容を規定するものが多いが、今日では、このようなファイナンス・リース契約の有効性も判例上原則的に承認されている。

2 賃貸借契約の効力

賃貸借契約を結ぶと、賃貸人・賃借人のそれぞれは互いにいかなる権利を有し義務を負うことになるか。賃貸借契約の「当事者間における効力」の問題である（「第三者との関係における効力」の問題については、⇒ *3・4*）。

1 賃貸人の権利・義務

賃料を請求する権利

賃貸人は、賃貸借契約によって定められた賃料の請求権を持つ。ただ、賃貸借は通常長期にわたる継続的契約であるから、契約締結後の事情の変化に即して賃料額の改訂の必要が生じることがある。そこで、いわゆるスライド条項やサブリース契約などにみられる賃料自動改訂条項（その効力が問題となる⇒ *7* ④賃料自動増額特約）などが置かれる場合があり、また、建物賃貸借では 2 年前後の期間が賃料変更の機会とされることが多い。さらに、民法は賃料減額請求権に関する規定（609条）をおき、借地借家法は、賃料増減請求権（借地借家 11 条・32 条）

を認めている（⇒ 6 4 地代・借賃増減請求権・7 4 借賃増減請求権）。

> 目的物を使用
> 収益させる義務

賃貸人は賃借人に目的物を使用収益させる義務を負う（601 条）。これは，賃貸人の最も基本的な義務であり，そこから，賃貸目的物を賃借人に引き渡す義務，必要によって賃貸目的物を修繕する義務（別途 606 条 1 項が置かれている），第三者による妨害を排除する義務が導かれる。

　これらの義務の不履行があれば，賃借人は，本来の履行請求として目的物の引渡等を求め，また損害賠償を請求し（最判昭 37・7・20 民集 16 巻 8 号 1583 頁，最判昭 38・1・25 民集 17 巻 1 号 77 頁），あるいは賃貸借契約を解除することができる。

　なお，賃貸目的物が他人の所有に属するものであったという場合には，目的物を使用収益させる義務の履行に関してやや複雑な関係が生じる。

Column ⑦　他人物賃貸借 •◦•◦•◦•◦•◦•◦•◦•◦•◦•◦•◦•◦•◦•

　AB 間で土地の売買契約がなされ，買主 B はその土地を C に賃借し賃料を受け取ってきたが，実は AB 間の土地売買は無効なものであったという場合に，ABC 三者の間にはどのような問題が生じるであろうか。

　①まず，賃貸借契約の当事者である BC 間では，他人物賃貸借であっても債権的には有効に成立し，賃借人 C は賃貸人 B に対し賃料の支払債務を免れない。ただ，C が錯誤によって B に賃貸権限があるものと誤信して契約を結んだ場合には，錯誤による取消し（95 条）の可否が問題となりうる。B に賃貸権限があることが契約の重要な要素とされていたかが決め手となろう（改正前 95 条に関する判例には肯定例・否定例ともある）。C が真の所有者 A から目的物の返還請求を受けた場合には，C は B に対し賃料の支払を拒むことができ（559 条・576 条），また，C が実際に明渡しをした場合には，

Bは債務の履行不能に陥り，Cに対して不履行責任を負う可能性が生じる。

　②AB間では，Aは，Bに対しその取得した賃料を不当利得として返還請求することができる（判例）。ただ，Bが賃貸目的物たる土地が他人物であることにつき善意であった場合には，法定果実としての賃料の返還を免れる（189条1項に基づく果実収受権）。他方，Bが悪意であった場合には，所有者Aに対する不当利得返還義務が生じうる（190条）。

　③AC間では，AはCに対して所有権に基づき土地の返還を請求できるのは当然であるが，加えて，Cに対し，土地を使用収益したことによる賃料相当額を不当利得として返還請求することができるかも問題となる。占有者たるCが賃借人である場合には189条1項が適用されない（賃借人は賃貸人に対して賃料支払債務を負う立場にあり果実収取権を持つわけではない）と解すると，Aは賃料相当額を証明して返還請求することができることになるが，既にCがBに賃料を支払っていれば返還するべき利得はもはや残っていないことになる。これに対し，占有者が賃借人である場合にも189条1項が（類推）適用されると解すると，その範囲でCは賃料の返還を拒むことができることになろう。

　なお，不動産の賃貸人は賃借権の登記に協力する義務はないものと解されているが（判例。売買については560条参照），契約上の合意によりこの義務を発生させることはもとより可能である（ただし，賃料支払義務との同時履行関係まで認めるものではない。最判昭43・11・28民集22巻12号2833頁）。

Case 11-1

　AはBから住宅を賃借して居住を始めたが，3年後に不具合が生じ，居住に不都合を感じたため，Bに対して修繕を求めたがBはこれに応じていない。次のような事情がある場合はどのように考えられるか。

■ 　Aが，室内の床に傾きがあることに気が付き修繕を求めたが，Bは，

修繕するためには土台の下を掘り下げ特殊なジャッキを挿入する大がかりな工事が必要で，それには高額の費用を要するとして拒んでいる。

2 住宅一階部分の壁に穴が開いたが，それはＡが駐車の際にペダルを踏み間違えて車をぶつけたことによるものであった。Ｂは，これは自分の責任ではないとして修繕を拒んでいる。

3 雨漏りがひどいため，Ａは屋根の修繕が終わるまで家賃の一部につき支払を拒んでいる。

目的物の修繕義務

(1) **修繕義務の発生** 賃貸人は，賃借物の使用収益に必要な修繕をする義務を負う。そもそも，賃貸人は目的物を使用収益させる義務（601条）を負っているから，その義務の一具体化として**修繕義務**を根拠付ければ足りるが，民法は独立した規定（606条1項）を設けてこの義務を定めている。そして，損傷等の契約不適合な状態が生じるなどして，賃借人が約定どおりに賃借物を使用収益できず，損害が生じた場合（たとえば，借家の雨漏りによる家具の損害，借家の倒壊による借家人の身体損害，必要となった転居費用，賃借店舗の移転による営業利益の損失，借地の地盤沈下による家屋の被害などが生じた場合）には，賃貸人は修繕義務の不履行に基づく損害賠償責任（415条）を負う。もっとも，修繕義務は当事者の特約があれば排除することもできる。また，**1**のように，賃料等に照らして修繕に過分の費用を要する場合にも賃貸人は修繕を拒むことができるかは，履行請求権の限界（412条の2第1項）の評価によることになる。

なお，修繕義務は第一次的な債務内容であるから，修繕の必要の発生につき賃貸人の帰責性は問題にならない（たとえば，天災その他の不可抗力によって生じた損傷等についても，賃貸人の修繕義務が認められる）。ただ，**2**のように賃借人の責めに帰すべき事由によって修

繕が必要となった場合にも修繕義務が生じるかについては，改正前民法下において議論があったが，改正後民法は，修繕義務は発生しないとしている（606条1項ただし書）。その場合には，一部の使用が不能であっても賃料は減額されず，賃借人が修繕したとしても賃貸人に対する費用償還請求権は発生しない。賃借人がそのまま修繕をしなかった場合には，賃貸借終了の際に賃借人が原状回復義務（621条）を負うこととなる（さらに，賃借人の用法遵守義務〔616条・594条1項〕，賃借物の保管義務〔400条〕の違反に基づく損害賠償責任の発生も問題となる）。

　(2)　賃料支払の拒絶　　なお，**3**のように，賃貸人に修繕義務の不履行があれば，修繕義務の履行がなされるまでは賃借人は賃料支払を拒絶することができる（大判大10・9・26民録27輯1627頁）。判例はこれを，同時履行の抗弁権と性格付けるが，修繕義務は先履行すべき義務であり賃料支払義務と同時履行の関係にあるのではない。また，支払拒絶できるのは，修繕義務の不履行による利用不能の程度に比例すべきであるとする見解があるが，利用できなかった範囲で賃料そのものが減額されるとする構成もありうる（修繕義務が後に履行されたときに拒絶していた支払を行わなければならないことを防ぐ狙いである）。ただ，この減額が当然に生ずると構成するか，減額請求を認めるという構成によるかについては，対立がある。賃料支払債務が賃貸借契約締結と同時に抽象的には発生するが，賃貸人が賃借人を使用収益しうる状態に置いたことに応じて権利として具体化するものであると解すれば，後者の構成によるべきであろう。

　(3)　担保責任（契約不適合責任）との関係　　賃貸人が修繕義務をつくさないときは，その不履行責任（415条）とともに，目的物の契約不適合に対する買主の担保請求権に関する諸規定（562条以下）が有償契約に準用される（559条）ことによる賃貸人の責任が生じる

可能性があり，その場合には両者の規範の関係についていくつかの問題が生じる。たとえば，賃貸目的物に契約不適合の箇所があった場合に，修繕義務の履行請求と担保責任の追及としての修補請求（559条・562条。566条のような制限がある）とはいかなる関係に立つか。また，修繕義務の不履行に基づく賃料支払拒絶と賃料減額請求（559条・563条）との関係をどのように考えるかなどは今後問題となる（そもそも担保責任の問題としてとらえない可能性もある）。

改正前民法下の裁判例には，賃貸不動産の瑕疵に関する賃貸人の責任が問題となったケースがあり，いずれも修繕義務の不履行責任（あるいは履行請求）が追及されたものであった（たとえば，東京高判昭 56・2・12 判時 1003 号 98 頁，東京地判昭 40・6・19 判時 420 号 39 頁）。学説は，修繕が可能であれば，修繕義務と瑕疵担保責任の両方が生じ，それが不可能であれば瑕疵担保責任のみを追及しうるとするのが一般的であったが，修繕が可能なかぎり第一次的には修繕義務のみを認めるべきであるとする見解もみられた。

費用償還請求 　修繕義務の不履行があった場合に，賃借人がその履行請求をしたり，利用できなかった程度を主張立証するのは，必ずしも容易ではなく，むしろ賃借人が自ら修繕をしてその支出した費用を償還請求する方が適切な場合もある。他方で，賃貸目的物が契約に不適合となったわけではないが賃借人がそれに費用を投じてその価値をより高める場合もありうる。では，そのようなことのために賃借人が費用を支出した場合にその償還はどのように行われるか。

⑴ **必要費**　賃借人が必要費を出した場合には，直ちに，賃貸人にその償還を請求できる（608条1項）。必要費とは，目的物を使用収益に適する状態に維持保存するために要する費用であり（たとえば，畳替えの費用，雨漏りの修繕費用など），このような状態が維持

されてはじめて賃料全額の請求をすることが正当化されるのであるから，必要費を支出した場合には賃借人はただちに賃貸人に対してその償還請求をすることができる。契約終了後に償還請求してもよいことは当然である（ただし，下記の請求期間の問題がある）。

(2)　**有益費**　　賃借人が有益費を支出した場合には，契約終了時に，その価額の増加が現存する場合に限り，賃貸人は，賃借人の支出額または増加額を選択してその償還義務を負う（608条2項・196条2項）。**有益費**とは，目的物の価値を高めるための費用である（たとえば，借家の増改築費用，借地の盛土費用など）。賃貸人は契約が終了してはじめてその利益を手中にできるのであるから，契約終了時に，その段階で価値の増加分が残存している限りにおいて，その償還に応じれば足りる。また，裁判所は賃貸人の請求によりこれに相当の期限を許与することもできる（608条2項ただし書）。有益費は高額となる場合もあり，その場合に賃借人が留置権（295条1項本文）を行使すると賃貸人は目的物の回復が困難となるため，償還義務の弁済期を未到来とすることにより（295条1項ただし書）これを避ける趣旨である。

　やや問題となるのは，いかなる範囲の費用が目的物の価値を高めるための費用にあたるかである。通常の利用目的にとって有益となる費用であればこれに該当することは比較的明確であるが，特殊な目的，あるいは賃借人固有の目的のみに資するような費用は有益な行為とは見られないことがある（否定例として，大判昭10・12・28判決全集3輯2号21頁〔借地で井戸掘りをした費用〕，東京地決昭9・11・2新聞3908号16頁〔通常の用途の賃借建物をカフェー営業向きに改造した費用〕）。

(3)　**費用償還請求の期間**　　賃借人が支出した必要費・有益費につき賃借人が賃貸人に対して有する償還請求権（608条）のほか，賃

借人の用法遵守義務（616条・594条1項）の違背に基づき賃貸人が賃借人に対して有する損害賠償請求権は，賃貸人が目的物の返還を受けた時から1年以内に行使しなければならない（622条・600条1項）。この1年の期間は除斥期間である。

(4) **費用償還請求と賃料支払義務**　費用償還請求と賃料債務との関係が問題となることもある。たとえば，賃借人が必要費を支出したときは，同時履行の抗弁権（533条）によって次期の賃料の支払を拒むことができるであろうか。裁判例は分かれているが，肯定するべきであろう。これに対し，有益費は賃貸借契約終了後に請求すべき趣旨のものであるから，この問題は生じない。

　また，賃借人の費用償還請求権と賃貸人の賃料債権とは互いに対当額で相殺することができるものと解される。

　　　　　　　　　　　　　賃貸人は，付随的義務として，賃借人（お
　賃借人の安全に　　　　　よびその家族）の生命・身体・財産の安全に
　配慮する義務　　　　　　配慮する信義則上の義務（保護義務）を負う
　　　　　　　　　　　　　場合がありうる。ただ，具体的にどのような要件（賃貸借の目的物の契約不適合や賃貸人による管理の不適切さなど）の下，どのような利益（生命・身体・財産）の安全について，どのような程度・範囲の義務が生じるかについては，十分に明らかになっていない。裁判例では肯定・否定の両例がみられるが，最高裁判例には，賃貸人の過失による火災によって賃借人が賃借部分に保管していた家財を焼失したケースで，賃貸人は信義則上この損害につき債務不履行による損害賠償義務を負うとしたものがある（最判平3・10・17判時1404号74頁）。使用収益に適した状態におくべき債務の解釈によっては，上記の義務を契約上の債務として根拠付けることができる場合もあろう。

② 賃借人の権利・義務

| 目的物の使用収益権 |
賃借人は，目的物を使用収益させることを賃貸人に請求することができる権利をもつ。その内容は，原則的には個別の賃貸借契約の解釈によって具体化される。たとえば，建物賃貸借において賃借人の家族を居住させることの可否は契約において定めがなされているのが通常であるが，明確な合意が存しなくてもその可否を契約解釈から導くことはできよう。

賃借権は債権であるがその譲渡性や転貸の可能性については制約が課されており，賃貸人の承諾が必要となる（612条1項。⇒*3* ①）。他方，相続性も認められるが（これに対し，使用貸借に関する597条3項参照），相続権のない同居者の保護が問題となる。種々の法律構成の下保護がはかられている。

| 賃料支払義務 |
賃料の支払は，賃貸借契約に基づく，賃借人の最も基本的な義務である（601条）。賃貸借契約が有効に成立し，賃貸物の供与がなされて，賃貸借契約に定めた一定の期間が経過することにより，それに対応した賃料債権が発生する。

その支払時期につき，民法は，動産・建物・宅地については毎月末，その他の土地については毎年末に支払わなければならないものとし（614条本文），収穫季節があるものについては，その季節後遅滞なく支払われなければならないものと規定している（同条ただし書）。ただ，通常は前払特約がなされる。

なお，賃借物の利用の過程で自身の減収や帰責事由なく利用に障害が生じた場合も，それは賃借人の負担となるのが原則である。しかし，例外的な処理が必要となる場合がある。たとえば，耕作また

は牧畜を目的とする土地の賃借人は，不可抗力によって賃料より少ない収益を得たときは，その収益の額に至るまで賃料減額を請求することができる（609条）。農畜産業を目的とする賃借人の保護をはかる趣旨である。そして，不可抗力による減収が2年以上続いたときは，この賃借人は契約を解除するという選択肢を持っている（610条）。事情変更法理の特則である（なお，賃料の増減請求については，借地借家法，農地法においても規定がおかれている）。

　さらに，賃借物の一部が，賃借人の帰責事由によることなく，滅失その他の事由により使用収益をすることができなくなったときは，賃料は，使用収益をすることができなくなった部分の割合に応じて当然に減額される（611条1項）。残存する部分のみでは賃貸借の目的を達することができないときは，賃借人の帰責事由の有無に関わりなく，賃借人は契約の解除をすることもできる（同条2項）。

目的物の用法遵守義務・善管注意義務・修繕権限

　賃借人が，賃貸借契約の趣旨にそった用法遵守義務を負うのは当然である（616条・594条1項）。また，賃借人は，特定物の返還義務を負担しているから，善良な管理者の注意をもって賃借物を保存しなければならない（400条）。では，この両者の義務の関係は，どのように考えるべきであろうか。議論があるが，契約終了後に返還義務が生じる賃貸借・使用貸借では，契約期間中は使用方法に関する明文の規定があるのであるからそれによれば足り，400条は契約終了後引渡しまでの間に適用されると解される。

　賃借人が用法遵守義務に反する使用収益によって賃借物を滅失損傷したときは，それによって生じた損害を賠償しなければならない。この損害賠償は，賃貸人が賃借物の返還を受けた時から1年以内（除斥期間）に請求しなければならない（622条・600条1項）。この損害賠償の請求権については，貸主が返還を受けた時から1年を経過

するまでの間は，時効は完成しない（622条・600条2項）。

　また，賃借物が修繕を要し，または賃借物について権利を主張する者があるときは，賃借人は遅滞なくその旨を賃貸人に通知しなければならない（615条本文）。この通知は，賃貸人が既にその事実を知っていた場合には，行う必要がない（同条ただし書）。

　賃借物の修繕は，処分権限を有する賃貸人のみがすることができるのが原則であるが，例外的に，賃借物の修繕が必要である場合において，賃借人が賃貸人に修繕が必要である旨を通知し（同条参照），もしくは賃貸人がその旨を知ったにもかかわらず，賃貸人が相当の期間内に必要な修繕をしないとき，または急迫の事情があるときは，賃借人が自ら修繕をすることができる（607条の2）。これに要した費用が必要費としてその償還請求権を発生させるかは，独立した判断となる（608条⇒①費用償還請求）。

　もっとも，一定の範囲で修繕を賃借人の義務とする旨の特約をすることは可能である（最判昭29・6・25民集8巻6号1224頁）。ただ，その範囲の合理性については，特に，賃料の額との関係において，個別に解釈されるべきであろう（最判昭43・1・25判時513号33頁）。

目的物返還義務・付属
物収去権・付属物収去
義務・原状回復義務

さらに，賃借人は，契約終了後目的物を返還する義務を負い（601条），付属させた物を収去する権利をもつ（622条・599条2項）。付属物の収去義務（622条・599条1項），原状回復義務（621条）も負っている（契約の終了段階におけるこれらの義務について，詳しくは，⇒5⑥）。

　ただ，通常の使用および収益によって生じた賃借物の損耗ならびに賃借物の経年変化については，民法は原状回復義務の対象とはしていない（621条本文）。判例も，賃借建物の通常の使用に伴い生ずる損耗について賃借人が原状回復義務を負う旨の特約については，

その旨の明確な合意が必要であるとして厳格に解する傾向にある（最判平17・12・16判時1921号61頁）。

③　敷金に関する法律関係

一般に，不動産賃貸借契約の締結時に，賃借人が賃貸人に対して，敷金・権利金・保証金などの名目で，一定の金銭が支払われることがある。また，契約の更新時には更新料として，やはり一定の金銭が支払われることがある。特に問題となるのは，敷金をめぐる法律関係である（更新料については，⇒5②更新）。

Case 11-2

Aは，Bからその所有するビルの1階から3階部分を予備校の教室および事務室として使用する目的で，期間6年，賃料月額150万円で借り受け，敷金として500万円を差し入れた。6年の期間が終了するまでに，生徒によって破壊されたトイレのドアなどの補修が必要となり，Bがそれを外部の業者に依頼し50万円を負担していた。さらに，Aは期間終了時に2か月分の賃料も滞納していた。

■　賃貸借期間の終了後，Bが補修費用に相当する額を損害賠償として請求してきたので，Aは，その額を敷金から差し引くよう求めた。

②　Bに対して貸金債権を有しているCは，その担保のためにビルに抵当権の設定を受けていたが，Bからの返済がないため物上代位権を行使し，Bの有するAに対する賃料債権を差し押さえた。その後にA・Bの賃貸借契約が終了した。

敷金とは，不動産の賃貸借契約において，賃料債務その他の賃貸借に基づいて生ずる賃借人の賃貸人に対する金銭の給付を目的とする債務を担保する目的で，賃借人が賃貸人に交付する金銭をいう（622条の2第1項）。これには，■のような賃借期間中の債務はもち

ろん賃貸借終了後目的物の明渡義務履行までに生ずべき種々の損害金，賃料相当額の不当利得返還債務などに関する債権も含まれる。賃貸借契約が終了し，かつ，賃貸物の返還を受けたとき（同1号），または，賃借人が適法に賃借権を譲り渡したとき（同2号）に，賃貸人は，賃借人の上のような債務があれば敷金からそれを控除し，残額があればそれを返還しなければならない（なお，仮執行宣言に基づく強制執行によって建物が明け渡された場合における，賃料相当額の損害賠償金の支払請求に対する抗弁としての敷金返還請求権の存否の判断について，最判平24・4・6民集66巻6号2535頁）。

　なお，敷金を上記の債務に充当することができるのは，賃貸人であり，賃借人からそれを請求することはできない（同条2項）。

敷金によって担保される損害ないし債務の範囲
一般に，通常の使用の中で不可避的に発生する賃借物の摩耗・劣化については，敷金によって担保されるものではないと解される。他方，契約終了後目的物の引渡しまでの賃料相当額はその対象に入るものと解される（最判昭48・2・2民集27巻1号80頁）。なお，敷金は，契約期間中は無利息であるが，契約終了時から法定利息が生じる。他方，賃貸人は，敷金を延滞賃料の弁済に充当しうるがその義務を負うものではない。

　この敷金が賃料の延滞分の相当部分を補填しうる場合（たとえば，敷金を充てると，延滞賃料が1か月分未満となる場合）であっても，賃料不払による契約の解除が信義則に反し権利濫用となるものではないとした先例も見られる（最判昭45・9・18判時612号57頁）。

敷金の返還義務と賃借物の返還義務との関係
賃貸借契約が終了したことにより賃貸人が賃貸目的物の返還を請求する場合に，賃借人は敷金の返還との同時履行を主張できるか。この問題の前提として，賃借人は，どの時点から敷金の返還を

請求することができるかが問題となる。改正後民法は，この時点を，賃貸借が終了し，かつ，賃貸物の返還を受けたときと規定する（622条の2第1項1号）。この点について，かつて判例も明渡時説をとっており（前掲最判昭48・2・2，最判昭49・9・2民集28巻6号1152頁），この立場が明文化されたものである。つまり，敷金の返還義務と賃借物の返還義務とは同時履行の関係に立たず（賃借物の返還義務が先履行），賃借物を明け渡してはじめて敷金残額が確定されその返還を請求することができる。また既に触れたように，賃貸借終了後から明渡しまでに生じた債務（たとえばその間の賃料相当額の不当利得返還債務または損害賠償債務）も敷金によって担保される。

さらに，①敷金が交付された賃貸借契約の賃料債権を第三者が譲り受けた場合，または，②抵当権者が物上代位権を行使してこれを差し押さえた場合に，抵当不動産の賃借人は，敷金の充当により当該賃料債権がその分消滅したとしてその限度で賃料の支払を拒絶することができるか。

| 賃料債権の譲渡または差押えと敷金充当 |

まず，①の場合について，判例は，賃貸借契約が終了すれば敷金は賃借人の賃料債務に当然に充当されその限度で賃借人の債務は消滅する。したがって，賃借人は譲渡の通知を受けた時点に関わりなく賃料債権の譲受人からの請求を拒むことができるものとする（当然充当説。大判昭10・2・12民集14巻204頁）。

また，②の場合について，判例は，当該賃貸借契約が終了し，目的物が明け渡されたときは，賃料債権は，敷金の当然充当によりその限度で消滅するとし，敷金の充当による未払賃料等の消滅は，敷金契約から発生する効果であって，改正前511条の規定によってこの効果が妨げられるものではないとしていた。つまり，賃料債権差押えの時点に関わりなく賃料債務の消滅，支払拒絶が認められるこ

とになる（最判平 14・3・28 民集 56 巻 3 号 689 頁。なお，511 条 2 項参照）。他方で，判例は，抵当権者が物上代位権を行使して賃料債権の差押えをした後は，抵当不動産の賃借人は，抵当権設定登記の後に賃貸人に対して取得した債権を自働債権とする賃料債権との相殺をもって，抵当権者に対抗できないとしていたが（最判平 13・3・13 民集 55 巻 2 号 363 頁），この考え方は，**2**のように，賃借人が賃貸人に対して有する債権が敷金返還請求権である場合にはあてはまらないことになる（そのようにしないと，抵当権付きの物件には賃借人を見つけることが困難となる）。

結局，賃料債権というものは常に敷金の充当の可能性を帯びた債権ということになり，抵当権者もこの危険を覚悟しなければならないことになる。

3 当事者の交替(1)
●賃借権の譲渡・賃借物の転貸による賃借人の交替

賃貸借契約の効力は，第三者との関係においても問題となる。ここでは，賃借権の譲渡・賃借物の転貸による賃借人の交替に関する規律を考える（賃貸目的物の譲渡による賃貸人の交替については **4** を参照。さらに，第三者によって目的物の使用収益が妨害された場合における，妨害排除請求や損害賠償請求の問題も第三者との関係に関する問題であるが，これについては債権侵害一般の議論〔債権総論〕に譲る）。

Case 11-3 ────────────────

A は，B から賃料月額 60 万円，敷金 200 万円で建物 1 階部分を借り，美容院を営んでいたが，後に次のような状況が生じた。

1 A は，膝関節に不調を感じ立ち仕事がつらくなったため B の承諾を得て，この建物部分を賃料月額 70 万円で同業の C に転貸した。ABC の 3 者間の関係はどのように理解したらよいか。

2 後にＡの賃料の支払が滞りがちとなったため，ＡＢは，話し合いの結果，契約を合意解除した。Ｂは，Ｃに対し建物部分の明渡しを求めたいと考えている。

① 賃貸人の承諾のある譲渡・転貸

賃借権の譲渡・
賃借物の転貸

不動産の賃借権は債権であるが，賃貸人と賃借人の人的信頼関係に強く依拠するものであるため，賃借人の**賃借権の譲渡・賃借物の転貸**には制約が課されている。すなわち，民法は，賃借人は賃貸人の承諾がなければ賃借権の譲渡・賃借物の転貸をすることができないものとする（612条1項。これに対し，借地借家法には，譲渡・転貸の実現を裏打ちする規定が置かれている。借地借家19条・20条）。

　もっとも，賃貸人の承諾がなくても，賃借人・転借人間の賃貸借契約は債権的には有効であるから，その契約に基づいて，賃借人は賃貸人の承諾を得る義務を負うことになる。

　賃貸人の承諾は，黙示でもよく，また，賃借人に限らず，譲受人・転借人に対してしてもよい（最判昭31・10・5民集10巻10号1239頁）。なお，賃借権の譲渡・賃借物の転貸につき賃貸人がいったん与えた承諾は，これを撤回することはできない（最判昭30・5・13民集9巻6号698頁）。

賃借権の譲渡に
承諾がある場合

承諾のある賃借権の譲渡がなされた場合には，原賃借人Ａは契約関係から離脱し，賃貸人ＢとＡとの賃貸借契約関係がＢと譲受人（新賃借人）Ｃとの間に承継され，賃貸借が存続する（最判昭40・7・2民集19巻5号1153頁）。ＢとＣの賃貸借関係から生じる権利義務関係には，既に説明したところがあてはまる。賃借権の譲渡

の前に既に生じていたBの賃料請求権はAに対してのみ行使することができる（並存的債務引受がなされた場合は別である）。

　Aが適法に賃借権を譲り渡した場合において，譲渡前にBが敷金を受け取っていたときは，BはAに対し，その受け取った敷金の額から賃貸借に基づいて生じたAのBに対する金銭の給付を目的とする債務の額を控除した残額を返還しなければならない（622条の2第1項2号）。

　この点について判例も，敷金交付者が賃貸人との間で，敷金をもって新賃借人の債務不履行の担保とすることを約し，または新賃借人に対して敷金返還請求権を譲渡するなど特段の事情のない限り，敷金に関する交付者の権利義務関係は新賃借人に承継されるものではないとしていた（最判昭53・12・22民集32巻9号1768頁）。また，通説もこれを支持していた。つまり，Aは，賃借権の譲渡までの残債務等を控除した残額につき，敷金返還請求権をもつことになる。これは，Aが差し入れた敷金はCの将来にわたる債務まで担保する趣旨のものではないのが通常であり，そのような扱いはAに過大な負担となるということ，また，敷金による担保を失うBの不利益は，Bが承諾を与えるにつき新たな敷金を要求することで回避できるであろうという趣旨である。この考え方が明文化されたものである。

| 賃借物の転貸に承諾がある場合 |

■のように，承諾のある賃借物の転貸が行われた場合には，AとBの賃貸借関係は維持されたまま，転貸人（賃借人）Aと転借人Cとの間に賃貸借関係が成立する（転貸につき裁判所の許可〔借地借家19条〕がある場合にも，適法な転貸となる）。この場合に，BとCとの間には何らの法律関係は生じないが，後述のように，民法は，転借人は，賃貸人と賃借人との間の賃貸借に基づく賃借人の債務の

範囲を限度として，賃貸人に対して転貸借に基づく債務を「直接」履行する義務を負うものとしている（613条1項前段）。この場合における三者の関係をやや詳しく述べれば以下のようになる。

(1) **承諾のある転貸における賃貸人と賃借人との関係**　転貸借がなされても，賃貸人と賃借人の関係は，それによって影響を受けない（613条2項参照）。つまり，Aは，従来どおり，賃料支払，目的物の保管などに関する義務をBに対して負担する（転借人Cを履行補助者ないし履行代行者とみることができるかは下記のように問題となる）。また，Bは，賃借物を使用収益させる債務を負っており，修繕，費用償還などの義務もある。

これに関してやや問題となるのは，Cの過失により賃借目的物が滅失・損傷した場合における，Aの責任についてである。Aは保管義務違反に基づいてBに対して損害賠償責任を負うか。従来は，転借人を賃借人の利用代行者とみて，転貸につき賃貸人の承諾があり利用代行者の利用が許される場合とそれが許されない場合とを区別しつつ，賃借人は，前者の場合には転借人の選任・監督に過失があるときにのみ責任を負い，後者の場合には常に責任を負うとする見解が一般的であった。他方，判例は，転借人をいわゆる狭義の履行補助者とみて，賃借人は，転貸についての賃貸人の承諾の有無に関わりなく，転借人の行為につき責任を負うものとしていた（大判昭4・6・19民集8巻675頁〔転借人の失火による目的物の滅失〕，大判昭4・3・30民集8巻6号363頁〔船舶の賃貸借における転借人の過失による船舶の座礁難破〕）。ただ，そもそも承諾を得た転貸における転借人を履行補助者とみるべきか，この概念が有用かについては批判的な見解も現れている。

(2) **承諾のある転貸における賃借人と転借人との関係**　賃借人・転借人間において通常の賃貸借関係が成立する。したがって，Aは，

賃借物をCに供与して使用収益させる義務（601条，さらにはその具体化としての不具合の修繕義務〔606条1項〕）や費用償還の義務（608条）を負うとともに，Cに対して転貸賃料の支払請求を行うことができ（ただし，CはBに直接賃料を支払うときはその限りでAに対する支払を免れる），また用法遵守義務・善管注意義務の違反があれば損害賠償を請求することができる。

(3) 承諾のある転貸における賃貸人と転借人との関係　賃貸人の承諾を得て転貸借が行われた場合には，転貸借は適法なものとなるが，承諾があっても賃貸人・転借人の間に直接の賃貸借契約が成立するわけではない（大判大9・9・28民録26輯1402頁）。BもCに対して賃借目的物を使用収益させる義務を負うものではなく，修繕義務も負わない（CがAの修繕請求権を代位行使することは可能であろう）。費用償還についても，Cが直接Bに対して償還請求することはできない（ただし，196条に基づく必要費の償還請求の可能性はある）。

それにもかかわらず，転借人は，賃貸人と賃借人との間の賃貸借に基づく賃借人の債務の範囲を限度として，**賃貸人に対して転貸借に基づく債務を直接履行する義務を負う**（613条1項前段）。賃貸人保護の趣旨によるものである。したがって，Cは，Bに賃料支払義務を負い，また賃借目的物の使用，保管につき，用法遵守義務・善管注意義務等を負うことになる。そのうえ，この場合に，CはAに対する賃料の前払（転貸借契約に規定された弁済期以前に転借料を支払うことと解される。判例・通説）をBに対抗することができない（613条1項後段）。CはAに賃料支払義務をつくせばその賃料債務は消滅するはずであるが，民法は，Cに一定の範囲で二重払のリスクを負わせてもBが確実に賃料を得られるようにしたものである。

さらに，賃貸人は，転借人に権利を行使しないで賃借人に対して賃貸借契約に基づく権利を行使することも，当然できる（613条2

項）。つまり，契約上の債務者たる賃借人と，法定の債務者たる転借人とは，一種の連帯債務を負う関係にあるものと解される。

|原賃貸借契約の消滅と
転貸借関係の運命| 原賃貸借関係が何らかの理由で消滅した場合に，承諾のある適法な転貸借関係がどのような影響を受けるかは，しばしば問題とされてきた。たとえば，次のようないくつかの原因で賃貸借関係が消滅した場合を分けて考えることができる。

①賃借人の債務不履行を理由とする解除　賃借人の債務不履行により原賃貸借契約が解除された場合には，賃貸人はこの解除を転借人に対抗することができ，転借人に対し目的物の返還を請求することができる。判例は，賃貸人は転借人に対して原賃貸借契約の消滅を対抗して賃借物の返還を請求することができるものとする（最判昭37・3・29民集16巻3号662頁，最判平6・7・18判時1540号38頁）。また，原賃貸借契約が消滅すると，賃借人は転借人に対する（転貸人としての）目的物供与の債務が履行不能となるので，賃貸人が転借人に返還請求をした時に賃借人・転借人間の賃貸借は終了する（最判平9・2・25民集51巻2号398頁）。

ただ，せめて解除前に転借人に催告等を行って第三者弁済（474条）により急場をしのぐ機会を与えるべきではないかとも考えられる。しかし，判例は，これも必要ないとする（前掲最判平6・7・18）。

②原賃貸借契約の合意解除　**2**のように，賃貸人・賃借人間の賃貸借契約が合意解除された場合には，賃貸人は，この合意解除を転借人に対抗することができず（613条3項本文），転借人の権利は消滅しない（従前より同旨の判例があった。大判昭9・3・7民集13巻278頁〔小作地の転貸借〕，最判昭37・2・1裁判集民58号441頁〔建物の転貸借〕）。この場合に，賃貸人は転貸借を承諾し転借人の存在を承知のうえで賃貸借関係を解消するものであるから，この合意解除を

転借人に対抗させるべきではないという判断である。また，賃借人も転貸をしておきながら合意解除を行うのは先行行為に矛盾する行為であり，賃借権の放棄とも同視しうる状態である。この対抗を認めないことは，398条・538条の考え方とも整合的である。

　ただ，その結果として，賃貸人・賃借人・転借人の関係がどのようなものとなるかについては，やや議論がある。転借権を存続させるのに必要な範囲で原賃貸借関係もなお存続するとする見解もあるが，賃貸人が賃借人の地位を引き継ぎ，賃貸人・転借人間に直接の賃貸借関係が成立するものと解する見解も有力である。

　なお，実際には，合意解除に至る前に既に賃借人の不履行による解除権が発生していたというケースも少なくない。このような場合には，合意解除を転借人に対抗することができる（613条3項ただし書）。

　③賃借権の放棄　　賃借人による賃借権の放棄も，信義則，あるいは矛盾行為禁止の原則などの適用により，転借人に対抗することができないものと解される（通説）。

　④賃貸人の解約申入れ　　賃貸人が解約申入れをするには正当事由が必要であり，その判断においては転借人の事情も斟酌されることになる（借地借家6条・28条）。また，賃借人からの解約申入れについては，転借人に対抗できないと解されている。

　なお，解約申入れについては，借地借家法34条の規定が関係するが，これは解約申入れによって転貸借が当然に終了する趣旨のものではなく，終了する場合の通知に関する規定と解するべきである。すなわち，建物の転貸借がなされている場合において，建物の賃貸借が期間の満了または解約の申入れによって終了するときは，建物の賃貸人は，建物の転借人にその旨の通知をしなければ，その終了を建物の転借人に対抗することができない。

　⑤賃借人の更新拒絶による期間満了　　賃貸人の更新拒絶につい

ては，やはり正当事由が必要であり，その判断においては転借人の事情も斟酌されることになる。賃借人からの更新拒絶（正当事由を要しない）がなされた場合については，ビル賃貸借契約が更新拒絶により終了した場合の再転借人への対抗の可否につき，賃貸人は信義則上その終了を再転借人に対抗できないとされた事例がある（最判平14・3・28民集56巻3号662頁。賃貸人が転貸借契約の締結に「加功」し転貸部分の占有の原因を作出したとされた事例）。

　なお，借地借家法34条の規定については，上に述べたとおりである。

借地契約の終了と借地上の建物賃貸借契約の運命

建物所有を目的として土地を借り受けた者が，借地上に建物を建て，その建物をさらに第三者に賃貸した場合において，借地の賃貸借契約が何らかの原因によって消滅したときは，上と同様の問題が生じることになる。土地賃貸借契約の消滅原因が，土地賃借人の債務不履行による解除，合意解除，期間満了などによって，状況が異なる。たとえば，判例は，賃貸人が賃借人に土地を賃貸し，賃借人が借地上の建物を第三者に賃貸したケースにおいて，土地の賃貸人・賃借人が借地契約を合意解除した場合に，賃貸人はこれをもって第三者に対抗することができないとした（最判昭38・2・21民集17巻1号219頁）。

② 賃貸人の承諾のない譲渡・転貸

Case 11-4 ────────────────────────────

Aは，Bから50坪の土地を，期間30年，賃料月額25万円で賃借し，その土地上に住宅を建築した。後になって次のようなことが生じたため，Bは，この賃貸借契約を解除したいと考えている。

■　Aが，Bに無断で，その建物をCに転貸した。

2 Aが，Bに無断で，その建物を譲渡担保に供してDから金融を得た。

無断譲渡・無断転貸

(1) **解除権の発生** 譲渡・転貸につき賃貸人の承諾が得られないにもかかわらず，第三者に賃借物の使用または収益をさせた場合（たんに譲渡契約を結んだだけでは足りない）には，その行為は無断譲渡・無断転貸となり，賃貸人は契約を解除することができる（612条2項）。いったんなされた無断譲渡・転貸が終了した場合にも解除することができるかは，難しい問題であるが，判例はその場合にも解除することができるという（最判昭32・12・10民集11巻13号2103頁〔ただし無断転貸を繰り返していたケース〕）。

また，解除に加え，賃借人の目的物保管義務の不履行責任が生じる余地もある。

(2) **無断譲渡・無断転貸にあたる場合** 無断譲渡・無断転貸を理由として契約を解除する場合には，譲渡または転貸の契約が賃借人と第三者間で結ばれたことと実際に第三者に使用収益をさせたことが判断要素とされることがあるが，具体的にどのような場合に無断譲渡・転貸と評価することができるかは，しばしば問題となる。

たとえば，この両者を必要とするか，それとも後者の事実のみで足りるかについては，やや議論がある。第三者に事実上目的物の使用収益をさせた以上，賃借人が賃貸借契約の趣旨に反したことは明らかであり，無断譲渡・転貸として解除を肯定してよいとする見解も有力である。

また，借地人が借地上に有する建物を第三者に譲渡した場合には，原則として，借地権もその第三者に譲渡されたものと推定される（最判昭47・3・9民集26巻2号213頁）。他方，**1**のように，借地人が借地上の建物を第三者に賃貸しても，敷地を転貸したことにならな

いと解される（建物賃借人による建増しに関してこのような立場に立つと解される先例もある。大判昭8・12・11判決全集1輯3号41頁）。このような解釈には異論もあるが，借地人所有の建物が存在している限り建物賃借人の敷地利用は借地人から独立して行われるものではないとみて判例を支持するべきであろう。

その他，さらに検討を要する問題として，❷のように，土地の賃借人がその土地上の自己建物を譲渡担保に供した場合に，これは土地賃借権の無断譲渡にあたるかが争いとなることがある。この問題について判例には，たとえば，土地賃借人が借地上の建物を債権担保のために第三者に売り渡し移転登記がされても，第三者に終局的確定的に権利を移転する趣旨のものではなく，賃借人がなお買戻権を留保し，建物の使用も許諾されており，後に債務が弁済されて所有権が回復されている等の事情がある場合は，建物の敷地について賃借権の譲渡または転貸はされなかったものと解するのが相当であるとした判断がある（最判昭40・12・17民集19巻9号2159頁）。

これに対し，借地人が借地上の所有建物を譲渡担保に供し，譲渡担保権者が建物の引渡しを受けて使用または収益をするときは上と異なり，いまだ譲渡担保権が実行されておらず，譲渡担保権設定者による受戻権の行使が可能であるとしても，敷地の使用主体が替わることにより，その使用方法・占有状態に変更をきたし，当事者間の信頼関係が破壊されるから，建物の敷地について612条にいう賃借権の譲渡または転貸がされたものとして賃貸人は契約を解除することができるとした先例もみられる（最判平9・7・17民集51巻6号2882頁）。

さらに，小規模で閉鎖的な有限会社が賃借人である場合には，持分の譲渡および役員の交代により実質的な経営者が交代しても，612条にいう賃借権の譲渡に当たらない（最判平8・10・14民集50巻

9 号 2431 頁)。

　なお，借地上の建物譲渡の場合に，借地権者が土地賃借権を譲渡・転貸しても借地権設定者に不利となるおそれがないにもかかわらず，借地権設定者が，その譲渡・転貸に承諾を与えないときは，借地権者の申立てにより，裁判所は，承諾に代わる許可を与えることができる（借地借家 19 条 1 項。なお，最決平 19・12・4 民集 61 巻 9 号 3245 頁〔建物が借地と隣接地にまたがって建築されていたケース〕参照）。

　(3)　無断譲渡・無断転貸と 3 者の関係　　たとえば，❶において，上記の判断により無断譲渡・無断転貸がなされたと評価すると，賃借人 A・賃貸人 B・転借人 C の 3 者間に種々の問題が生じる。これを，賃貸人と賃借人の関係，賃借人と転借人・譲受人の関係，賃貸人と転借人・譲受人の関係に分けてながめると，以下のようになる。

　　賃貸人と賃借人の関係　　　賃貸人が従前どおり賃借人に賃料請求できるのは当然であるが，既に述べたように，承諾がないことに基づき解除権が発生する（612 条 2 項）。

　実際に解除権が行使されれば，原状回復義務が発生し，賃貸人は賃借人に対して賃貸目的物の返還を請求することができる。

　(1)　かつては学説・判例ともに無断譲渡・無断転貸があればただちに契約の解除を認めていた（大判昭 4・6・19 民集 8 巻 675 頁）。しかし，その後，形式的には無断譲渡・無断転貸にあたる場合であっても種々の構成によって解除を制限する判断が多く現れるようになった（たとえば，黙示の承認を広く認めるもの，譲渡・転貸の概念を狭く解するもの，信頼関係を破壊しないときに賃貸人が 612 条 2 項の解除権を行使するのは解除権の濫用であるとするもの）。さらにその後，「賃借人の当該行為が賃貸人に対する背信的行為と認めるに足らない特段の事情がある場合においては，同条の解除権は発生しない」とする重

要な先例が現れた（最判昭28・9・25民集7巻9号979頁）。これは，612条が無断譲渡・無断転貸を禁ずる立法趣旨に立ち返り，それが賃貸借契約における信頼関係の維持にあることを確認するとともに，逆に無断譲渡・無断転貸があっても信頼関係を破壊するとまでは言えない場合には解除原因とならない（612条2項の解除原因は，無断譲渡・無断転貸それ自体ではなく，それに現れた賃借人の背信性にある）と理解するものである。この昭和28年判決の考え方は，後に続く諸判決（たとえば，最判昭30・9・22民集9巻10号1294頁，最判昭31・5・8民集10巻5号475頁）とともに，上のような信頼関係破壊の法理を形成し，学説の支持もえて，今日確立された判例法理となっている。

　ただ，この背信的行為ないし信頼関係の破壊にいう信頼とはどのようなものかについては必ずしも明らかではない。それは物的な信頼関係であって人的信頼はこれに含まれないとする見解があったが，賃貸人の感情まで考慮する必要はないにしても，種々の人的信頼に反するような行為を行う者に譲渡・転貸した場合には，（賃貸人に直接の物的不利益が及ばなくても）信頼関係が破壊されたといってよいとする見解が有力である。判例もそのような立場にあるものと思われる（たとえば，最判昭33・1・14民集12巻1号41頁）。つまり，信頼関係の破壊は規範的要件であり，その評価要素として物的要素・人的要素をも含めて総合的に判断されるべきことになる。

　(2)　この法理に基づいて無断譲渡・無断転貸に基づく解除権が制限された事例をあげると，共同経営契約に基づく家屋のごく小部分の転貸で多額の権利金，増改築費用等を賃借人が負担したことなどから背信行為といえない特段の事情があるとしたケースがある（最判昭36・4・28民集15巻4号1211頁）。また，事実上の夫婦の夫所有の借地上の建物を夫死亡後その相続人から借地権とともに譲り受け

た事実上の妻が，従前通り寿司店を経営しており，賃貸人がその同棲の事実を了知していた場合には，借地権の無断譲渡は背信的行為とはいえないとしたケース（最判昭39・6・30民集18巻5号991頁），夫が借地人であり妻が借地上の建物所有者である夫婦が離婚するにあたり，夫がその借地権を妻に譲渡した場合において，賃貸人がその事情を知っているときは，背信的行為とはいえないとしたケース（最判昭44・4・24民集23巻4号855頁）などがみられる。

(3) 他方で，判例が信頼関係破壊に関する法理を確立した後も，それに当たらないとして解除が肯定された事例がみられる。たとえば，賃貸人が明渡後にデパート建設を企図していた場合において，賃借人および転借人の生活上の脅威等の事情があるというだけでは，賃貸人による解除権の行使は権利濫用とならないとしたケース（最判昭31・12・20民集10巻12号1581頁），1個の契約で2棟の建物を賃貸した場合，1棟の建物の無断転貸を理由として賃貸借全部を解除しうるとしたケース（最判昭32・11・12民集11巻12号1928頁）などがある。

(4) 背信的行為とまではいえない特段の事情があり，解除権が制限される場合に，その後の法律関係（譲受人・転借人の法的地位）はどのように考えるべきか。一方で，賃貸人の承諾があった場合と同様に，占有者は適法な譲受人・転借人となると考える余地もある（譲受人・転借人としてその譲受または転貸借を賃貸人に対抗することができるとする考え方。最判昭36・4・28民集15巻4号1211頁〔転貸借のケース〕）。

しかし，この場合には，612条2項の解除が許されない結果として反射的に明渡しを求めることができないにすぎず，その他の点においては承諾のない譲渡・転貸と異ならない（たとえば，譲受人・転借人の賃借権は否定され，これらは賃貸人に対して賃借権の確認を求める

ことはできない）と解する見解も有力である。

　なお，判例の考え方をとるとしても，たとえば，承諾ある譲渡の場合と完全に同一の状況を認め賃借人は契約関係から離脱するとしてよいかは，さらに問題となる。譲渡人たる賃借人に並存的責任あるいは保証債務を負わせるべきではないかとも考えられるが，責任の存続期間など困難な問題を生じさせることになる。

賃借人と譲受人・転借人の関係

　無断譲渡・無断転貸であっても，譲受人・賃借人間の賃借権譲渡契約または賃借人・転借人間における転貸借契約は，有効に締結することができ，それに基づく法律関係が生じる。すなわち，賃借人は，賃貸人から承諾を得る義務，賃借権を譲受人に取得させる義務または賃借物を転借人に供与して使用収益させる義務を負い，それが実現されない場合には，譲受人・転借人に対し不履行責任を負う。他方，賃借権譲受人に対する譲渡代金の請求権，転借人に対する賃料の請求権を得る。

　ただ，賃借人が賃貸人の承諾を得ることができず，そのため譲受人・転借人に目的物を使用収益させることができなかった場合には，譲受人・転借人に対して不履行責任を負うこととなる。

賃貸人と譲受人・転借人の関係

　無断譲渡の譲受人，無断転貸の転借人は，賃借権を取得しえないのであるから，その占有自体不法なものとなる。賃貸人が原賃貸借契約を解除した場合には，賃貸人は，譲受人・転借人に対して所有権に基づく引渡請求や損害賠償請求をすることができる（もっとも，無断譲渡・無断転貸が信頼関係を破壊せず，賃貸人が解除できないときは，このような賃貸人の請求は認められない）。

　他方，賃貸人は，契約を解除しなくても，所有権に基づき，無断譲渡の譲受人，無断転貸の賃借人（転借人）に対し引渡しを請求す

ることができるとするのが判例である（最判昭26・5・31民集5巻6号359頁〔信頼関係破壊法理の形成以前の判決〕，最判昭41・10・21民集20巻8号1640頁。賃借人に対して返還請求するためには，解除が必要であることは言うまでもない）。この場合に，賃貸人は，直接自己への目的物の引渡しを請求することができるかは，やや議論がある。無断譲渡・転貸であっても，賃貸人が原賃貸借契約を解除しない場合には，賃貸人は依然として賃借人に対して目的物を使用収益させる義務を負っているから，この義務の履行を兼ねて，（自己ではなく）賃借人への引渡請求ができるにとどまると考えるのが理論的であるが，判例はそのようには考えず，無断転借人・無断譲受人が無権限で占有している以上，賃貸人は直接自己への返還を請求することができるとする（最判昭26・4・27民集5巻5号325頁〔無断転貸の事例〕，前掲最判昭26・5・31〔無断譲渡の事例〕，前掲最判昭41・10・21〔無断譲渡の事例〕）。

　また，原賃貸借契約が解除されない間は，賃貸人は，賃借人に対して依然として賃料請求権を有しているのであるから，無断譲渡・転貸を受けた者に対して損害賠償請求はできないと解する余地があるが（そのような古い判例もあった），判例は，賃貸人は，賃借人から賃料の支払を受けたなどの特別の事情のない限り，賃借権の無断譲受人である目的物の占有者に対し，解除をしなくても不法行為に基づく賃料相当の損害賠償の請求をすることができるとする（前掲最判昭41・10・21）。

4 当事者の交替(2)

●賃貸目的物の譲渡による賃貸人の交替

① 譲受人の登場と賃借人による賃借権の対抗

賃貸目的物の譲受人の
登場とそれに伴う
問題点

賃貸目的物たる不動産が第三者に譲渡されると，その目的物の賃貸人たる地位は，賃借人の承諾を要しないで，譲渡人と譲受人との合意により，譲受人に移転させることができる（605条の3）。

この場合は，その譲受人たる新所有者が賃借人に対してその地位を否定する場合と容認する場合とにおいて，それぞれ問題が生じる。前者の場合には，譲受人が賃借人に対して賃貸目的物の返還を請求することができるかが問題となり，後者の場合には，譲受人が賃貸人として賃借人に対して賃料請求する場合の要件の問題が生じる。

譲受人による目的物
返還請求と賃借人の
対抗要件

(1) 譲受人からの目的物の返還請求　賃貸借契約から生じた賃借権は債権であり，賃借人が賃貸人に対して一定の行為を求める

ことができるにとどまる。つまり，賃貸人に対する関係においてのみ賃貸目的物の使用収益が正当化されるにすぎない。そこで，たとえば不動産賃貸借において賃貸人がその不動産を第三者に譲渡してしまえば，賃借人の占有状態は譲受人との関係では正当化されず，譲受人が土地の返還を賃借人に求める場合には，これを拒むことができない。この状態を，「売買は賃貸借を破る」という。賃借人が土地の上に建物を建てていた場合には，（家ごと移動できない以上）建物を収去して土地を明け渡さなければならない。賃借人の土地利用は，極めて不安定な状態におかれることになる。

(2) 不動産賃借権の対抗力　そこで，民法は，登記された不動産

賃貸借は，その不動産について物権を取得した者その他の第三者に対してもその効力を有するとしている（605条）。

しかし，賃貸人には，賃借権は債権であってその登記につき協力義務はないと解されるから（大判大10・7・11民録27巻1378頁），同条は賃借人保護のための有効な手段になりえず，また，建物賃貸借・土地賃貸借とも，605条の登記は実際上ほとんど行われていない。そこで，各種の特別法において，不動産賃借権に対抗力を与える規定がおかれている（⇒**6**③・**7**③・*Column⑩*農地の賃貸借）。

(3) **動産賃借権の対抗力**　動産の賃貸借については，対抗要件を具備する方法はない。

② 不動産譲受人の賃料請求権・敷金返還義務・費用償還義務

Case 11-5 ─────────────────────────────

Aは，Bから建物（店舗併用住宅）を賃料月額30万円で賃借し，敷金100万円を差し入れていたが，後に，BはAに通知することなくその建物をCに譲渡してしまった。

❶ Cは自己が賃貸人であるとして，Aに対して賃料を支払うように求めたが，Aがこれに応じないため契約の解除を検討している。

❷ 賃貸借期間が満了したため，Aは，建物をCに明け渡し，かつ差し入れた敷金の返還を求めたいと考えている。この時点で，Aには60万円の延滞賃料債務があった。

─────────────────────────────

```
不動産譲受人による
賃料請求
```

(1) **不動産譲受人の権利行使**　なお，不動産譲受人が賃借人の地位を容認しつつ賃貸人としての権利行使（賃料請求）を行う場合がある。この場合には，賃借人に対して譲受人が賃貸人としての地位に立つに至ったことをどのように根拠付けるか，という問題と，

権利行使（賃料請求）するために，賃貸不動産に関する権利取得につき登記を具備する必要があるか，という問題が生じうる。

(2) **賃貸人の地位の移転**　①賃借権が605条，借地借家法10条または31条その他の法令の規定による対抗要件を備える場合において，その不動産が譲渡されたときは，その賃貸人たる地位は，その譲受人に移転する（605条の2第1項）。譲渡人たる旧賃貸人は賃貸借関係から離脱する。かつての判例（大判大10・5・30民録27輯1013頁〔傍論〕，最判昭39・8・28民集18巻7号1354頁〔特段の事情のないかぎりという留保を付す〕）の明文化である。ただ，それをいかなる法律構成によって根拠付けるかには，いくつかの可能性がある。

これまで，学説は，この関係を，賃貸借関係が賃貸目的物の所有権と結合する一種の状態債務関係として所有権とともに移転するもの，として説明してきた。賃貸人の使用収益させる義務が実際上稀薄になっていることからこのような説明が実際に適すると考えられ，また，この場合の賃貸借関係の当然承継によって賃借人が不利益を受ける場合には譲渡人に不履行責任を追及できるからであるという。しかし，今日では，端的に不動産の譲渡人と譲受人の合理的意思を根拠として説明するのがむしろ有力となっている。

②また，上のような当然承継が認められない場合（賃借人が対抗要件を備えていない場合）にも，**合意承継**として譲渡人（原賃貸人）と譲受人との合意により，賃貸人としての地位の移転が生じうることは当然である（605条の3）。改正前民法下の判例（最判昭46・4・23民集25巻3号388頁）の明文化である。

③さらに，賃借権が対抗要件を備えず，上の合意承継もなされていない場合はどうか。賃借人が賃借権を譲受人に対して主張することができない以上，そもそも譲受人が賃貸人としての地位を引き継ぐかを問題とする必要はなく，譲渡人がなお賃貸人としての地位に

あって，状況によってはその債務の履行不能に陥ることになろう。

(3) **賃貸人たる地位の留保・譲渡人に対する賃貸**　賃貸不動産が譲渡されれば賃貸人たる地位の承継が生ずるのが原則であるが，この場合につき，譲渡人・譲受人間において，①賃貸人たる地位を譲渡人に留保する旨の合意がなされ，かつ②その不動産を譲受人が譲渡人に賃貸する旨の合意をしたときは，賃貸人の地位が譲受人に移転しない（605条の2第2項前段）。この場合には転貸借関係が生じる。賃貸不動産の信託による譲渡などにおいて賃貸人たる地位を旧所有者に留保する必要性がある場面では，このような規律が妥当する。なお，判例は，上の①の合意のみでは賃貸人たる地位の留保は認められず（①の合意は，前掲最判昭39・8・28にいう「特段の事情」にあたらず），賃借人は譲受人に対して敷金返還請求をすることができるとしていた（最判平11・3・25判時1674号61頁）。

他方，譲渡人と譲受人（またはその承継人）との賃貸借関係が終了したときは，留保されていた賃貸人たる地位は譲受人に移転する（同条同項後段）。賃借人は従前と同一の地位を保持する。

(4) **譲受人による賃貸人としての権利行使**　賃貸不動産の譲渡が行われ賃貸人としての地位が譲受人に移転する場合に，**1**のように，譲受人が移転した賃貸人としての地位を賃借人に対抗する（特に，賃料請求する）ためには，譲受人は賃貸不動産につき**移転登記を経由**している必要がある（605条の2第3項）。この点について改正前民法下では，譲受人が賃借人に賃料請求する関係は対抗関係ではないとして登記を不要と解する見解と権利保護要件としての登記は必要であるとする見解が対立していた。判例は登記必要説の立場に立っていた（最判昭49・3・19民集28巻2号325頁）。この判例の立場が明文化されたものである。

敷金返還義務の承継 | (1) 賃貸人たる地位が譲受人またはその承継人に移転したときは，敷金の返還にかかる債務（622条の2第1項）は，譲受人またはその承継人が承継する（605条の2第4項）。**2**では，AはCに対して敷金の返還を請求することができる。

賃貸借契約と敷金契約とは別個独立の契約であることを考えれば，賃借物の譲受人が所有権とともに賃貸人としての地位を承継したからといって，敷金関係まで承継すると解するべきではないとも考えられる。譲受人が譲渡人から敷金の交付を受けていない場合には譲受人に不利ともなろう。

しかし，民法は，上記のような場合には，敷金関係も承継されるものとする（605条の2第4項）。判例も，古くからこのように解してきた（大判昭5・7・9民集9巻839頁など）。敷金契約は賃貸借契約に基づく債務を担保するための従たる契約であるから，主たる契約関係が移転するのであれば敷金関係も当然に移転するべきであり，賃借人としては，自己の関与しない取引によって新賃貸人が登場してきた場合に，かつて差し入れた敷金によって新賃貸人に対して負担する債務が担保されなくなるというのは予期せぬリスクとなるという判断である。

ただ，**2**のように，旧所有者のもとで生じた延滞賃料等の債務がある場合には，敷金がそれに充当されその残額についてのみの返還請求権が新所有者に移転することになるかは，個別の合意に委ねられる（改正前民法下の判例にはそのように解したものがあった。最判昭44・7・17民集23巻8号1610頁）。延滞賃料債務については敷金から当然充当するのではなく，別途清算することも多い。

譲受人としては，賃借物に関する取引においては，あらかじめ敷金関係について調査し代金減額等の交渉によって不利益を回避する

ことは可能であろう。

(2) 他方，賃貸借の終了後に，賃借物であった物が譲渡された場合には，どのように考えるべきか。判例は，賃借人は賃貸人であった譲渡人に対してのみ敷金返還請求をすることができるものとする（前掲最判昭48・2・2〔明渡しは未了〕）。賃貸借関係が終了したのであれば賃貸人としての地位の移転も生ずることはなく，仮に賃借人が賃貸人でない譲受人に何らかの債務を負担することがあっても，それはかつて譲渡人に差し入れられた敷金によって担保されるべきものではないということになろう。したがって，敷金返還債務を負うのは，やはりかつての賃貸人のみということになる。

費用償還義務の承継 賃貸不動産の譲渡がなされた場合において，賃貸人たる地位が譲受人またはその承継人に移転したときは，費用の償還にかかる債務（608条）は，譲受人またはその承継人が承継する（605条の2第4項）。改正前民法下の判例は，有益費については，特段の事情のない限り，新賃貸人が償還義務者たる地位を承継するのであり，賃借人は旧賃貸人に有益費の償還を請求することはできないとしていた（最判昭46・2・19民集25巻1号135頁）。この判例の趣旨が明文化されたものである。もっとも有益費については，608条2項・196条2項の規定から同一の結論を導くことができる。賃借権の譲渡により賃借人がかわる場合も有益費の償還請求権はそのまま新賃借人に承継されると解してよいであろう。

なお，有益費に関して，賃借人が賃借建物に付加した増新築部分が，賃貸人に返還される以前に，賃貸人・賃借人いずれの責めにも帰すべきでない事由により滅失するということもありうる。その場合には，特段の事情のない限り，当該部分に関する有益費償還請求権は消滅する（最判昭48・7・17民集27巻7号798頁）。

5 賃貸借契約の期間と終了

① さまざまな終了原因

　有効に成立した賃貸借契約は，いずれ何らかの原因により終了・消滅する。この原因としては，いくつかのものがありうる。

契約上の賃貸借期間の
満了・目的物の滅失

　あらかじめ契約上定められた賃貸借期間が満了すれば，その賃貸借契約は当然に終了する（622条・597条1項）。また，賃貸借契約の目的物が何らかの原因により滅失した場合には，もはや賃貸借によって使用収益する対象がないのであるから，賃貸借契約も終了する（616条の2）。

当事者意思による終了

　当事者の意思に基づいて賃貸借契約が終了することもある。

　(1)　一方当事者の意思による終了　　当事者のいずれか一方が解約の申入れをすることにより賃貸借契約が終了する場合がある。たとえば，賃貸借契約上あらかじめ期間が定められていなかった場合は各当事者はいつでも解約の申入れをすることができる（617条）。また，期間の定めをしていても，解約権が一方または双方に留保されているときは，これを用いて解約することができる（618条）。

　さらに，一定の場合に，民法上の解除権が発生する。たとえば，既に述べたように，双務契約一般の原則に基づき債務不履行等を理由とする解除権が発生することがある。また，特に賃貸借契約において，賃借人が賃借権の無断譲渡または無断転貸をした場合には，賃貸人は賃貸借契約を解除することができる（612条2項）。

　(2)　合意による終了　　賃貸借契約の両当事者が，賃貸借契約を終

了させることを合意すれば，その合意に基づいて賃貸借契約が終了することは私的自治の原則から当然である。

② 期間満了と更新

民法上の原則
——存続期間の制限

契約自由の原則にたてば，どのような長さの賃貸者契約であっても成立させることができるはずであるが，民法は，**賃貸借の存続期間は50年を超えることができない**として制限を加えている（604条1項前段）。当事者が50年よりも長い期間を合意したときは，その期間は50年に短縮される（同条同項後段）。これは，あまりに長い期間にわたる賃貸借を認めると所有権を拘束し，物の改良が怠られて社会経済上不利になるという考慮によるものである。

ただし，存続期間に関するこの制限は借地借家法により修正がなされている（借地借家3条・9条・29条2項）。

処分能力・処分権限の
ない者に対する制限

なお，賃貸借は処分行為ではないが，比較的長期にわたる賃貸借は実際上は処分行為に近い意味を持つことになる。そこで，処分の権限を有しない者が賃貸借をする場合には，特定の契約についてその存続期間に次のような制限が課されている（602条）。すなわち，樹木の栽植または伐採を目的とする山林の賃貸借については10年，それ以外の土地の賃貸借については5年，建物の賃貸借については3年，動産の賃貸借については6か月を，それぞれ超えることができない。賃貸借契約でこれより長い期間を定めたときであっても，その期間は，この制限に定める期間とされる（同条後段）。

更　　　新

(1) 合意更新・黙示の更新　賃貸借契約の当事者は，契約を更新することができるのは当然である（604条2項）。更新に際して，貸主から一定額の更新

料の請求がなされることが多い。更新料支払に関する特約があれば
それが効力を有するのが原則であり，その不払が解除原因となる場
合がありうる（その不払が著しい背信行為と評価される場合。最判昭
59・4・20民集38巻6号610頁）。更新料支払の特約がない場合にも，
それを義務付ける商慣習や事実たる慣習があるかは問題となるが，
これを否定した先例がみられる（最判昭51・10・1判時835号63頁）。

　なお，居住用建物の賃貸借契約に含まれる更新料特約の消費者契
約法上の有効性については近時議論となったが，判例は，賃貸借契
約書に一義的かつ具体的に記載された更新料条項は，更新料の額が
賃料の額，賃貸借契約が更新される期間等に照らし高額に過ぎるな
どの特段の事情がない限り，消費者契約法10条によって無効とさ
れるものではないとした（最判平23・7・15民集65巻5号2269頁）。
更新料条項に関する情報の質・量および交渉力において，賃貸人と
賃借人との間に著しい格差があるとはいえないからである。

　また，黙示の更新が生じる場合もある。すなわち，①賃貸借契約
の期間満了後，賃借人が賃借物の使用収益を継続する場合において，
②賃貸人がこれを知りながら異議を述べなかったときは，同一の条
件で賃貸借が更新されたものと推定される（619条1項前段）。期間
満了後も賃借人が継続して賃借物を使用収益し，これに対して賃貸
人が異議を述べないという事実から，引き続き賃借権を存続させる
という当事者意思が推認され，また，継続した利用関係の保護の要
請も高まっていると考えられるからである。

　(2) 黙示の更新後の賃借権　　黙示の更新後の賃借権の条件は，原
則として更新前の賃借権と同一と推定する（619条1項前段）。この
場合に，各当事者は，617条の規定にしたがい（期間の定めのない賃
貸借と同様），いつでも解約の申入れをすることができる（同条同項
後段）。617条の規定により解約申入れをすることができるのである

から，更新後の賃借権は，期間の定めのないものということになる。

　また，前賃借権に付けられた担保については，更新賃借権に承継されない（619条2項本文）。担保提供者のリスクを更新によって拡大しないためである。ただし，622条の2第1項に規定する敷金は，更新後も存続する（同条同項ただし書）。

③　解約申入れ

期間の定めのない賃貸借の解約の申入れ

　当事者が賃貸借の期間を定めなかったときは，各当事者は，いつでも解約の申入れをすることができる（617条1項前段）。

　この場合に，次の賃貸借については，終了について猶予期間が設けられている。すなわち，解約の申入れの日から，土地の賃貸借については1年，建物の賃貸借については3か月，動産および貸席の賃貸借については1日を，それぞれ経過することによって終了する（617条1項後段）。当事者に転居先の確保等の新しい賃貸借関係を調えるための猶予を与える趣旨である。この猶予期間は，両当事者の合意により変更することができる。

　解約申入れはいつでもすることができるのが原則であるが，収穫の季節がある土地の賃貸借については，その季節の後，次の耕作に着手する前に，解約の申入れをしなければならない（617条2項）。

　なお，当事者が賃貸借の期間を定めた場合であっても，その一方または双方がその期間内に解約をする権利を留保したときは，617条の規定が準用される（618条）。

④ 解　　除

賃借人の債務不履行に
基づく解除

賃貸借契約上の債務につき，賃借人に何らかの債務不履行（賃料不払，用法遵守義務違反など）があった場合に，賃貸人は，賃貸借契約を解除することができることはいうまでもない。賃貸人が解除した場合には，賃貸借契約は終了し，目的物の返還請求等を行うことになる。

(1)　解除の法律構成　　債務不履行に基づく解除については，双務契約一般に当てはまる規範（541条以下）が存するが，賃貸借契約，特に不動産賃貸借の生活上・事業上の重要性を考慮すると，債務不履行解除の一般原則を賃貸借にそのまま適用することには，疑問も生じる。

そこで，賃借人の債務不履行に基づく解除の法律構成としては，大きく分けて，① 541条を根拠としつつも，その適用を賃貸借契約の特質に即して修正し，「信頼関係破壊」の観点から解除を根拠付ける立場（最判昭27・4・25民集6巻4号451頁）と，②賃貸借契約のような継続的契約関係における解除については，541条の適用を排除し，628条・663条2項・678条2項などを類推適用して，信頼関係を破壊するような「やむを得ない事由」があるときにかぎって解除を認める見解が対立している。

①の立場は，判例・学説において種々の発展を遂げてきたのでやや詳しくみておくと，これには，次のような方向性がみられる。つまり，一方で，541条をそのまま適用すると不履行があった場合に催告の上解除できることになるが，この点を信頼関係破壊を根拠に修正するものがある。他方で，541条によれば催告をするためには相当の期間を定めて催告しその期間内に履行がないことが必要であ

るが、この点を信頼関係破壊を根拠に修正するものがある。さらに、無催告解除特約を制限するものもみられるのである。つまり、形式的な不履行の存否ではなく、それが信頼関係を破壊したか否かという点に解除の判断基準を求める考え方に基づいて、信頼関係の要素が、その破壊を否定するか肯定するかにより、解除を制限する方向にも肯定する方向にも働くことになる。

(2) **信頼関係破壊の法理の位置付けと機能**　つまり、信頼関係破壊の法理は、判例・学説の発展により、今日では次のような 2 つの機能を果たしている。

(a) **解除制限の根拠として**　まず、債務不履行は認められるが、いまだそれにより賃貸借の基礎である相互の信頼関係が破壊されたとまではいえないとして、(催告) 解除を制限する法理が判例上発展してきた。信頼関係が破壊されていないことを理由に、たとえば、賃料不払 (最判昭 43・6・21 判時 529 号 46 頁など) や用法違反 (東京地判平 7・7・12 判時 1577 号 97 頁など) の場合に解除を制限したものがみられる。

他方、一般に賃貸借契約では、賃借人に一定の義務違反があった場合には賃貸人は無催告で解除をすることができるとする特約をおくことが多い。このような特約がある場合でも、信頼関係破壊の観点からこの特約による解除を制限する余地がある (そのような制限を行わないと、特約さえすれば信頼関係破壊の法理による解除制限を回避することができることになる)。たとえば、信頼関係破壊の観点から、賃料の支払を 1 か月でも遅延すると催告なしに解除することができる旨の、賃貸借契約書におかれた条項の効力を、無催告があながち不合理とはいえないような一定の事情に制限して肯定したもの (最判昭 43・11・21 民集 22 巻 12 号 2741 頁) がある。

また、借地上の建物につき、いわゆる増改築禁止特約がおかれる

ことが多く，これにはしばしば無催告解除特約が付せられる。増改築禁止特約の効力については，やや争いはあるものの，これを有効とみるのが一般的である（判例・通説）。問題は，そのうえで，賃借人がこれに違反した場合に，賃貸人による無催告解除特約に基づく解除権行使をそのまま認めてよいかの点にある。判例は，信頼関係破壊の法理を利用して，上記の解除権の行使を制限する立場に立っている（最判昭41・4・21民集20巻4号720頁）。この判断にあたっては，増改築禁止特約の趣旨や増改築による賃貸人の負担の程度などの要素が評価されている。

なお，現在では，土地の通常の利用上相当とするべき増改築について当事者の協議が調わない場合について，増改築許可の裁判の制度（借地借家17条2項）が設けられているので，借地人がこの制度を利用しないで増改築を行った場合に，このことが信頼関係破壊の判断においてそれを肯定する要素となるかについても議論がある。信頼関係破壊の評価を根拠付ける要素とみるべきであろう。

(b) 無催告解除の根拠として　　次に，賃貸借の基礎である相互の信頼関係が破壊されているときは，賃貸人の催告を要せずに解除することができるとして，541条を修正する判断が存在する。たとえば，賃料不払（最判昭49・4・26民集28巻3号467頁〔9年10か月にわたる賃料不払〕），賃借目的物の著しい用法違反・損壊・改造など（最判昭27・4・25民集6巻4号451頁，最判昭31・6・26民集10巻6号730頁など）において，信頼関係の破壊を理由に無催告解除を肯定した先例が集積している。

さらに，賃借人が賃貸借契約上の不履行にない場合，あるいは軽微な不履行でそれに基づく解除権は認められない場合であっても，端的に信頼関係の破壊それ自体を根拠に賃貸借契約の解除を認める先例がみられる（最判昭47・11・16民集26巻9号1603頁，最判昭50・

2・20 民集 29 巻 2 号 99 頁など)。

賃貸人の債務不履行に基づく解除

賃貸人が目的物を供与する義務を果たさない場合に（目的物を使用収益させるべき債務〔601 条〕とその具体化としての賃貸目的物の修繕義務〔606 条〕の不履行を含めて），賃借人が債務不履行に基づく解除をなしうるのは当然である。なお，既にみた売買の目的物が種類・数量・品質において契約不適合である場合に関する諸規定（562 条以下）が準用される場合にも（559 条），債務不履行解除は妨げられない（564 条）。

賃借人の無断譲渡・無断転貸に基づく解除

賃借人により賃借権の無断譲渡・賃借物の無断転貸がなされた場合には，賃貸人は契約の解除をすることができる（612 条 2 項。そこにおける信頼関係破壊の法理とともに，既に説明した。⇒ 3 ②)。

当事者の破産

いずれかの当事者の破産の場合には，破産管財人は賃貸借契約を解除することができる場合もある（破 53 条以下）。

賃貸借契約の解除の効果

(1) **解除の効果の不遡及** 賃貸借契約の解除をした場合には，その解除は，将来に向かってのみその効力を生ずる（620 条前段）。

(2) **損害賠償** 賃貸借契約を解除した場合には，その者に対する損害賠償の請求を妨げられない（同条後段）。

⑤ 賃借目的物の滅失等

賃借物の全部が滅失その他の事由により使用収益をすることができなくなった場合には，賃貸借は，これによって終了する（616 条の 2）。賃貸人の賃借物を使用収益させる債務が不能により消滅するからである。従前の判例の明文化である（最判昭 32・12・3 民集 11 巻

13号2018頁〔建物の朽廃〕，最判昭36・12・21民集15巻12号3243頁
〔原賃貸借の解除〕）。物質的な原因に限られない。さらに，賃貸人の
不履行責任・危険負担の問題が生じる場合がある。

⑥ 賃貸借契約終了の効果

Case 11-6 ───────────────────────────────

　Aは自動車修理業を営む目的でBの土地を，期間10年，賃料月額
50万円で借り受け，その上に工場用の建物を建てて利用してきたが，
経営の拡大とともに工場が手狭となったので，期間満了前に更新を希望
しない旨をBに伝え，賃貸借契約は終了した。

1　Aは工場用の建物を除却することをBに伝えていたが，Bは，Aが
　自動車修理の過程で廃棄した各種の工業油が土地に廃棄されてきたこ
　とを懸念し，それが浸み込んだ土地の上土を入れ替えることを求めて
　いる。

2　土地の明渡後，Bが調べたところ，かなりの量の産業廃棄物が敷地
　内に埋められて投棄されていることが判明したが，Aによれば，それ
　は土地の一部を転貸した自動車解体業者Cが断りなく埋めたもので，
　今はCの行方は分からないという。

──

賃借物の返還義務
　　　　　　　　　　賃貸借契約が終了すると，賃借人は賃貸人
　　　　　　　　　　に賃借物を返還する義務を負う（601条）。
目的物滅失による賃貸借契約の解除の場合にはこの義務が生じない
ことはいうまでもない。

　賃貸人の賃貸物返還請求については，物権的返還請求権と債権的
請求権の競合を認めることも可能であるが，判例には，もっぱら賃
貸借契約に基づく債権的請求権と解し，賃貸人は，賃貸借契約終了
後に目的物を第三者に譲渡して所有権を失った後にも，自らに目的

物の返還を請求することができるとしたものがある（大判大10・5・3民録27輯844頁）。

付属物の収去権・
収去義務

賃借目的物に付属物があるときは，単に目的物を返還することに加えて，その付属物の収去が問題となる。これは，賃借人にとっては，有益費償還請求権（付属物を分離できない場合）や造作買取請求権とともに投下資本の回収手段として意義を持ち，賃貸人にとっては，別の賃借人に賃貸するための目的物の価値の維持手段として重要である。これについて，賃借人は次の権利と義務を持つ。

まず，賃借人は，賃借物を原状に復して，これに付属させた物を収去することができる（622条・599条2項）。付属させた物の性質・形状によってはその収去が不能であるという場合もありうる。その場合には，賃借人は，費用償還請求によって投下資本を回収することになる。

また，賃借人は，賃貸人に対して，付属物を収去する義務を負う（622条・599条1項）。ただし，賃借物から分離することができない物または分離するのに過分の費用を要する物については，この義務は及ばない（622条・599条1項ただし書）。もっとも，賃借人は，賃貸借契約上，その終了時に自己が付属させた物を（その所有権の所在にかかわらず）収去する義務を負っているのが通常である。黙示の合意も認めやすいので契約上の収去義務としてほとんどの場合を説明できるであろう。また，このような契約解釈ができない場合にも，付属物が賃借人の所有に属する限り，賃貸人は目的物の所有権に基づいてその除去を請求することができるのは当然である（ただ，付属物が付合等により賃貸人の所有に帰している場合には，所有権に基づいて収去を求めることはできないことになる）。

さらに，民法は，賃借人は，賃借物を受け
取った後にこれに生じた損傷がある場合に
は，賃貸借が終了したときに，その損傷を原状に復する義務を負う
ものとする（621条本文）。■はこれにあたるであろうか。ここでい
う損傷とは，賃貸借契約締結によって当初引き渡された時の目的物
の状態と比較して，契約終了時のその変化が契約上予定された使用
収益によっては生じないような価値の低下を招いている状態をいう。

他方，社会通念上通常の使用収益によって生じる賃借目的物の損
耗ならびに経年劣化は上の意味における損傷ではなく，これについ
ては原状回復義務は生じない（621条本文かっこ書）。この場合には，
賃借人は目的物を返還時の状態で返還すればよい。このような意味
における賃借目的物の損傷の発生は，賃貸借契約の性質上当然に予
定されており，これによって生ずる投下資本の減価の回収は，通常，
減価償却費や修繕費等の必要経費分を賃料の中に含ませることによ
って行われているからである。ただ，賃借建物の通常の使用に伴い
生ずる損耗についても賃借人が原状回復義務を負うという特約（通
常損耗特約）がなされることもある。改正前民法下における判例は，
そのような特約自体の有効性は承認しつつも，この合意の有無の判
断においては，明確な合意がなされていることが必要であるとして
厳格に解する傾向にあった（最判平17・12・16判時1921号61頁〔建
物賃貸借〕）。

なお，その損傷が賃借人の責めに帰することができない事由によ
るものであるときは，原状回復義務は生じない（621条ただし書）。

また，賃貸借の目的たる家屋を工場に改造して使用してよいこと
が賃貸借契約の内容であるような場合は，賃借人は，改造家屋につ
き原状回復義務を負わないことは当然である（最判昭29・2・2民集8
巻2号321頁）。

なお，**2**のように，転借人の行為により原状回復が困難となった場合において，賃借人がどの範囲で責任を負うかという点については，賃貸人の承諾を得た転貸借に関してかねてより議論がある（既に述べた。⇒ *3* **1**賃借物の転貸に承諾がある場合(1)）。賃貸人の承諾を得ずに転貸がなされた場合であれば，賃借人は転借人の行為について当然に原状回復義務を負うこととなる（最判平 17・3・10 判時 1895 号 60 頁）。

| 賃料債権の差押後に賃貸借契約が終了した場合 |

　賃料債権の差押えの効力発生後にその基礎となる賃貸借契約が終了した場合に，取立訴訟の債権者は，第三債務者に対しなお賃料を請求することができるかというやや困難な問題がある。判例は，賃貸人による賃借人への賃貸目的建物の譲渡により建物賃貸借契約が終了したが，その終了が賃料債権の差押えの効力発生後であったというケースにおいて，もはや差押えの対象となる賃料債権は以後発生しないから，賃借人において賃料債権が発生しない旨を主張することが信義則上許されないなどの特段の事情がない限り，差押債権者は，第三債務者である賃借人から，建物譲渡後に支払期の到来する賃料債権を取り立てることができないものとした（最判平 24・9・4 判時 2171 号 42 頁）。

6 借地の法律関係

　民法は，賃貸借一般について規定しているが，特定の賃貸借については特別法が設けられている。まず，建物所有を目的とする土地（工場等の敷地を含む）の賃貸借である。

① 借地借家法と借地の法律関係

(1) 借地借家法への発展　　土地建物は個人の生活にとっても何らかの事業の運営にとっても不可欠の基盤であるため，借地借家については，早くから，一般の賃貸借とは区別された保護が，特別法の制定によりはかられてきた。

まず，明治から大正にかけて，建物保護法，借地法，借家法が制定され，特に，借地権，借家権の存続・継続の安定化と，借地人，借家人による出捐の回収を確実なものにする法的枠組みが設けられた。

しかし，その後，借地人，借家人の保護が極めて強力なものとなることにより，不動産市場に優良な賃貸物件が供給されなくなり，あるいは，いわゆる権利金や立退料が高騰するなどの問題が生じたため，1991（平成 3）年に上記の 3 法を統合した借地借家法が制定されるに至った。なお，借地借家法施行（1992〔平成 4〕年 8 月 1 日）以前に設定された借地契約，借家契約に対しては，従前の借地法，借家法による存続保障が及ぶものとされている（借地借家附則 4 条ただし書・5 条以下）。

借地借家法が適用されるのは，建物の所有を目的とする地上権及び土地の賃借権ならびに建物の賃借権である（借地借家 2 条 1 号）。建物所有を目的とする地上権は実際にはあまり設定されないため，借地権としては，建物所有を目的とする土地賃借権が主な規律の対象となる。

(2) 借地関係の規律対象　　借地借家法の対象である借地としては，賃借した宅地や店舗用地のような場合がそれに当てはまり，賃借した駐車場や運動場がそれにあたらないことは明瞭であるが，両者の境界にあるような趣旨の地上権または土地賃借権については，判断

が困難となる場合もある。判例に現れた具体例をみると，自動車教習所は建物所有の目的があるとされたが（最判昭58・9・9判時1092号59頁），ゴルフ練習場（最判昭42・12・5民集21巻10号2545頁。なお，ゴルフ場について借地借家法11条の類推適用を否定した先例として，最判平25・1・22判時2184号38頁），野球打撃練習場（最判昭50・10・2判時797号103頁）についてはそれが否定された。

② 借地権の存続期間

借地権の存続期間に
関する規律

民法の規律では，地上権については，設定行為でその存続期間を決め，また当事者の請求により裁判所が20年以上50年以下の期間を定め（268条2項），賃借権については，50年を超えることはできない（604条1項）。他方，借地借家法は特則として，借地権の存続期間を30年とし，合意によって30年以上の期間を定めた場合にはその合意が約定の期間となる（借地借家3条）。合意で30年未満の期間を定めたり，期間の定めをしなかった場合には，30年の期間の借地契約として扱うことになる。

建物所有という目的からみて，50年は一般に十分な期間であろうが（改正前604条1項は，賃借権については20年を超えることができないとしていたため，借地借家法による特則が必要であった），なお，建物所有になじまない短期の賃貸借を借地借家法によって制限する必要は大きい（そこで，建物所有を目的とする土地賃貸借でも，臨時施設の設置その他一時使用のために借地権を設定したことが明らかな場合には，存続期間に関する借地借家法3条は適用されない。借地借家25条⇒⑥一時使用目的の借地権）。借地借家法3条の規定に反する特約で借地権者に不利なものは無効とされる（借地借家9条）。

そのうえで，さらに後に述べるように，更新による存続期間の変

更に関する規律がおかれている（そのため，借地権の価格は所有権の価格の6割から7割を占めることもある）。また，定期借地権等については，別途規定が置かれている（⇒6定期借地権等）。

③ 借地権の帰属

借地権は借地権者に帰属するが，その帰属が争われる場合もある（土地賃貸人としての地位の帰属については，賃貸人に関する一般論として既に説明した⇒4②不動産譲受人による賃料請求(2)）。

Case 11-7 ─────────────

Aは，Bから建物所有を目的としてB所有の土地を期間30年，賃料月額40万円で賃借し，その土地上に甲建物（店舗併用住宅）を建築しそこで中華料理店を経営してきた。ところが，後にBはその土地をCに売却し移転登記を経由してしまい，Cは，Aに対して土地の明渡しを求めるに至った。次のような状況の場合に，Cの請求は認められるか。

1 Aは，自己が建築した甲建物を息子D名義で登記していた。

2 Aは，自己が建築した甲建物について未登記のままであった。

─────────────

借地権の対抗力

(1) 民法の原則と借地借家法の規律　たとえば，土地賃貸人が賃貸不動産を第三者に譲渡した場合には，賃借権の登記があれば土地賃借人は，その賃貸不動産について物権を取得した者その他の第三者（二重賃借人を含む）に賃借権を対抗することができる（605条）。しかし，これは既に述べた理由により実際的ではなくほとんど利用されていない。

そこで，借地借家法は，借地権について，その登記がなくても，土地の上に借地権者が登記されている建物を所有するときは，借地権を第三者に対抗することができるとしている（借地借家10条1項）。不動産取引をする者は必ず現地検分をするのであり，その際に土地

の上に建物が存在する場合には，その建物登記を調べ，その建物と土地の登記簿上の所有名義が異なるときはそこに何らかの利用権の存在を推認できるから，譲受人は借地権を対抗されても不当ではない。この規定の適用においては，借地上に借地人の所有する建物が存することと，その建物が登記されている建物であることが要件となる。

(2) 借地借家法に基づく対抗要件

(a) 建物の存在　　上記のように，借地権が対抗力を備えるには借地権者が土地の上に登記されている建物を所有することが必要であるが，では，借地上に存在した登記されている建物が後に滅失した場合はどうなるであろうか。また，その後に建物を再築した場合はどうなるであろうか。

まず，借地上に存在した登記された建物が後に滅失した場合には，借地人は，建物の滅失があっても，借地権者が，その建物を特定するために必要な事項，その滅失があった日および建物を新たに築造する旨を土地の上の見やすい場所に掲示するときは，借地権は，なお対抗力を有する（借地借家10条2項）。もっとも，2年以内に建物を再築し登記をすることが求められているので（借地借家10条2項ただし書），一種の経過的な処理である。これにより，借地人は，建物を再築しその建物登記を得る前に土地の移転登記を経由した者に対して借地権を対抗することができる。

(b) 建物の登記　　ここにいう登記とは，保存登記のほか，表示の登記でもよい（最判昭50・2・13民集29巻2号83頁）。ただ，この登記の記載内容が真実と食い違う場合がある。その場合には借地権の対抗力をどのように考えたらよいであろうか。

①まず，地番表示が不正確であった場合である。たとえば，建物登記に借地とは別の土地の地番が記載されていた場合はどうか。判

例は，建物の同一性を認識することができる程度の軽微な誤りで，容易に更正登記をすることができる場合には，対抗力を認めてよいとする（最大判昭40・3・17民集19巻2号453頁。最判平18・1・19判時1925号96頁〔地番と床面積の食違い〕も参照）。このような登記でも，建物所有権を公示する登記として有効だからである。土地を買う場合には現地検分をすることを前提とすれば，このように解しても第三者が予期しえない借地権の対抗を受けることにはならないであろう。

　②次に，名義人の相違があった場合には，対抗力をどのように考えるべきであろうか。特に，借地権者の家族名義で建物登記がなされた場合に問題となる。

　判例は，別人名義の建物登記があっても，土地賃借権者は自己の建物所有権さえ第三者に対抗できないのであるから，ましてそれによって土地賃借権を第三者に対抗することはできないとして，これを否定する（最大判昭41・4・27民集20巻4号870頁〔長男名義〕，最判昭47・6・22民集26巻5号1051頁〔妻名義〕，最判昭58・4・14判時1077号62頁〔養母名義〕など）。この考え方によれば，■の場合には，Aの借地権には対抗力は認められず，Cの明渡請求に応じなければならないことになる。しかし，学説には，範囲の広狭はあるものの，対抗力を肯定する見解が多い。たとえば，借地権者とは異なる名義で登記がなされていても，ともかく建物の登記名義が土地の登記名義と異なってさえいれば，利用権の存在は推認されるから，借地権の対抗力を認めてよいとする見解である。やはり，現地検分による建物の存在の認識可能性を前提とした議論である。また，このように一般化するのではなく，借地権者と同居している家族名義の登記のように一定の限定を加えたうえで対抗力を認める見解もある（前掲最大判昭41・4・27における田中二郎裁判官の反対意見）。さらに，家

族の生活基盤の確保を根拠とする議論や，いわゆる「家団」を実質的な契約主体とみる議論も展開されていた。

　今日では，上記の判例の立場をとりつつも，土地譲受人の借地権者に対する明渡請求が権利濫用と評価されて退けられる場合も多いであろう（⇒(3)）。

　(c)　借地権を対抗される土地の買主の保護　　かつては，売買の目的物である土地に対抗力ある借地権が存したが買主はそれを知らずに買い受けたという場合には，買主保護のために売主の担保責任規定が準用されていた。すなわち，売買の目的物である土地が借地借家法 10 条 1 項・2 項の規定によって対抗力ある借地権の目的となっていた場合には，改正前民法 566 条 1 項および 3 項の規定が準用され（削除前の借地借家 10 条 3 項），善意の買主は，売主に対して損害賠償請求または損害賠償請求と解除をすることができた。この場合に同時履行の抗弁権に関する 533 条の規定が準用されていた（削除前の同条 4 項）。

　改正後民法においては，移転した権利が契約の内容に適合しない場合における担保責任（契約不適合責任）に関する 565 条の適用場面となり，同条に基づいて売主の担保責任（契約不適合責任）に関する諸規定（562 条から 564 条）が準用されることになる。

　(3)　借地借家法に基づく対抗要件を備えない借地権の保護手段　　借地借家法 10 条に基づく対抗要件が欠ける場合（借地権取得後建物完成までには同条に基づく対抗力を備えようがない。実際上も借地上に建物を所有しながら長期にわたってその登記を怠る借地権者は少なくない。また，建物登記を行ってもその後に建物が滅失すれば対抗力も失われるのが原則である）であっても，借地権者の土地利用に保護を与える他の可能性は残されている。

　(a)　借地上に建物が存在しない場合　　新土地所有者が出現した

時点で土地が更地であった場合には，借地権に対抗力を認める必要は通常それほど強くはないが，なお，借地権者・新土地所有者相互の状況の比較において新土地所有者からの明渡請求を否定するべきかが問題となるケースはある。

　これは，一括して賃借され一体として利用されている複数の借地のうちの一部につき対抗力を欠くというケースにおいて問題となることが多い。このようなケースについて，建物が数筆にまたがって建てられていても建物の登記に所在の地番として記載されている土地についてのみ対抗力が肯定されるとした先例（最判昭44・12・23民集23巻12号2577頁）もあったが，これに対しては批判的な学説もみられた。その後，甲乙2筆の土地が一体として利用されていたが甲土地上にのみ登記された建物が存する場合において，両土地を新たに買い受けた者からの乙地の明渡請求を権利濫用として退けた判断も現われた（最判平9・7・1民集51巻6号2251頁）。

　なお，一筆の土地の賃貸借がなされ土地上に登記ある建物が所有されていたが，後にこの土地が分筆された結果建物の存しない土地が生じたというケースでは，賃借人は後者の土地の取得者に対し賃借権を対抗することができるとした先例もみられる（最判昭30・9・23民集9巻10号1350頁）。

　(b)　借地上に建物が存在するが未登記である場合　　借地上に建物が存在するが何らかの理由により未登記であるということもありうるが，そのような場合には，建物に登記がなくても借地権保護の要請は大きいことがある。判例は，借地権者保護のための法律構成として，**権利濫用ないし信義則違反の構成**をとるものが圧倒的に多い（たとえば，最判昭38・5・24民集17巻5号639頁，最判昭43・9・3民集22巻9号1817頁）。学説の多数も同様である。**2**の場合に，Aは，このような法律構成によって借地権の保護を求めていく余地が

ある。

(c) 権利濫用とされた後の法律関係　では，上記のような紛争において権利濫用と判断されると，以後の法律関係はどのように理解されるか。そのような場合にも正常な賃借権の設定がなされた場合と同様の借地権が肯定されるわけではない（従来の賃借人が適法な占有者となるわけではない）。新たな土地の取得者は対抗力のない賃借人に対して不法行為に基づく損害賠償を請求することができるとする先例がある（最判昭 43・9・3 民集 22 巻 9 号 1767 頁）。しかし，賃借人の占有が違法であるとまではいいがたいであろう。むしろ，不当利得として価格償還を認めるべきである。学説には，適法な賃借権として認める見解もみられる。

Column⑧　自己借地権　◆━◆━◆━◆━◆━◆━◆━◆━◆━◆━◆

〈民法上の原則と自己借地権設定のメリット〉　土地所有権とその土地の借地権が同一人に帰属したときは，土地所有権または借地権が第三者の権利の目的でない限り，借地権は混同により消滅する（179 条 1 項）。したがって，土地所有者が，その土地の上に自らを借地権者とする借地権（自己借地権）を設定することはできないと解されてきた（通説）。実務上も，その土地の上に土地所有者と第三者とを共同賃借人とする借地権を設定することはできないとされてきた。

　しかし，自己借地権を設定することが必要となる場合もある。たとえば，①土地所有者が，土地上に分譲マンションを建て，借地権付きで分譲するという場合（借地権の準共有として登記し，順次販売していく場合）や，②土地所有者が，借地権付きマンションの所有者からマンションを買い取る場合である。そこで，借地借家法は，一定の範囲で自己借地権を設定することを認めた（借地借家 15 条）。

〈自己借地権の設定〉　すなわち，借地権を設定する場合においては，他の者とともに有することとなるときに限って，借地権設定者が自らその借地権を有することを認めた（借地借家 15 条 1 項）。たと

えば，上の①のような場合である。

〈借地権の準共有持分の借地権設定者への帰属〉　また，借地権が借地権設定者に帰した場合であっても，他の者とともにその借地権を有するときは，その借地権は消滅しない（借地借家15条2項）。これにより上の②のような場合に対処することができる。

④　借地契約に基づく権利義務

借地契約に基づく権利義務関係については，既に述べた民法に基づく賃貸借契約の権利義務関係が基礎となるが，そのうえで，借地借家法のいくつかの特則に基づく法律関係が存在する。たとえば，次のような権利義務関係である。

Case 11-8

Aは，Bから，建物所有を目的として，B所有の土地を期間30年，賃料月額50万円で賃借し，その土地上に建物を建て青果店を営んできた。その5年後，Bは近隣の地代が急に上昇していることに気がつき，Aに対して賃料を月額70万円とするよう求めたが，Aは納得せず，従来と同一額の50万円を提供した。Bがこれを受け取らなかったため，Aは以後50万円を供託している。Bは，賃料不払を理由に契約解除の意思表示をするに至った。

地代・借賃増減請求権

(1)　地代・借賃増減請求権の意義と行使

(a)　意義　借地契約締結の前提となった事情につき著しい変化があったことにより，それまでの地代または土地の借賃（地代等という）が不相当となったときには，借地契約の両当事者に地代等の増額または減額を請求する権利が認められる（借地借家11条。借家についても同趣旨の規定が置かれている。借地借家32条⇒7④借賃増減請求権）。事情変更の原則の1つの具体化である。

(b) 要件　　すなわち，地代等が，①土地に対する租税その他の公課の増減により，②土地の価格の上昇もしくは低下その他の経済事情の変動により，または③近傍同種の土地の地代等に比較して不相当となったときは，契約の条件にかかわらず，当事者は，将来に向かって地代等の額の増減を請求することができるとする（借地借家11条1項）。

　他方，この規律に関して，地代等自動改訂特約が問題となることがある。判例は，賃料が3年ごとに見直されその度に一定割合の増額の特約がなされたが，地価の下落に伴い賃借人がこの特約の効力を争うとともに減額請求をしたというケースにおいて，借地借家法11条1項の規定は強行法規としての実質を持つものであること，他方，地代等の額の決定は本来当事者の自由な合意に委ねられていることを指摘した上で，地代等自動改訂特約において地代等の改訂基準を定めるにあたって基礎とされていた事情が失われることにより，同特約によって地代等の額を定めることが借地借家法11条1項の規定の趣旨に照らして不相当なものとなった場合には，同特約の適用を争う当事者は同特約に拘束されず，同項に基づく地代等増減請求権の行使を妨げられないとした（最判平15・6・12民集57巻6号595頁）。

　なお，一定の期間地代等を増額しない旨の特約がある場合には，その定めに従う（同条同項ただし書）。

(c) 行使　　地代・借賃増減請求権は形成権であり，増額の請求がされたときは，その意思表示が相手方に到達した日に増額の効力が生ずる（最判昭45・6・4民集24巻6号482頁）。

　消費者物価指数の変動にしたがって賃料を自動改訂する旨の特約，この指数が下降しても賃料を減額しない旨の特約が付されていても，借地借家法11条1項は強行法規であるから特約によってこの規定

に基づく賃料増減請求権の行使を妨げることはできない（最判平16・6・29判時1868号52頁，最判平26・9・25民集68巻7号661頁）。

(2) 増減額が確定するまでの暫定的措置

(a) 増額につき協議が調わない場合　　地代・借賃増減請求権行使の効果は増減額の意思表示が相手方に到達した日に生ずるから，その時から当然客観的に相当な額に増減されることになる。ところが，Case 11-8のように，増額請求を受けた者がこれに応じずに従来どおりの賃料を支払っていた場合には，既に効力を生じていた増額分との差額につき債務不履行の状態となり，賃貸人による解除（541条）の可能性が出てくる。そこで，地代等の増額について当事者間の協議が調わない場合には，その請求を受けた者は，増額を正当とする裁判が確定するまでは，相当と認める額の地代等を支払うことをもって足りるとしている（借地借家11条2項本文）。Case 11-8のAは，このようにすれば不利益を回避することができる。ただし，その裁判が確定した場合において，既に支払った額に不足があるときは，その不足額に年1割の割合による支払期後の利息を付してこれを支払わなければならない（同条同項ただし書）。

(b) 減額について当事者間に協議が調わない場合　　減額について当事者間に協議が調わない場合にも，やはり暫定的な手当てが必要となる。すなわち，そのような場合においては，減額の請求を受けた者は，減額を正当とする裁判が確定するまでは，相当と認める額の地代等の支払を請求することができる（借地借家11条3項本文）。ただし，その裁判が確定した場合において，既に支払を受けた額が正当とされた地代等の額を超えるときは，その超過額に年1割の割合による受領の時からの利息を付してこれを返還しなければならない（同条同項ただし書）。

(3) 地代・借賃の増減請求事件の調停前置主義　　地代・借賃の増減

請求事件については，民事調停法により，まず調停の申立てをしな
ければならない（民調24条の2）。

借地権設定者の
先取特権

借地権設定者が地代等の優先弁済を確保す
るために，先取特権が認められている。す
なわち，民法上は不動産賃貸の先取特権が
規定されているが，その対象は賃借人の動産に限定されている
（312条）。これに対し，借地借家法は，借地権設定者は，弁済期の
到来した最後の2年分の地代等について，借地権者がその土地にお
いて所有する建物の上に先取特権を有するものとした（借地借家12
条1項）。

⑤ 借地契約の更新と終了

民法上の賃貸借契約終了の規律に加え，借地借家法は借地借家の
終了に特有の規律として更新の制度を設けている。

Case 11-9
───────────

Aは，Bから，建物所有を目的としてB所有の土地を期間30年，賃
料月額100万円で賃借し，その土地の上でガソリンスタンドを経営し
てきた。この期間が満了する前にAがBに契約の更新を申し入れたと
ころ，Bは，これを拒んでいる。

───────────

更新による存続期間の
変更

(1) 更新の形態　借地権は，当初合意し
た借地期間の満了によって当然に消滅する
とはかぎらない。たとえば，更新によって
その存続期間が変更されることがある。

(a) 合意更新　まず，合意による更新が認められることは，当
然である。その場合の借地権の存続期間は，更新の日から10年
（借地権設定後の最初の更新では20年），当事者がこれより長い期間を

定めたときは，その期間である（借地借家4条）。

　(b)　**法定更新**　　借地借家法の規定に基づく法定更新として，①期間満了に際しての借地権者の更新請求による更新（借地借家5条1項），および②期間満了後の借地権者の土地使用継続による更新（同条2項。転借地権が設定されている場合には，転借地権者による土地の使用継続を借地権者がするものとみなすことにつき，同条3項）がある。民法619条の黙示の更新の効果を強化したものである。Case 11-9の場合にも，このいずれかにあたれば更新が生じる。ただし，①，②の場合とも，建物の存続が前提となる。また，次のように借地権設定者が遅滞なく異議を述べたときは更新は認められない（借地借家5条1項ただし書）。

　(2)　**法定更新の拒絶の可能性と制限**　　法定更新の要件を満たす場合でも，借地権設定者が遅滞なく異議を述べ，かつ，正当の事由があると認められる場合には，借地権設定者は更新を拒絶することができる（借地借家5条1項ただし書・6条）。Case 11-9でも，Aからの更新の申入れに対し，Bはこのような手段により更新を拒絶することができる。

　(a)　この正当事由の判断において考慮するべき要素として，①借地権設定者および借地権者（転借地権者を含む）の双方が土地の使用を必要とする事情のほか，②借地に関する従前の経過および土地の利用状況，③借地権設定者が土地の明渡しの条件としてまたは土地の明渡しと引き換えに借地権者に対して財産上の給付（立退料の支払，代替地の提供など）をする旨の申出をした場合におけるその申出があげられている（借地借家6条）。

　(b)　**正当事由の評価要素の位置付け**　　正当事由の評価に関わる，上の①〜③の諸要素はおよそ次のように位置付けることができる。

　まず，①の要素が主たる評価要素となる。つまり，借地権設定者

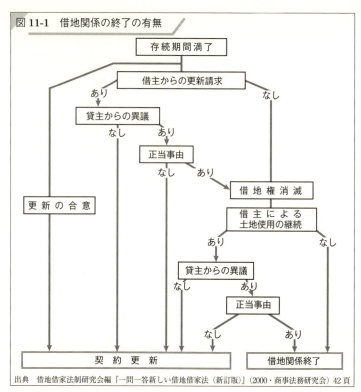

図 11-1　借地関係の終了の有無

```
                    存続期間満了
                         │
              ┌──────────┴────────────┐
              │      借主からの更新請求
              │   あり                なし
              │     │                 │
           貸主からの異議              │
          なし      あり              │
            │        │               │
            │      正当事由           │
            │    なし    あり         │
            │     │       └──→ 借地権消滅
            │     │              │
         更新の合意              借主による
            │     │           土地使用の継続
            │     │          あり        なし
            │     │           │           │
            │     │     貸主からの異議     │
            │     │    なし      あり     │
            │     │     │        │       │
            │     │     │     正当事由    │
            │     │     │   なし    あり  │
            │     │     │    │      │    │
            ▼     ▼     ▼    ▼      ▼    ▼
        ┌─────────────────────┐  ┌──────────────┐
        │     契 約 更 新      │  │  借地関係終了  │
        └─────────────────────┘  └──────────────┘
```

出典　借地借家法制研究会編『一問一答新しい借地借家法（新訂版）』（2000・商事法務研究会）42頁

の土地利用の必要性が借地権者のそれよりも極めて大きければ，正当事由は原則として肯定される。これに対し，②，③の要素は①の要素のみでは決定的ではない場合にそれを補強する要素として位置付けられる。ただ，いくつかの問題は残されている。たとえば，判例は，立退料については，原則として事実審の口頭弁論終結時までに提供されたものを考慮することができるものとする（最判平6・10・25民集48巻7号1303頁）。

　(3)　**法定更新後の期間**　　法定更新が認められた場合にも，更新後の期間は合意更新の場合と同様であり，更新の日から10年（借地

権設定後の最初の更新では，20年）とするが，当事者はこれより長い期間を定めることもできる（借地借家4条）。そのうえで，従前の契約条件と同一の条件で契約を更新したものとみなされる（借地借家5条1項，民法の原則については⇒5②更新）。

建物の滅失と借地契約　借地契約の期間中に建物が滅失すると，借地の目的が失われることになるので，その建物を再築するか，再築した場合に存続期間をどのように規律するかなどをめぐる問題が生じてくる。

　⑴　借地権の存続期間満了前の建物の滅失・再築の場合　　借地権の存続期間が満了する前に建物の滅失（借地権者または転借地権者による取壊しを含む）があった場合において，借地権設定者の承諾を得て，借地権者が残存期間を超えて存続すべき建物を築造したときは，借地権は，承諾があった日または建物が築造された日のいずれか早い日から20年間存続する（借地借家7条1項）。ただし，残存期間がこれより長いとき，または当事者がこれより長い期間を定めたときは，その期間による（同条同項ただし書）。

　なお，借地権者が借地権設定者に対し残存期間を超えて存続すべき建物を新たに築造する旨を通知した場合において，借地権設定者がその通知を受けた後2か月以内に異議を述べなかったときは，その建物を築造するにつき前項の借地権設定者の承諾があったものとみなされる（同条2項）。

　⑵　借地契約の更新後の建物滅失の場合　　これに対し，借地契約の更新後に建物が滅失した場合には，契約の解消が容易となる。ひとまず30年の借地利用が実現した後であるから契約の解消の要請を尊重したのである。これには，次の2つの場合がある。

　⒜　借地権者からの解消の申入れ　　契約の更新の後に建物の滅失があった場合においては，借地権者は，地上権の放棄または土地

の賃貸借の解約の申入れをすることができる（借地借家8条1項）。この場合においては、借地権は、地上権の放棄もしくは消滅の請求または土地の賃貸借の解約の申入れがあった日から3か月を経過することによって消滅する（同条3項）。

　(b)　借地権設定者からの解消の申入れ（無断再築）　借地権者が借地権設定者の承諾を得ないで残存期間を超えて存続すべき建物を築造したときは、借地権設定者は、地上権の消滅の請求または土地の賃貸借の解約の申入れをすることができる（借地借家8条2項）。この場合にも、借地権は、地上権の放棄もしくは消滅の請求または土地の賃貸借の解約の申入れがあった日から3か月を経過することによって消滅する（同条3項）。

借地契約の終了と
建物買取請求権

　(1)　建物買取請求権の内容と趣旨　借地契約が終了すると、それまでの借地権者は、土地を利用する権限を失い、建物を収去しなければならないはずである。しかし、借地借家法は、借地権の存続期間が満了した場合において、契約の更新がないときは、借地権者は、借地権設定者に対し、建物その他借地権者が権限により土地に附属させた物を時価で買い取るべきことを要求することができるものとした（建物買取請求権。借地借家13条1項）。これは、借地権者が借地に投下した資本の回収を実現すること、借地上の建物等の価値を全うすること（社会経済的目的）、この請求権の存在により当事者を契約更新の方向に誘導することなどを狙いとしたものである。

　(2)　建物買取請求権の行使の効果　建物買取請求権は形成権であり、その行使がなされると、建物等につき当事者間に売買契約が成立したのと同一の効果が生ずる（最判昭42・9・14民集21巻7号1791頁）。建物等の代金の支払とその引渡しとは同時履行の関係に立ち、借地権者は建物等について留置権をもつ。この建物留置権の実効性

を得るために，借地権者はその敷地についても留置権をもつものと解される。

(3) 建物買取請求権の要件と請求権者に関する問題点

(a) 契約の終了原因　借地借家法13条の条文は期間満了の場合を明示しているが，他の終了原因による場合にも，建物買取請求権を認めるべきであろうか。合意解除の場合には認められないと解されるが（最判昭29・6・11判タ41号31頁），債務不履行による解除の場合には，やや争いがある。判例はこれを否定し（最判昭35・2・9民集14巻1号108頁），学説にも，借地権者保護の必要が低い状況であるとして否定説に立つものもあるが，建物買取請求権の趣旨が，投下資本の回収や社会経済的要請にあることを考慮すると，肯定するべきであろう。

(b) 第三者，借家権者による建物買取請求権行使の可否　第三者が賃借権の目的である土地の上の建物その他借地権者が権原によって土地に附属させた物を取得した場合において，借地権設定者が賃借権の譲渡または転貸を承諾しないときは，その第三者は，借地権設定者に対し，建物その他借地権者が権原によって土地に附属させた物を時価で買い取るべきことを請求することができる（借地借家14条）。

では，借地上の建物の賃借人は借地権者の建物買取請求権を代位行使することができるか。借地権設定者が建物所有者となり賃貸人たる地位も承継することになれば，借家権者に利益となるはずである。しかし，判例は一貫してこれを否定している（最判昭55・10・28判時986号36頁）。借地権設定者の負担が過度となるべきではないことなどを理由とする。

6 期限に関する特殊な借地権

定期借地権等　借地借家法は，以上の一般借地権のほか，借地契約による土地利用を促進する目的のために，（借地借家6条・9条の規定にかかわらず）期間満了により当然に終了し更新のない3種の定期借地権を認めた。特別の借地権としての意味を持つのは，存続期間，更新，建物買取請求権などについてである。

(1) **定期借地権**　存続期間を50年以上として借地権を設定する場合においては，借地借家法9条および16条の規定にかかわらず，契約の更新（更新の請求および土地の使用の継続によるものを含む）および建物の築造による存続期間の延長がなく，ならびに建物買取請求（借地借家13条）をしない旨の約定をすることができる（借地借家22条前段）。この特約は，公正証書等の書面によってしなければならない（同条後段）。

(2) **事業用定期借地権等**　これは，たとえば，郊外型量販店などのための借地のように，一定の期間で投下資本の回収を予定する事業向けの借地形態である。すなわち，もっぱら事業の用に供する建物（居住用を除く）の所有を目的とし，かつ，存続期間を30年以上50年未満とする借地権を設定する場合には，契約の更新や建物築造による存続期間の延長，さらに建物買取請求を行わない旨を定めることができる（借地借家23条1項）。また，これと同様の目的で存続期間を10年以上30年未満とする借地権を設定する場合には，借地権の存続期間や建物買取請求権に関する規定等は適用しない（同条2項）。これらの借地契約は，公正証書によってしなければならない（同条3項）。

(3) **建物譲渡特約付借地権**　これは，たとえば，土地開発業者

（デベロッパー）などが，借地上に賃貸ビルを建築し，家賃収入を得て，一定期間経過後にはそれを借地権設定者に譲渡するという事業を考慮した借地形態である。すなわち，借地権を設定する場合（借地借家23条2項の借地権設定の場合を除く）には，借地借家法9条の規定にかかわらず，借地権を消滅させるため，その設定後30年以上を経過した日に借地権の目的である土地の上の建物を借地権設定者に相当の対価で譲渡する旨の特約をすることができる（同法24条1項）。この特約により，借地権が消滅した場合において，その借地権者または建物の賃借人でその消滅後建物の使用を継続している者が請求をしたときは，請求の時にその建物につきその借地権者または建物の賃借人と借地権設定者との間で期間の定めのない賃貸借（借地権者が請求をした場合において借地権の残存期間があるときは，その残存期間を存続期間とする賃貸借）がなされたものとみなす（同条2項前段）。この場合に，建物の借賃は，当事者の請求により，裁判所が定める（同条2項後段）。これらの借地契約は，公正証書によってしなければならない（同条3項）。

一時使用目的の借地権　さらに，たとえば，臨時の施設の設置のような一時使用目的のために借地権が設置された場合には，借地権の存続期間を中心にした諸規定は適用されない（借地借家25条）。

具体的には，存続期間（同法3条），更新（同法4条〜6条），建物滅失（同法7条・8条），建物買取請求権（同法13条），借地条件の変更および増改築の許可（同法17条），更新後の建物の再築許可（同法18条）などの，借地権の存続保障に関する諸規定，および，定期借地権に関する諸規定（同法22条〜24条）は適用されない。

一時使用目的の借地権の当てはめに関しては，借地の目的，他の契約条項との関連，借地権者側の事情などの評価根拠事実を総合し

て判断される。

7 借家の法律関係

[1] 借家関係に対する借地借家法の規律対象

借地借家法は，次に「建物の賃貸借」(借地借家1条) をその規律
の対象とする。民法の特則を規定して，建物賃借人の保護をはかっ
ているが，ここにいう「建物」および「賃貸借」の意義，その当て
はめをめぐっては，種々の問題が生じうる。

> 建物の賃貸借

「建物」としては，土地に定着し，周壁・
屋蓋を有し，住居・営業などの用 (住居
用・営業用という区別はない) に供することのできる永続性ある建造
物であって，かつ，独立の不動産として登記することができる物で
なければならない。ここにいう建物は，必ずしも物理的に独立した
1棟の建物の全体である必要はなく，その一部であってもよいが，
その一部は障壁などによりその他の部分と客観的に区画され，排他
的な支配・占有が可能となるような構造上の独立性を備えたもので
あることは必要である。賃借されたアパートやビルの1室はこれに
あたるが，賃借された住居用建物の一部 (いわゆる間貸し) は個別の
評価による。

また，利用関係は賃貸借としての性質を持つものであることが必
要であり，使用貸借には借地借家法は適用されない。

なお，建物の賃貸借であっても一時使用のための場合には，借地
借家法の適用はない (借地借家40条)。建物賃借人が借地借家法に
基づく主張を行うのに対して，賃貸人が一時使用目的の建物賃貸借
であることを主張立証すれば，賃借人の主張は排除される。具体的

な建物賃貸借について，それが一時使用のものかは，期間の長短や契約書の一時使用の文言はもとより，賃貸借の目的，形態，賃料額等の要素に基づき，借地借家法の規定の適用を排除するだけの合理性があるかによって評価・判断される必要がある。

② 借家契約の存続期間

借家契約の存続期間については，法定期間の特別の定めがなく，民法の規定が次のように修正されている。

まず，期間を 1 年未満とする建物賃貸借は，期間の定めがない建物賃貸借とみなされる（借地借家 29 条 1 項）。そして，最長期間を 50 年とする民法 604 条の規定は，建物賃貸借については適用されないため（同条 2 項），50 年を超える建物賃貸借も有効となる。

そのうえで，さらに後に述べる，更新による存続期間の変更に関する規定がおかれている（⇒ 7 ⑤）。

③ 建物賃借権の帰属

建物賃借権の帰属が以下のようなかたちで問題となる（なお，建物賃貸人としての地位の帰属については，賃貸人に関する一般論として既に説明した。⇒ 2 ①）。

Case 11-10 ────────────────────────────

Ａは，Ｂから，建物を期間 10 年，月額賃料 30 万円で賃借し，弁当屋を営んでいたが，その後，次の状況が生じた。

❶ Ｂがこの建物をＣに譲渡したところ，Ｃは，Ａに対し明渡しを求めた。

❷ Ａは，Ｂの承諾を得てこの建物をＤに転貸し，Ｄはそこでデリバリーの寿司屋を営んでいたが，Ｂは自分で新しい商売を始めようと考えＡに対し解約の申入れを行い，さらにＤにも退去を求めるに至っ

た。

| 建物賃借権の対抗 | 民法上の原則によれば，不動産の賃借権は，それを登記すれば，その不動産について物 |

権を取得した者その他の第三者に対抗することができる（605条）。
しかし，この対抗要件を備えることが実際的でないことは既に説明
した（⇒4①譲受人による目的物返還請求と賃借人の対抗要件）。

　これに対し，借地借家法によれば，建物賃借人は建物の賃貸借の
登記を得ていなくても，建物の引渡しを受けていれば，それ以後は
その建物について物権を取得した者に対抗することができる（借地
借家31条1項）。これは，建物を取得しようとする第三者は建物を
実際に調べてみればその引渡しを受けた者がいることは知ることが
できるから，引渡しを要件として借家人が対抗力を備えても第三者
は不利とはならないであろうという趣旨である。■のAは，建物
の引渡しを受けて自己の賃借権につき対抗力を備えているものと理
解される。

| 原賃借権の終了と
建物賃借人の地位 | 一定の賃貸借契約（土地または建物）が締結され，その目的物についてさらに賃貸借契約が結ばれた場合において，原賃貸借が終 |

了すると次のような問題が生じる。

　(1)　**原賃貸借が建物賃貸借の場合**　　借地借家法は，建物の転貸借
がされている場合において，建物の賃貸借（原賃貸借）が期間の満
了または解約の申入れによって終了するときは，建物の賃貸人は，
建物の転借人にその旨の通知をしなければ，その終了を建物の転借
人に対抗することができないとし（借地借家34条1項），かつ，建物
の賃貸人がこの通知をした場合には，建物の転貸借は，その通知が
なされた日から6か月を経過することによって終了するものとして

いる（同条2項）。その時から原賃借人は転借人に対し建物明渡しを求めることができる。**2**のBは，このような手順を踏んではじめてDに対し明渡しを求めることができることとなる。

(2) **原賃貸借が建物所有を目的とする土地賃貸借の場合**　これに対し，建物所有を目的とする土地賃貸借（原賃貸借）がなされ，その借地上の建物につき賃貸借がなされた場合において，借地権が期間の満了により消滅するときについても，借地借家法は，賃借人の保護を考慮して，敷地の返還につき一定の猶予期間を与えている。すなわち，建物の賃借人が借地権の存続期間の満了をその1年前までに知らなかった場合に限り，裁判所は，建物の賃借人の請求により，建物賃借人がこれを知った日から1年を超えない範囲内において，土地の明渡しにつき相当の期限を許与することができる（借地借家35条1項）。裁判所によってこの許与がなされた場合には，その期限の到来により建物賃貸借は終了する（同条2項）。

| 居住用建物の承継 |

建物賃借人が死亡した場合には，賃借権の承継の問題が生じる。

(1) **賃借人の相続人がいる場合**　賃借権も財産権であるから，相続により相続人に承継される（896条）。ただ，被相続人たる賃借人が生前に内縁の妻や事実上の養親子と同居していた場合において，それらの者の保護をどのように考えるかは議論の対象となってきた。判例は，賃借人に相続人がいる以上これを否定して内縁の妻や事実上の養親子が何らかのかたちで賃借権を相続することはないが，これらの者が，賃貸人からの建物明渡請求に対して，相続人が相続によって取得した賃借権を援用して賃貸人に対し当該家屋に居住する権利を主張することはできるとした（最判昭42・2・21民集21巻1号155頁）。学説は，より直截に，内縁の妻が賃借権を相続することを認めるべきであるとするものが多数である。

(2) **賃借人の相続人がいない場合**　居住用の建物の賃借人が相続人なしに死亡した場合において，賃借人と事実上の夫婦や養親子と同様の関係にあった同居者があるときは，これらの同居者が賃借人が相続人なしに死亡したことを知った後1か月以内に建物賃貸人に反対の意思表示をしない限り，これらの同居者は，賃借人の権利義務を承継する（借地借家36条1項）。

　この場合に，建物の賃貸借関係に基づいて生じた債権または債務は，建物に関する賃借人の権利義務を承継した上記の同居者に帰属する（同条2項）。この承継者が複数いる場合には，賃借権の共同相続（898条・899条）に準じた扱いとなろう。

4　借家契約に基づく権利義務

　借家契約の当事者間の法律関係については，原則となる民法が賃貸借契約に関する規定をおいているのに加えて，借地借家法が，借家契約の効力として次のような若干の特則を設けている。また，特約として注意するべきものも見られる。

| 借賃増減請求権 |

(1)　**意義**　借地借家法は，借家契約締結後に一種の事情変更が発生した場合に，契約当事者に借賃の増減を請求する権利を認めている（借地借家32条。借地についても同趣旨の規定がおかれている。借地借家11条。⇒*6* 4地代・借賃増減請求権）。

(2)　**要件**　借賃増減請求権は，借賃に関する債権・債務が発生している場合において，約定借賃が種々の基準により不相当となったときに成立する（借地借家32条1項本文）。

　すなわち，不相当性の判断基準としては，①土地または建物に対する租税その他の負担の増減，②土地もしくは建物の価格の上昇もしくは低下その他の経済事情の変動，③近傍同種の建物の借賃との

比較が規定されている（同条1項）。

(3) 行使　借賃増減請求権は，形成権であり，増減額の意思表示が相手方に到達した時から増減の効力が生ずる（通説，最判昭32・9・3民集11巻9号1467頁）。

(4) 増減額が確定するまでの暫定的措置

(a) 増額につき協議が調わない場合　借賃増減請求権行使の効果は増減額の意思表示が相手方に到達した時から生ずるから，その時から当然客観的に相当な額に増減されることになる。ところが，たとえば増額請求を受けた賃借人がこれに応じずに従来どおりの賃料を支払っていた場合には，既に効力を生じていた増額分との差額につき債務不履行の状態となり，賃貸人による解除（541条）の可能性が出てくる。そこで，借賃の増額について当事者間の協議が調わない場合には，その請求を受けた者は，増額を正当とする裁判が確定するまでは，相当と認める額の借賃を支払うことをもって足りるとして（借地借家32条2項本文），上の趣旨の解除を認めない扱いをしている。ただし，その裁判が確定した場合において，既に支払った額に不足があるときは，その不足額に年1割の割合による支払期後の利息を付してこれを支払わなければならない（同条同項ただし書）。

(b) 減額について当事者間に協議が調わない場合　減額について当事者間に協議が調わない場合にも，やはり暫定的な手当てが必要となる。すなわち，そのような場合においては，減額の請求を受けた者は，減額を正当とする裁判が確定するまでは，相当と認める額の借賃の支払を請求することができる（借地借家32条3項本文）。ただし，その裁判が確定した場合において，既に支払を受けた額が正当とされた借賃の額を超えるときは，その超過額に年1割の割合による受領の時からの利息を付してこれを返還しなければならない

（同条同項ただし書）。

(5) **地代・借賃の増減請求事件の調停前置主義**　　地代・借賃の増減請求事件については，民事調停法により，まず調停の申立てをしなければならない（民調24条の2）。

サブリースと
賃料自動増額特約

(1)　**サブリースの意義**　　サブリースとは，不動産会社が賃貸ビルの所有者からビル1棟全部またはその一部を一括して借り受け，それを，複数のテナントに転貸借して，ビルの賃借料と転借料の差額を取得するという契約であり，通常，賃貸ビルの所有者に対して，たとえ空室が生じても一定の賃料を支払う旨の特約や，2，3年ごとに賃料を自動値上げ（8〜10%の例が多い）する旨の**賃料自動増額特約**も付されている（本来，サブリースとは転貸借を指す言葉であるが，わが国では上のような意味に用いられている）。

(2)　**サブリースの法的性質**　　サブリースの法的性質については，かねてより議論があるが，これはサブリースに借地借家法の適用があるかという議論の中で争われてきた。一方で，サブリースは，賃貸借契約とは異なる，不動産所有者と不動産業者との一種の共同事業を目的とする契約であると見る見解もあったが，今日では，民法上の賃貸借契約・転貸借契約であり，また借地借家法の規定が適用されるとする理解が一般的である（たとえば，最判平15・10・21民集57巻9号1213頁など）。

(3)　**借地借家法32条と賃料自動増額特約**　　より大きな問題は，借地借家法の適用を肯定した場合に，賃料自動増額特約は効力を認められるかという点である。借賃増減請求権を定める借地借家法32条1項は，賃料自動増額条項と抵触するかに見えるため，両者の関係が問題となった。

判例は，サブリース契約は建物の賃貸借契約であることが明らか

であるから，借地借家法が適用され，同法32条の規定も適用されるとした上で，賃料自動増額特約がおかれていても，同条1項は強行法規であるから，この特約によってその適用を排除することはできないとして，同条同項による賃料減額請求がされた場合において，その請求の当否および相当賃料額を判断するにあたっては，賃貸借契約の当事者が賃料額決定の要素とした事情その他諸般の事情を総合的に考慮すべきであり，本件契約において賃料額が決定されるに至った経緯や賃料自動増額特約が付されるに至った事情，とりわけ，当該約定賃料額と当時の近傍同種の建物の賃料相場との関係（賃料相場とのかい離の有無，程度等），賃借人の転貸事業における収支予測に関わる事情（賃料の転貸収入に占める割合の推移の見通しについての当事者の認識等），敷金および銀行借入金の返済の予定に関わる事情等をも十分に考慮すべきであるとした（最判平15・10・21民集57巻9号1213頁，最判平15・10・21判時1844号50頁，最判平15・10・23判時1844号54頁など）。

　判例の立場が明らかとなったことにより，近時は，実際に締結されるサブリース契約そのものが判例と抵触しないかたちで変容しており，かつての問題は今日それほど重大な意味を持たなくなりつつある（もっとも，上記判決以前に締結されたサブリース契約が残っていることはいうまでもない）。

Column⑨　オーダーメイド賃貸 ●●◆●◆●◆●◆●◆●◆●◆●◆●◆●◆●◆●◆
　オーダーメイド賃貸（オーダーリース）とは，土地所有者が相手方の要望に応じて他に転用することが困難な建物を建築し，それを長期間賃貸する形態の賃貸借契約である（サブリースと異なり転貸借は予定されていない）。オーダーメイド賃貸でも，土地所有者が賃借人の要望に沿った建物を建築することや賃借人が建物建築費用の全部または一部を建設協力金などの名目で貸し付けることなどの点をみ

ると，その実態においてサブリースに類似する面が見出されることから，借地借家法（特に，借地借家32条1項）の適用においてサブリースにおけると同様の議論がなされるようになった。

　この点について，判例は，大型スーパーストアとして利用するために建築された建物の賃貸借契約が締結され，3年ごとに賃料を増額する旨の特約がなされていたが，賃借人は借地借家法32条1項に基づき賃料減額を請求したというケースにおいて，同条同項も規定は強行法規であり，賃料自動改訂特約によってその適用を排除することはできないとした上で，同項の規定に基づく賃料減額請求の当否および相当賃料額を判断するにあたっては，同項所定の諸事情（租税等の負担の増減，土地建物価格の変動その他の経済事情の変動，近傍同種の建物の賃料相場）のほか，賃貸借契約の当事者が賃料額決定の要素とした事情その他諸般の事情を総合的に考慮すべきであるとした（最判平17・3・10判時1894号14頁）。これは，サブリースの判断枠組みと共通するものであるが，あくまでオーダーメイド賃貸が通常の建物賃貸借契約と異なるものではないとする前提に立った判断である。

❖❖❖❖❖❖❖❖❖❖❖❖❖❖❖❖❖❖❖❖❖❖❖❖❖❖❖❖❖❖❖❖❖❖❖

5　借家契約の更新と終了

| 期間の定めがある場合 ——期間の満了と更新 |

　期間の定めのある賃貸借においては，期間の満了とともに賃貸借が終了するのが民法上の原則である（622条・597条1項）。終了すれば，建物賃貸人は賃借人に対し建物明渡しを求めることができる。

　もっとも，借家契約が更新されれば，このような終了は生じない可能性がある。借家契約が更新される可能性としては，合意更新と法定更新とがある。

　(1)　合意更新　　民法の原則にしたがって合意による更新が認めら

れるのは当然である。

(2) **法定更新**　　また，借地借家法は，特に，賃借人保護の要請から，合意更新がなくても一定の要件が充足された場合に認められる**法定更新**を規定する（借地借家 26 条）。この規定に反する特約で賃借人に不利なものは無効である（同法 30 条）。

(a) **法定更新の要件**　　すなわち，建物賃貸人が期間満了の 1 年前から 6 か月前の間に，借家人に対して，契約を更新しない旨の通知または条件を変更しなければ更新しない旨の通知をしなければ，ただちに，建物賃貸借契約は，従前と同一の条件で更新したものとみなされてしまう（借地借家 26 条 1 項本文）。ただし，その期間については定めがないものとなる（同条同項ただし書）。この更新拒絶の通知をする場合には，正当の事由を備えなければならない（同法 28 条）。

建物賃貸借の期間満了の前にこの更新拒絶の通知が確かになされたにもかかわらず，期間が満了した後も賃借人が建物の使用をなお継続しているときには，賃貸人が遅滞なく異議を述べないかぎり，やはり，建物賃貸借契約は従前と同一の条件で更新したものとみなされる（同法 26 条 2 項）。

なお，借地借家法施行以前に設定された建物賃貸借（既存借家）に関する更新拒絶の通知および解約申入れについては，「なお従前の例のよる」とされ，旧借家法関連規定（旧借家 1 条の 2・2 条・3 条）が適用される（借地借家附則 12 条）。

(b) **建物賃貸人による法定更新の阻止**　　つまり，建物賃貸人がこのような法定更新を阻止して建物の明渡しを求めるためには，賃貸人は，①正当の事由を備えて，②期間満了の 1 年前から 6 か月前の間に，借家人に対して契約を更新しない旨の通知または条件を変更しなければ更新しない旨の通知をしなければならず，③それにも

かかわらず借家人が期間満了後もなお建物使用を継続するときは，遅滞なく異議を述べなければならない，というようにかなりの努力を繰り返さなければならない仕組みとなっている。

(c) 正当の事由の判断　これらの場合（借地借家26条1項の通知，同法27条1項の解約申入れ）に必要とされる正当の事由の判断において考慮するべき要素としては，①建物賃貸人および賃借人（転借人を含む）の双方が建物の使用を必要とする事情のほか，②建物の賃貸借に関する従前の経過，建物の利用状況，建物の現況，③建物賃貸人が建物の明渡しの条件としてまたは建物の明渡しと引換えに建物賃借人に対して財産上の給付（立退料の支払，代替家屋の提供など）をする旨の申出をした場合におけるその申出があげられている（同法28条）。これらの要素の位置付けについては，借地契約について述べたところがあてはまる（⇒ 6 5 更新による存続期間の変更(2)）。

(d) 建物転借人の使用継続　建物の転貸借がされている場合については，転借人がする建物の使用継続を賃借人がする使用継続とみなすので，賃貸人がこれに遅滞なく異議を述べなかったときは，更新が生じることになる（借地借家26条3項）。

期間の定めがない場合
——解約申入れと更新

借家契約に期間の定めがない場合には，当事者による解約申入れによる終了がありうる。この点について，民法は，各当事者はいつでも解約の申入れをすることができるとしている（617条1項前段）。建物賃貸借は，解約申入れの日から3か月が経過することにより終了する（617条1項後段）。

他方，借地借家法は，期間の定めがない賃貸借（期間の定めがない賃貸借としては，当初から期間の定めがおかれなかった場合のほか，契約で期間の定めがなされはしたがそれが1年未満であった場合〔借地借家29条〕，法定更新によって期間の定めがないものとなった場合〔同法26条1

項ただし書〕もありうる）における建物賃貸人からの解約申入れについて，民法の規律を修正し建物賃借人の保護をはかっている。

　すなわち，建物賃貸人からの解約申入れは正当事由があると認められる場合でなければすることができないものとする（借地借家28条）。また，建物賃貸借が解約申入れの日から6か月が経過することにより終了するものとして（同法27条1項），民法よりも猶予期間を伸張している。

　さらに，建物賃貸人が解約申入れをした後6か月が経過しても，賃借人が建物の使用を継続している場合には，賃貸人が遅滞なくこれに異議を述べないかぎり，従前の契約と同一の条件で賃貸借が更新されたものとみなされる（借地借家27条2項による26条2項の準用）。建物が転貸借されていた場合についても同様の更新が生じる（同法27条2項による26条3項の準用）。

| 造作買取請求権 | 借地借家法は，建物賃貸借が期間の満了または解約申入れによって終了するときに， |

建物賃借人は，建物賃貸人に対して，造作を時価で買い取るべきことを請求することができるものとする（借地借家33条1項）。ここにいう造作とは，建物に付加された，賃借人の所有物で建物の使用に客観的便益を与える物である（たとえば，畳，建具，冷房設備など）。造作は，賃借人が賃貸人の同意を得て建物に付加した場合や，賃借人が賃貸人から買い受けた場合がありうる（同条同項）。これは，転貸借の場合にも準用される（同条2項）。

　(1)　造作買取請求権の趣旨と行使　　建物賃借人に造作買取請求権が認められるのは，賃借人が建物賃借中に建物に投下した資本を回収する手段を与えるためである。また，造作を建物から除去することによる，造作・建物双方の経済的価値の低下を防ぐという考慮もある。

ただ，借地借家法は，これを任意規定とした（借地借家37条の適用から除外した）。その理由は，今日では造作の経済的価値は相対的に低下しており（実際上買取りの対象となるのはせいぜい大型冷房設備のような物に限られる），造作買取請求権の有用性が低下していること，強行規定とすると賃借人の造作の備え付けについて賃貸人の同意を得にくくなること，特に営業用の造作には特殊な物が多く賃貸人に買取りを強いることは適切ではないこと，有益費償還請求権が任意規定であることと均衡が取れないことなどにある。

　造作買取請求権は，借家契約が期間の満了または解約申入れによって終了するときに，家主に対して，時価で買い取ることを請求する旨の意思表示を行うことにより行使する。

　⑵　造作買取請求権の効果　　造作買取請求権は一種の形成権であり，これが行使されると当事者間に売買契約が成立したのと同一の効果が認められる。

　すなわち，建物賃借人は，付属物収去義務（⇒5⑥付属物の収去権・収去義務）を免れることになる。付属物を取り外して別の場で利用することや売却することが難しい場合には，賃借人にとって望ましい処理となる。また，造作代金の支払があるまでは，同時履行の抗弁権や留置権を根拠に造作の引渡しを拒むことができる（もっとも，これは，造作代金の支払を促す上で実際上あまり意味のある手段ではない）。

　この点に関連して，造作代金の支払があるまで，同時履行の抗弁権や留置権に基づき建物の引渡しまで拒むことができるかについては，争いがある。判例は，建物の引渡しについては，同時履行の抗弁権も留置権も認められないという（たとえば，最判昭29・7・22民集8巻7号1425頁）。造作代金支払請求権と建物返還債務には対価的牽連関係が存しないこと，造作代金支払債務は建物に関して生じた

債権ではないことを理由にする。しかし，建物の返還拒絶が認められないと，造作を建物から取り外してその引渡しを拒む他ないが，これは造作代金の支払に対する圧力とは全くならない。造作代金支払債務の履行を確実にするには建物引渡しにつき同時履行の抗弁権，留置権の主張を認める他ないであろう。

⑥ 期限に関する特殊な借家権

定期建物賃貸借
（定期借家）

(1) **意義** 定期建物賃貸借（定期借家）とは，期間の定めがある建物の賃貸借をする場合において，公正証書によるなど書面によって契約をして，契約の更新がないことを定めた建物賃貸借契約である（借地借家38条）。契約で定めた期間が満了すると，更新されることなく，**確定的に賃貸借が終了する**（契約終了後も賃借人が居住し続け賃貸人がこれに異議を述べないような場合であっても，契約関係は終了する）。旧借家法のように，借家契約一般に強い存続の保証をすると，市場に対する良質な借家の供給が減少したり，権利金・家賃・立退料などの形成が不適切なものとなりかねないことから，2000年からこの制度が施行された。居住用でも事業用でもこの契約を結ぶことができる。

(2) **要件** 定期建物賃貸借では，契約において期間を確定的に定めることがまず必要となる。たとえば，契約期間の始期と終期を合意しておけばそれが明確となる。

次に，形式上の要件として，まず，公正証書によるなど書面によって契約することが必要である（借地借家38条1項）。そしてこの場合に，建物賃貸人は賃借人に対して，この契約の更新はなく期間満了により終了することについて，その旨を記載した書面をあらかじめ交付して説明しなければならない（同条2項）。この書面は，契約

書とは別個独立の書面でなければならない（最判平 24・9・13 民集 66
巻 9 号 3263 頁）。

　建物賃貸人がこの説明を怠るときは，契約更新がないものとする
特約は無効となり（借地借家 38 条 3 項），契約の更新のありうる普通
借家契約となる。

　⑶　**効果**　　定期建物賃貸借の場合には，期間の満了により契約
が終了する。ただし，契約期間が 1 年以上の場合は，貸主は期間満
了の 1 年前から 6 か月前までの間（通知期間）に，借主に契約が終
了することを通知しなければその終了を建物賃借人に対抗すること
ができない（借地借家 38 条 4 項）。

　他方，建物賃借人の事情については，別途配慮がなされている。
すなわち，定期借家契約をしていても転勤などの一定の事情変更が
生じた場合には，建物賃借人に途中解約の必要が出てくることもあ
る。そこで，床面積が 200 平方メートル未満の居住用建物について，
契約期間中に，建物賃借人にやむをえない事情（転勤，療養，親族の
介護など）が発生し，その住宅に住み続けることが困難となった場
合には，建物賃借人から解約の申入れができるものとした（同条 5
項前段）。この場合に，借家契約は解約申入れの日から 1 か月を経
過することにより終了する（同条同項後段）。

　なお，期間満了前に，引き続きその建物を使用することについて
当事者双方が合意すれば，再契約した上で，引き続きその建物を使
用することは契約自由である。

　　┌─────────────┐
　　│ 取壊予定の建物の │
　　│ 賃貸借 │
　　└─────────────┘

　　　　　　　　法令または契約によって，一定の期間を経
過した後に建物を取り壊すべきことが明ら
かな場合には，借地借家法 30 条の規定に
かかわらず，建物を取り壊す時に賃貸借が終了する旨の特約をするこ
とができる（借地借家 39 条 1 項）。取壊しを予定している建物であっ

ても，実際の取壊しの時まで有効に賃貸してその価値を全うすることができるよう配慮したものである。この特約は，建物を取り壊すべき事由を記載した書面によってしなければならない（同条2項）。

一時使用目的の
建物の賃貸借

臨時の店舗のような，一時使用目的のために建物の賃貸借をしたことが明らかな場合には，借地借家法の借家の章の規定は適用されない（借地借家40条）。

Column⑩ 農地の賃貸借 ・・・・・・・・・・・・・・・・・・・・・・・・・・・

他人の農地を利用するための法律構成としては，永小作権の設定を受ける方法と賃借権を得る方法とがある。このうち，農地の賃貸借については，民法のほか，特別法である農地法の適用がある。以下のような規律に注意する必要がある。

①農地賃借権の成立と内容　農地の賃借権の設定には，原則として農業委員会または都道府県知事の許可を必要とする（農地3条1項・5条1項）。この許可を受けないときは，賃貸借の効力を生じない（同法5条）。農地の賃貸人は，別段の事情がないかぎり，賃借人のためにこの許可申請手続に協力する義務を負う（最判昭35・10・11民集14巻12号2465頁）。小作料については，借地・借家の場合と同じく増減請求権が認められる（同法20条）。不可抗力による減収の場合には小作料減額請求権が認められる（同法24条）。また，農業委員会による小作料減額の勧告が定められている（同法24条の3）。

②農地賃借権の対抗　農地または採草放牧地の賃貸借は，登記がなくても，農地または採草放牧地の引渡しがあったときは，これをもってその後その農地または採草放牧地について物権を取得した第三者に対抗することができる（農地18条1項）。借地借家法31条と同旨である。

③農地賃借権の期間　農地賃貸借の期間について，農地法上は制限が存しないので，民法604条が適用され50年を超えることが

できない。しかし，解約等の制限につき規定がおかれ，農地または採草放牧地の賃貸借の当事者は，農業委員会または都道府県知事の許可がなければ，賃貸借の解除をし，解約の申入れをし，合意による解約をし，または賃貸借の更新をしない旨の通知をしてはならない（農地20条1項本文）。

④農地賃貸借の当事者の交替　　農地の賃借権の譲渡や転貸について，農地法上は特別の定めがないので，民法612条の適用を受ける。

━━

Column⑪　不動産賃借権の物権化 ━━━━━━━━━━━━

賃貸借契約に基づく賃借権は債権であるが，不動産賃借権については，それが生活や事業の基盤をなすものであるため，その効力に大きな修正が加えられ，使用収益の安定化がはかられている。

たとえば，賃借目的物の譲渡によりその所有者がかわる場合について，民法は，登記された不動産賃貸借は対抗力をもつとしているものの（605条），賃借権登記につき賃貸人の任意の協力がない場合には，賃借人は賃貸人に対して登記請求権を持たないと解されているから（大判大10・7・11民録27輯1378頁，通説），これは賃借人保護のための有効な手段とはならない。そこで，特別法は，一定の要件の下で不動産賃借権に対抗力を与え賃借人保護をはかっている（借地借家10条・31条，農地16条1項）。

また，民法上，賃借権の存続期間は，民法上は50年を超えることはできないとされているが（604条），賃借人の地位の強化のために，特別法は，賃借権の存続期間や更新について規定をおき（借地借家3条以下・26条以下），賃貸借関係の存続に保護を与えている。

さらに，対抗力ある不動産賃借権を有する者には，第三者に対する妨害排除請求権・返還請求権が認められている（605条の4。かつての先例として，最判昭28・12・18民集7巻12号1515頁〔二重賃貸借〕，最判昭30・4・5民集9巻4号431頁〔不法占拠〕など）。

なお，不動産賃借権の譲渡性については，賃借権の賃借人は賃貸借の承諾がなければ賃借権を譲渡もしくは転貸できないものとされ

ているが（612条），この規定の適用も，判例によって制限されており（たとえば，最判昭28・9・25民集7巻9号979頁），さらに，転借しても借地権設定者に不利になるおそれがないにもかかわらず借地権設定者が，その譲渡・転貸に承諾を与えないときは，借地権者の申立てにより，裁判所が承諾に代わる許可を与えることができるものとされている（借地借家19条1項。建物が借地と隣接地にまたがって建築されている場合について，最決平19・12・4民集61巻9号3245頁，最決平19・12・4判時1996号37頁）。

　このような現象をみると，不動産賃借権は純粋な債権ではなく，むしろ実質的に物権に近い性質を備えてきたものとみることができる（不動産賃借権の「物権化」）。

第12章 使用貸借

> 使用貸借も，他人から財産権を移転することなく一定期間他人の物の使用収益を可能にする契約ではあるが，それが無償であるところにこの契約の1つの核心がある。現在の経済取引の世界では例外的な意味を持つ無償性が契約の性格・内容にどのように反映されているかを，既に学んだ賃貸借契約と対比しつつ，理解しよう。

1 使用貸借とは

使用貸借は，①当事者の一方（使用貸主）がある物を引き渡すことを約し，②相手方（使用借主）がその受け取った物について無償で使用および収益をして契約が終了したときに返還をすることを約することによって成立する契約である（593条）。諾成契約である（もっとも貸主は，借主が借用物を受け取るまでは，使用貸借契約の解除をすることができる。ただし，使用貸借が書面による場合にはこの解除権は認められない。593条の2）。**無償性**によって賃貸借と区別される。

全く無償で目的物を貸すという，経済的には例外的な契約が結ばれる場合には，その背景となる関係（親族関係，友人関係など）が使用貸借の両当事者間に存在するのが通常である。それにより，無償契約に共通する，契約の拘束力を緩和する考慮が求められるとともに，賃貸借にみられるような借主保護の配慮は後退する（たとえば，借地借家法は不動産使用貸借には適用されない）。

無償での使用収益ということの意味は，使用借主が使用貸主に対

して何も出捐をしないという意味ではなく，その目的物の使用収益と対価的な関係に立つ出捐が行われないということである。たとえば，使用借主は受け取った物自体を返還する義務を負うが，これは使用貸借終了後の原状回復関係の内容であり，対価関係に立つ義務ではない（借主は目的物の保管につき善管注意義務を負うが，これも対価関係に立つわけではないことは明らかである）。

　ただ，ケースによっては，借主が何らかの負担を負い，その負担についてこの対価性の有無の判断（賃貸借との区別の判断）が問題となることもある。判例に現れた例としては，たとえば，借主の家屋利用に対する留守番の仕事はそれだけでは家屋使用の対価にはあたらないとした判断（最判昭26・3・29民集5巻5号177頁），妻の伯父に貸与した2つの部屋の使用に対して部屋代名目で支払われた1000円（相場の約20分の1）について，対価ではなく謝礼であるとした判断（最判昭35・4・12民集14巻5号817頁），借主たる従兄弟が支払った家屋の固定資産税の負担も，特段の事情のない限り対価ではないとした判断（最判昭41・10・27民集20巻8号1649頁），相場に比較して格段に低廉な金額を支払って居住する社宅の場合に対価性を否定した（したがって，賃貸借ではなく旧借家法の適用もないとした）判断（最判昭30・5・13民集9巻6号711頁）などがある。

　なお，使用貸借においては，契約成立後借主の返還義務が残るだけであるから（使用貸主の使用収益許容義務は消極的なものであり，使用借主の目的物返還義務と対価関係に立つわけではない），片務契約でもある。また，一定の期間目的物の使用収益が続くことが予定されているので継続的契約でもある。

2 使用貸借の効力

Case 12-1

　Ａは，数十年に一度の降雨により近傍を流れていた中級河川が決壊し自宅が半壊したため，同情した知人Ｂの申出を受け，Ｂ所有の空き家を借り受け家族とともに居住を始めた。

■ まもなく冬が来たが，Ａは，入居後に壊れた窓を取り替え，また，この家が思いのほか寒いためあわせてセントラルヒーティングの工事も行って，総額70万円を支出した。Ａはこの費用をＢに請求したいと考えている。

■ その後，Ａは，自宅を再建したが，借り受けた家が子供の通学にとって至便であるためその卒業まで居住を続けたいと思っている。

> **使用貸主・借主の
> 権利義務**

　(1)　使用貸主は，目的物を引き渡す義務を負う（593条）。また，使用借主による目的物の使用収益を無償にて許容する義務を負っているが，これは，消極的な許容義務にとどまり，積極的に目的物を使用収益させる義務まで負うわけではない。そこで，目的物を修繕する義務まで負うものではないと解される（これに対し，606条参照）。

　(2)　使用借主は，契約または目的物の性質によって定まった用法に従いその目的物を使用収益しなければならない（594条1項）。また，使用貸主の承諾がなければ，第三者にその使用収益をさせることはできない（同条2項）。

　また，使用借主は，目的物の保管につき**善管注意義務**を負い（400条），借用物の通常の必要費を負担する（595条1項）。この通常の必

要費には，目的物の通常の使用において発生する瑕疵の修補費用が含まれる。無償契約であるためこのような費用も借主の負担となる。**1**の窓の修理費用は，Ａの負担となろう。

　他方，特別の必要費・有益費については，使用借主は 196 条に従い使用貸主に対して償還請求することができる（595 条 2 項・583 条 2 項・196 条 1 項本文・2 項本文）。**1**のＡは，セントラルヒーティングの工事費用を有益費として，使用貸借終了・建物返還の際にＢに対して償還請求することができる。この償還は，目的物の返還後 1 年（除斥期間）以内に請求しなければならない（600 条 1 項）。

　(3)　使用貸借に基づく権利は，賃借権のような対抗要件を具備することができないから，第三者に対する対抗力をもたない。また，物権化することがないため，妨害排除請求権も認められない。

> 使用貸借の責任と救済

　(1)　**使用貸主の責任**　使用貸主は，目的物の引渡義務（593 条）については，その不履行責任が生じる。他方，目的物を積極的に使用収益させる義務を負うものではないから，その不履行責任を負うことは原則としてない。

　目的物の状態について，使用貸主は，贈与者と同様の引渡義務を負う（596 条・551 条 1 項）。すなわち，使用貸主は，使用貸借の目的物につきそれを目的物として特定した時の状態で引き渡すことを約束したものと推定される。使用貸借の無償性を反映したものである。また，負担付使用貸借では，貸主は負担の限度において売主と同じく担保責任を負う（596 条・551 条 2 項）。

　(2)　**使用借主の責任**　使用借主は**用法遵守義務**を負い，また使用貸主の承諾がなければ第三者にその使用収益をさせることはできず（594 条 1 項・2 項），使用借主の用法遵守義務違反または第三者の無断使用収益の場合には，使用貸主は契約を無催告で解除することが

できる（同条3項）。また，使用借主の用法遵守義務違反によって使用貸主に損害が生じた場合には，目的物の返還後1年（除斥期間と解される）以内であれば，使用貸主は損害賠償の請求をすることもできる（600条1項）。この損害賠償の請求権については，貸主が返還を受けた時から1年を経過するまでの間は，時効は完成しない（同条2項）。

3 使用貸借の終了

終了原因

(1) 期間満了等の一定の事実の発生

(a) 期間の満了　使用貸借は，当事者が期間を定めたときは，その期間が満了することによって終了する（597条1項）。賃貸借のような終了の制限（正当事由，使用継続による更新）はなく，その限りで弱い契約関係となる。

(b) 目的に即した使用収益の終了　当事者が使用貸借の期間を定めなかったが，使用収益の目的は定めたという場合には，使用貸借は，借主がその目的に従い使用収益を終えた時点で終了する（597条2項）。**2**の場合には，自宅を再建し避難の必要がなくなった時点で使用貸借が終了したものと考えられる。

(c) 使用借主の死亡　使用貸借のように，その背後にある当事者の人的関係が契約の無償性を実質的に根拠付けるような契約類型では，契約上の権利関係も相続の対象とはならず，借主が死亡すると使用貸借は効力を失う（597条3項）。ただ，共同相続人の一人が相続開始前から被相続人の許諾を得て遺産である建物において被相続人と同居してきたときは，特段の事情のない限り，両者の間において，被相続人の死亡後も，遺産分割により建物の所有関係が最終的に確定するまでの間は，引き続き同居の相続人にこれを無償で使

用させる旨の合意があったものと推認した先例もみられる（最判平
8・12・17民集50巻10号2778頁）。

(2) 使用貸借の解除

(a) 使用借主の義務違反による解除　　既に述べたように，用法
遵守，使用収益につき借主の義務違反があるときは，貸主は契約を
解除することができる（594条3項）。この場合の解除の効果は将来
に向かってのみ効力を生ずるものと解される（620条類推）。

(b) 使用収益をするのに足りる期間の経過による解除　　当事者
が使用貸借の期間を定めなかったが，使用収益の目的は定めたとい
う場合には，使用収益の終了前であっても，使用収益をするのに足
りる期間を経過すれば，貸主は契約を解除することができる（598
条1項）。たとえば，適当な住居に移るまでの一時使用に関して，
適当な住居を見つけるのに必要と思われる期間を経過した場合には，
たとえ現実にそのような住居が見つかる以前でも，改正前597条2
項ただし書（改正後598条1項）により貸主において解約告知（現行
規定によれば解除）することができるとした先例がある（最判昭34・
8・18裁判集民37巻643頁）。

　ただ，不動産の居住のような継続的な使用が目的となっている場
合には，使用収益の終了時点や使用収益をするのに足りる期間の経
過を判断するのが困難となることもあり，この点が争われたケース
もある。たとえば，父母所有の土地の使用貸借で，使用借主である
長男がその土地に建物を建て事業を経営し，その収益で老父母を扶
養することとし，余力があれば生活能力のない他の兄弟の面倒もみ
ることが期待されていたのに，さしたる理由もなく父母の扶養を止
め，兄弟とも往来を絶ち，使用貸借関係の基礎となった信頼関係が
崩壊した場合には，改正前597条2項ただし書（改正後598条1項）
の類推適用により，使用貸借を解約できるとした判断がある（最判

昭42・11・24民集21巻9号2460頁)。

(c) 使用貸借の期間も使用収益の目的も定められていない場合には，使用貸主は，いつでも契約の解除をすることができる（598条2項）。

(d) 使用借主は，いつでも契約の解除をすることができる（598条3項）。

使用貸借の終了における貸主・借主の権利義務

使用貸借関係の終了に伴い，使用借主は，目的物の返還義務を履行しなければならず，また，原状回復に向けた義務を負う。すなわち，借主は，目的物に附属させた物がある場合には，その収去義務を負う（599条1項）。もっとも，借用物から分離することができない物または分離するのに過分の費用を要する物についてはこのかぎりでない（同条同項ただし書）。

使用借主は，借用物を受け取った後にこれに附属させた物につき収去権をもつ（同条2項）。収去が不能である場合には，費用償還請求権の問題として処理される。

借主は，借用物を受け取った後にこれに生じた損傷がある場合において，使用貸借が終了したときは，その損傷を原状に復する義務（原状回復義務）を負う（同条3項）。借主が，通常損耗，経年劣化についても原状回復義務を負うかは，個別の使用貸借契約の解釈による（賃貸借における規律について，⇒第11章5⑥）。なお，損傷が借主の責めに帰することができない事由によるものであるときは，原状回復義務は生じない（同条同項ただし書）。

> 　民法は，役務提供型の典型契約として，雇用・請負・委任・寄託を規定しており，この章ではこれらの契約をまとめて説明する。役務提供型契約は，人の役務（サービス）の提供を債務内容の核心としているものであり，それが財産権移転型契約（贈与・売買・交換）や財産権利用型契約（消費貸借・使用貸借・賃貸借）との対比をなしている。この点は役務提供型契約の規律にどのように反映されているのだろうか。また，役務提供型契約の中において雇用・請負・委任・寄託のそれぞれがどのような点に着目して区別されているか，同時に役務提供型としての共通した特質はどこに認められるかを考えていこう。

1 雇　　用

① 雇用とは

| 雇用契約の意義 |

　雇用とは，当事者の一方（労働者）が労働に従事することを約し，相手方（使用者）がこれに報酬を与えることを約することによって成立する契約である（623条）。使用者は，労働者を雇用することにより経済活動を行い，労働者は，使用者に労務を提供することにより賃金を獲得して生計を維持する。

　雇用契約は，特に契約当事者間の交渉力の差がその内容に重大な

影響を及ぼす。そこで，憲法 27 条・28 条の理念に基づき，かねてより労働関係に関する特別法（労働組合法，労働関係調整法，労働基準法，最低賃金法，労働契約法など）の整備が進められ，労働法として体系化されている。特に労働契約法には，労働契約の原則（同法 3 条），安全への配慮（同法 5 条），成立（同法 6 条），就業規則との関係（同法 7 条以下），出向（同法 14 条），解雇（同法 16 条）等の，労働契約をめぐる民事ルールにつき明文規定がおかれている。

　雇用関係においては，これらの法律が民法の雇用契約に関する規定に対して特別法としての性格をもつため，民法の雇用契約に関する規定は適用範囲が限られることになる（労働基準法の適用がない同居の親族のみを使用する事業や事務所における雇用関係および家事使用人）。また，紛争解決の手続に関しても，労働委員会が設けられ，裁判外の紛争解決のルートが設けられている。

| 雇用契約の成立 |

雇用契約は，労働者と使用者との合意によって成立する，有償・不要式・諾成の契約である。他方，労働基準法は，使用者が，満 15 歳に満たない児童を労働者として使用することを原則として禁じている（労基 56 条 1 項。例外として同条 2 項）。また，親権者・後見人が，未成年者に代わって労働契約を締結すること，および，未成年者に代わって賃金を受け取ることを禁じている（同法 58 条 1 項・59 条）。これに違反して締結された雇用契約は無効である。

② 雇用の効力

| 労働者の義務 |

(1) 労働従事義務　雇用契約に基づき，労働者は，労働に従事しなければならない（623 条）。労働従事において，労働者は，使用者の指揮命令に従わなければならない。業務命令の範囲は労働者が労働契約によって処

分を許した労働力の範囲内の事項であるかという，当該労働契約の解釈の問題に帰することになる（最判平5・6・11判時1466号151頁）。

　また，労働者は，使用者の承諾がなければ，第三者をして自己に代わって労働に従事させることはできない（625条2項）。これに反した場合には，使用者は雇用契約を解除することができる（同条3項）。

　さらに，使用者は，労働者の承諾がなければ，その権利を第三者に譲渡することができない（同条1項）。

　(2)　付随的義務　　労働者は，労働従事に際して，就業規則を遵守するべき義務，職務上知りえた事項の守秘義務などの付随的義務を負う。これらの義務の違反に対しては，使用者は，労働者に対し懲戒権をもつとともに，契約責任または不法行為責任を追及することができる。

　労働者は，就労中競業避止義務を負う。退職後の競業避止義務が認められるかについては争いがある（競業禁止の特約を肯定した例として，大判昭7・10・29民集11巻1947頁）。

┌─────────────┐
│　使用者の義務　│
└─────────────┘
　(1)　報酬支払義務　　雇用契約に基づき，使用者は，労働従事に対して報酬を支払わなければならない（623条）。これが使用者の基本的義務である。その支払時期は，労働の終わった後である（624条1項）。ただし，期間をもって定めた報酬はその期間が経過した後に請求することができる（同条2項）。

　なお，使用者の責めに帰すことができない事由によって労働に従事することができなくなったとき（たとえば，地震で工場が崩壊したとき），または，雇用が履行の途中で終了したときは，労働者は，既にした履行の割合に応じて報酬を請求することができる（624条の2）。

　他方，使用者の責めに帰すべき事由によって労働に従事すること

ができなくなった場合については，536条2項の問題としてとらえることができ，使用者が危険を負担し，労働者は報酬全額の請求権を取得するものと解される（改正前における先例として，大判大4・7・31民録21輯1356頁）。ただ，労働者が債務を免れたことにより利益を得たときは，これを使用者に償還しなければならない（同条同項後段）。さらに，使用者による労務の受領拒否の場合に労働者がなお賃金請求権を有するかについても，536条2項の問題として，使用者の責めに帰すべき事由の有無が判断基準となるものとされてきた（実務の大勢・多数説）。なお，同条同項適用の前提として，そもそも適切な労働従事があったか否かの判断が必要であるが，そこでは，特に，労働者の能力，経験等に加えて当該労働者の本来の業務以外の可能な業務内容や配置移動の可能性についても考慮するべきであろう（最判平10・4・9判時1639号130頁）。

　(2)　安全配慮義務　　雇用契約における安全配慮義務として，判例上，使用者は，労務場所・施設・労務管理等の設定・維持につき，生命・身体に対する危険から労働者を保護する義務があると解される（最判昭50・2・25民集29巻2号143頁）。これは，労働基準法や労働安全衛生法の適用を受けない家事使用人との雇用関係においてもあてはまる。安全配慮義務は，付随義務ととらえられることが多いが，契約類型によっては主たる給付義務としての性質を持つ場合もある（安全配慮義務については，判例の発展が著しい。詳しくは債権総論に譲る）。使用者が安全配慮義務に違反し労働者に損害が生じた場合には，使用者は債務不履行責任を負う（最判昭56・2・16民集35巻1号56頁）。

　安全配慮義務に関する判例法の発展に基づき，労働契約法は，特に労働契約における安全配慮義務に関して明文の規定を置いている（同法5条）。

(3) 労災　　使用者は，労働者が業務上負傷したり死亡したり疾病にかかった場合に，災害補償をしなければならない（労基75条以下）。たとえば，労働者が業務上負傷し，または疾病にかかった場合においては，使用者は，その費用で必要な療養を行い，または必要な療養の費用を負担しなければならない（同法75条1項）。そのために，使用者には，政府管掌の労働者災害補償保険への加入が強制されている。

③　雇用の終了

期間の定めがある場合
における期間満了

(1) 期間満了　　民法は，雇用契約の最短期間・最長期間を定めていない（他方，労基法は，労働契約の最長期間を原則として3年とする。労基14条1項）。雇用期間の定めがある場合においては，この期間が満了すれば雇用契約は自動的に終了する。

(2) 雇用契約の更新　　しかし，従前の期間が満了した後に労働者が引き続きその労働に従事する場合において，使用者がこれを知りながら異議を述べないときは，従前の雇用と同一の条件でさらに雇用をしたものと推定する（629条1項）。従前の雇用につき当事者が担保を供したときは，その担保は，身元保証金を除き，期間満了により消滅する（同条2項）。

　この場合に，期間の定めについても「同一の条件」に含まれるのか，期間の定めのない契約となるのかという問題がある。多数説は，627条の規定により解約をなしうるとされていることに着目して，後者の見解をとっており，同旨の裁判例もある（東京地決平11・11・29労判780号67頁など）。

（1）　期間の定めがない場合　　雇用契約には，
期間の定めがおかれていないものも多い。

期間の定めがない場合
における解約申入れ

雇用期間の定めがない場合には，各当事者
は，いつでも解約の申入れをすることができる。この場合には，雇
用は，解約申入れ後2週間を経過したときに終了する（627条1項）。

　期間によって報酬を定めた場合には，使用者からの解約申入れは，
次期以後に対してこれをすることができる（労働者からの解約申入れ
には，もっぱら同条1項が適用される）。ただし，その申入れは，当期
の前半にしなければならない（同条2項）。たとえば，月給であれば
当月の15日までに翌月以降の解約の申入れをしなければならず，6
か月以上の期間をもって報酬を定めた場合には，次期以後に対して
3か月前にしなければならない（同条3項）。

　使用者からの解約申入れについて，労働契約法は，解雇が客観的
に合理的な理由を欠き，社会通念上相当と認められない場合には，
解雇権が濫用されたものとして無効となる旨の規定をおいている
（労契16条）。この規定は，判例が形成した**解雇権濫用法理**を明文化
したものである（最判昭50・4・25民集29巻4号456頁）。

　（2）　使用者の破産　　使用者が破産手続開始の決定を受けたとき
は，雇用期間の定めがあっても，労働者または破産管財人は，627
条の規定（期間の定めのない場合）に従って，解約の申入れをするこ
とができる（631条前段）。この場合には，各当事者は，解約によっ
て生じた損害の賠償を請求することはできない（同条後段）。これに
対し，労働者が破産手続開始の決定を受けても，雇用は終了しない。

雇用の解除

（1）　債務不履行解除　　雇用契約の当事者に
債務不履行があった場合に，それを理由と
する解除（541条以下）がありうるのは当然である。

　（2）　長期間の雇用契約における任意解除　　雇用の期間が5年を超え，

またはその終期が不確定であるときは，当事者の一方は，5年を経過した後であれば，いつでも契約を解除することができる（626条1項。なお，労契17条1項との関係は問題となる）。雇用期間が長すぎると当事者の自由を不当に拘束するものとなりかねないからである。契約を解除する場合には，使用者からの解除においては3か月前に，労働者からの解除においては2週間前に，その予告をしなければならない（同条2項）。

　もっとも，使用者からの解除には，解雇権濫用の法理による厳格な制限が課されている（労契16条）。

　(3)　「やむを得ない事由」による解除　　当事者が雇用期間を定めた場合であっても，やむをえない事由があれば，当事者はただちに契約を解除することができる。ただし，その事由が当事者の一方の過失によって生じたときは，相手方に対して損害賠償をしなければならない（628条）。やむをえない事由とは，天変地異によって事業の遂行が不可能になったことや，労働者が労働従事につき著しく不誠実であるような雇用関係を維持することが不当となる事由である。

　他方，労働契約法は，このことを，特に使用者について明記し，使用者は，やむをえない事由がある場合でなければ，その期間が満了するまでの間において労働者を解雇することはできないものと規定する（労契17条1項）。

　(4)　解除の不遡及　　雇用契約は継続的契約であるから，雇用の解除は将来に向かってのみその効力を生じる（630条による620条の準用）。

　Web 役務提供型契約の特色 ✷✷✷✷✷✷✷✷✷✷✷✷✷✷✷✷✷✷
　　役務提供型契約は，物取引を目的とする契約と比べ，次のような多くの特色を持つ。
　　(1)　債務内容の特質　　まず，役務提供型契約では，契約時にお

いて，提供されるべき役務の内容をあらかじめ確定することが困難なことが多い。そのため，債務内容も，善管注意義務（644条）のような抽象的な基準に依存することになるか，あるいは役務提供の成果物によって具体化される。役務受給者の側の状況により，提供されるべき役務も時間とともに修正する必要が生じる場合もある。

また，役務は，その生産と消費が同時に行われる。そのため，あらかじめ役務を蓄積し貯蔵することはできない。また，提供されるべき役務を提供者があらかじめ検査し不適切な役務をあらかじめ排除することもできない。

役務は，いったん提供されるとその返還が困難であり，また，いったん受給した役務を第三者に転売することもできない。

さらに，提供された役務の質それ自体を評価することにも，物取引の場合に比べ困難が伴い，それが契約不適合の評価を難しくする。しばしば，受給者の主観的な要素が重要な意味を持ち，再現性も低い。そのため契約適合性につき物取引の場合とは別の評価基準が必要となる。

(2) 契約成立段階の特質　債務内容の確定の困難さや質の評価の困難さにより，契約当事者は，役務そのものに対する正確な認識・評価に基づいて契約を締結するか否かを判断することが困難となる。不確定な情報や契約内容以外の要素を考慮して契約締結が行われることも多い。特に，役務の提供者と受給者の人的な信頼関係が契約締結に重要な影響を与えることが多い。

(3) 履行上の特質　役務受給者側の協力を要することが多く，また，受給者側の状況によって役務提供の成果の現れ方に相違が生じる。実際に役務を提供する者によって役務内容が左右される度合いが大きいため，履行補助者による履行に制約が生じる場合もある。

(4) 救済上の特質　債務内容の確定の困難さにより，不履行か否かの判断が不安定となり，また，役務受給者側の事情が役務提供の成果を大きく左右するため，履行内容に不満がある場合にも債務者の帰責性や因果関係の判断が不安定となる。

貯蔵が不可能であることにより原状回復になじまず，契約解除が有効な救済手段とならないことも多い。

　提供された役務に不満があり，それが役務提供者と受給者の人的関係を損なうと，債権者が同一の当事者からの追完を望まなくなることもある。他方，継続的な役務提供においては，一度不履行があっても，その後に契約に適合した履行があると，それ以前の不履行が治癒されもはや追完の必要性がなくなることが多い。

　さらに，訴訟が有効な紛争解決とならない場合が多いため，他の契約類型に比べ，役務提供型契約については裁判外の特別な紛争解決機関がいくつか存在する。たとえば，労働委員会，建築工事紛争審査会，運営適正化委員会（福祉サービスについての苦情を適切に解決するため，社会福祉法83条に基づき，全国の都道府県社会福祉協議会に設置されている委員会）などが，各種の特別法に基づき置かれている。

❖❖

2 請　負

1 請負とは

<u>請負契約の意義</u>　　(1) 仕事の完成　請負とは，当事者の一方（請負人）がある仕事を完成し，相手方（注文者）がその仕事の結果に対して報酬（請負代金）を支払うことを内容とする契約である（632条）。請負人の債務の内容となるのは，仕事の完成である。請負契約において完成されるべき仕事とは，建物の建築，洋服の仕立て，自動車の修理のような有形の仕事が典型的であるが，運送，音楽の演奏，研究，翻訳，コンピューターのシステム開発などのような無形の仕事もありうる。いずれも，契約によって引き受けられたのは，請負人による役務（サービス）の提供

そのものではなく，役務提供の成果としての一定の結果，つまり仕事の完成である。この点にこの契約類型の（他の役務提供型契約との対比における）核心がある（ただ，無形の請負は準委任に接近する面もある）。

　請負契約は多様な仕事を対象とするものであるが，民法は，請負契約について632条以下の7か条を設けているにとどまる。他方で，請負契約としての建築請負契約や運送契約については，各種の特別法による規制が行われまた各種の標準約款が整備されている。

Web　請負契約に関連する各種の標準約款 ＊＊＊＊＊＊＊＊＊＊＊＊＊＊
　建築工事については，建設業法が中央建設業審議会を設置し，これが建設工事の標準約款を作成し，その実施を当事者に勧告することができるものとしている（同法34条）。
　すなわち，公共工事用として「建設工事標準請負契約約款」（後に，「公共工事標準請負契約約款」と改称。以下「公共約款」という）を，また民間工事用として「民間建設工事標準請負契約約款（甲），（乙）」および下請工事用として「建設工事標準下請約款」が公にされている。特に，上の公共約款は今日広く用いられている。
　民間工事に関しては，1951（昭和26）年に日本建築学会等の4団体による「四会連合協定工事請負契約約款」が公表され広く使用されてきた。これについてはその後数次の改正が行われ，その間には参加団体も増え，1997（平成9）年には「民間（旧四会）連合協定工事請負契約約款」（以下「協定約款」という）と名称が変更された。今日では年間10万件を超える建築工事に利用されている。
　運送については，陸上運送契約・海上運送契約の貨物運送・旅客運送について，商法に規定があり（商569条から592条・737条から787条。航空運送契約については規定はない），また，鉄道事業法，鉄道営業法，道路運送法，海上運送法などの特別法が設けられている。そのうえで，各種の運送約款，たとえば，標準貨物自動車運送約款，標準引越運送約款，標準宅配便運送約款，標準鉄道利用運送約款な

どが利用されている。運送をめぐる当事者の法律関係はこれらの特別法と約款によって規律されるため，民法の請負規定が直接適用される余地はほとんどない。

(2) **請負の法的性質**　請負は，一方が仕事の完成を約し，他方が報酬を支払うことを約することによって成立する，諾成・有償・不要式の双務契約である。報酬の支払と仕事の目的物の引渡しとは，同時履行の関係に立つ（633条。もっとも，支払時期については各種の請負契約において特約がなされることが多く，たとえば建設請負では着工前から竣工までの間に数回に分けて支払われるのが通常である）。さらに，仕事の目的物の引渡しを要しない請負の場合には，請負人は仕事完成後にはじめて報酬を請求できる（633条ただし書・624条1項）。請負人の報酬請求権そのものは請負契約成立と同時に発生し，仕事完成によって報酬支払債務の弁済期が到来する（⇒2）。

　請負は，仕事の完成を目的とするものであり，それを契約内容としない雇用や準委任と異なるところである。なお，請負は一般に継続的契約ではなく，単に履行に一定の時間がかかるにすぎない契約類型と解されているが，特に継続的な請負契約を合意することがありうることは当然である。

(3) **請負契約の特殊な類型**　請負契約の特殊な類型として製作物供給契約がある。これは，製作者が，もっぱら，または主として自己の材料を用いて相手方の注文する物を製作し，その完成物を引き渡すことを内容とする契約である（請負人が自己の仕事場で製作する場合に限る見解もある）。ここには，売買契約と請負契約の要素が混在しているが，民法には，このような契約に関する明文の規定が欠けており，この契約類型をどのように理解すべきか，特に，混合契約としての製作物供給契約を認めるか，それとも売買契約か請負契

約かのいずれかに分類して理解すべきかについて，学説の対立が続いてきた。今日では混合契約説が多数説となっている。

| 請負の成立 |

　請負は，既に述べたように諾成・不要式の契約であり，意思表示の合致のみによって成立する。すなわち，請負人がある仕事を完成することを約し，注文者がその仕事の結果に対して報酬を与えることを約することによって成立する。しかし，建設請負などでは，契約内容等に関する紛争が少なくないため，建設業法19条1項は，建設工事の請負契約につき，工事内容，請負代金の額，工事着手・完成の時期，不可抗力による損害の負担等の事項を，書面に記載し，署名または捺印をして相互に交付しなければならないとしている。ただし，これは，請負関係の前近代的関係の改善と後日の紛争を防止するためであって，書面の作成・交付が契約の成立要件とされたものではない。下請代金支払遅延等防止法3条が，書面による契約の締結を求めているのも同じ趣旨である。

　仕事については，その種類を問わず，「完成」がありうるものであればよい。たとえば，美容整形や歯科技工なども，当事者があえてその「完成」を契約の内容とするならば，請負契約としては有効に成立するとみてよい。

　請負の報酬については，その額を定めなかった場合でも契約は成立するが，その場合には客観的に相当な額が報酬額となる。

②　請負の効力

| 請負人の義務 |

(1)　仕事完成義務

　(a)　**仕事の完成**（632条）は請負人の債務の核心であり，他の役務提供型契約に対する特色でもある。仕事の完成期日は契約で決められているのが通常である。期日までに仕事の

完成がない場合には不履行責任が生じ，注文者は，損害賠償の請求（415条）や契約の解除（541条・542条）を行うことができる。

　では，請負人が契約または仕事の内容から適切とされる時期に仕事に着手しない場合には注文者はそれを理由として，解除することができるであろうか。着手の遅滞に対しては，相当の期間を定めた催告の上契約の解除（541条）を行うことができると考えられるが（もっとも，その時期に仕事に着手しなくても仕事の完成が可能な場合には，解除権を発生させるべきではない），請負人による仕事完成の成否のみを問題とするべきであり，仕事が完成することなく約定の完成期日を徒過してはじめて履行遅滞となるとする見解もある。

　(b)　請負人が，自己の請け負った仕事の完成債務の全部または一部を他の者に請け負わせることを下請負という。建設請負の下請負が典型的である。下請負契約により，元請負側は，全ての工程にわたる施工能力を維持する必要がなくなり，下請負側としても，受注量が安定することや独自の営業活動を行わなくてもすむことなどのメリットがあるため，今日広く利用されている。

　ただ，請負人本人が仕事をしなければ意味がない場合（たとえば，講演，演奏，絵画の作成など）に下請負が許されないのは当然である。また，請負人が請け負った仕事を一括して下請負人に請け負わせる一括下請負は，建設業法上禁止されている（同法22条1項・2項）。約款もこれを禁じる（協定約款5条，公共約款6条参照）。建設請負契約は，注文者が特定の請負人の技量，実績，資力等を評価して，締結するものであるから，一括下請負は，注文者の信頼に反することであり，また，元請負人がいわゆる丸投げによる利益を得ることの不当性や工事の質の低下も懸念されるからである。私法上の一般論としても効力を否定するべきかについては争いがある。

　なお，請負人はしばしば零細な業者であり（建築工事の請負人が典

型的），大手の建設業者の下請負人となることが多い。建築工事の途中で元請負人が倒産したような場合には下請代金の回収に困難を生ずることもあるため，下請代金支払遅延等防止法は，下請代金の支払確保を目的とした規定を置いている。また，建設工事の下請契約に使用される標準約款である建設工事標準下請契約約款も，下請負人保護の配慮を盛り込んでいる。

(2) **完成物引渡義務**　仕事の目的物が有体物である場合には，請負人は，完成させた目的物を注文者に引き渡さなければならない。

632条は仕事を完成する義務のみを規定し，他方，633条は目的物の引渡しと報酬支払の同時履行関係を規定するため，この引渡義務の位置付けが問題となる。引渡義務は，仕事完成義務の一部であるとする見解もあるが，完成義務そのものではなく，それから派生する義務と考えるべきである。つまり，632条は，（引渡しを要しない請負をも含めた）請負一般に関する規定として，仕事完成義務が先履行義務であることを規定したものであり，633条は，特に引渡しが必要となる請負について，先履行である完成義務をつくした後の引渡しが報酬の支払と同時履行の関係に立つことを規定したものと理解される。

Case 13-1 ────────────────────

A会社は，B建設会社との間で社屋（鉄筋コンクリート造り12階建て）の建設工事の請負契約を締結したが，その後次のようなことが生じた。

1 Bは予定通り建物を完成し，Aはその時点までに請負代金の6割を支払っていた。ところが，その段階になって，Aの資力が悪化し，請負残代金の支払が困難であることが明らかとなった。Bは，自己の債権を確保するために建物を担保に取りたいと考えている。

2 Bは請負った工事をAの承諾なくC工務店に一括下請負に出したが，Cの工事が4割ほど進んだ段階になって，Bが倒産してしまった。

ＡはＢとの契約を解除し，第三者に依頼して工事を完成させた。Ｃは，
Ａに対して完成建物について所有権に基づく明渡しを請求した。

目的物の所有権の帰属　　(1)　完成した仕事の目的物の所有権帰属　　請
　負人が材料を用いて仕事を完成することを
内容とする役務を提供し，完成した仕事を注文者に引き渡すプロセ
スの中で，その仕事の目的物の所有権が誰に帰属することになるの
かは，特に建築請負契約において重要な問題となる。

　たとえば，完成後・報酬の支払完了前に請負人または注文者が倒
産し，あるいは行方不明になった場合に，他方当事者やその債権者
にとっては債権回収の手段ないし1つの担保として建築された建物
を差押可能な財産としたいという期待があるからである。**■**もその
例である。ところが，この点については民法には直接の手がかりと
なる規定はおかれておらず，解決は判例・学説の発達に委ねられて
きた。そこでは，当事者による規律と添付の原則の両面が念頭にお
かれている。

　(2)　材料提供者に着目する考え方　　この点について，判例には，
材料の提供者に着目するものがある。たとえば，一般には請負人が
材料の全部または主要部分を提供する場合が多く，その場合につい
て，判例は，目的物の所有権は請負人に帰属し，引渡しによっては
じめて注文者に移転するものとしてきた（請負人帰属説。大判大3・
12・26民録20輯1208頁など）。他方，注文者が材料の全部または主
要部分を提供した場合には，目的物の所有権は竣工と同時に当然に
注文者に帰属するものとした古い先例もある（大判昭7・5・9民集11
巻824頁）。請負契約の特殊性から加工の法理に関する246条1項た
だし書は適用されないものと解される。

　ただ，判例は，これを原則としつつも次第に注文者への原始的帰

属を肯定する余地を広げてきた。すなわち，いずれが材料を提供する場合でも，当事者の特約によって，引渡前に原始的に注文者に所有権を帰属させることは可能であるとした（大判大5・12・13民録22輯2417頁）。そして，この特約の判断例として，注文者が建物完成前に請負代金を全額支払った場合には，建物完成と同時にその所有権が注文者に帰属する旨の特約があるものと推認した判断（大判昭18・7・20民集22巻660頁），注文者が請負代金の支払のために手形を交付しその際請負人が注文者の代理人として受領していた建築確認通知書を注文者に交付した場合には，同様の特約があるものとした判断（最判昭46・3・5判時628号48頁）などがある。このような特約はかなり広く肯定される傾向にあり，それによって請負人帰属説と注文者帰属説との差が小さくなっている。

　また，代金支払に着目し，全工事代金の半額以上を棟上のときまでに支払い工事の進捗に応じて残代金の支払をしてきた場合につき，注文者帰属を原則とした先例もある（最判昭44・9・12判時572号25頁）。

　これに対し，かつての学説はより広い観点から請負人帰属説を説いていた。すなわち，同説の方が物権法理に矛盾しない，請負人が材料を提供した場合に完成した物の所有権を注文者が当然に取得するとする根拠がない，通常の当事者意思に適合する，請負人の報酬請求権を確保し不動産の工事および保存の先取特権の欠陥を補うことができる（担保目的の所有権を認めることが可能となる）などと主張してきた。

　(3)　**より多様な要素の考慮**　　しかし，現在の多数説は，注文者が材料を提供した場合はもとより，たとえ請負人が材料の全部または主要部分を提供した場合であっても，完成した仕事の目的物の所有権は原始的に注文者に帰属すると主張している。その根拠として，

まず意思的要素からは，請負人が自己に所有権を帰属させるのは工事代金回収のためであり，所有の意思はない．本来建物の建設請負人は注文者にその所有権を取得させる目的と意思を有している，注文者帰属の方がむしろ物権変動の意思主義と合致するなどと指摘する．さらに，完成と同時に建物が請負人に帰属すると一時的にせよ請負人がその敷地を不法に占拠することになること，請負人の報酬請求権の確保のためには，留置権，先取特権（ただし，建物完成前に不動産工事の先取特権の登記を要するから〔338 条〕あまり活用されていない），同時履行の抗弁権などがあること（ただし，これらの手段はいずれも注文者が破産などのときには無力である），請負人に敷地利用権がない以上担保的な所有権を認めてもあまり請負人保護にはならない点にも考慮するべきであるとする（もっとも，388 条の法意を援用して「法定賃借権」を肯定する見解もある）．さらに，建築実務においても，建物完成後いったん請負人名義に登記してから注文者に移転登記するということはあまり行われていないことに注意するべきであろう．

　なお，請負人によって工事が途中まで進行した建前（完成建物になる途上の構成物．出来形）に第三者が材料と役務を提供して完成した場合の所有権帰属が争われるケースもある．この場合について判例は，（付合に関する 242 条ではなく）加工に関する 246 条 2 項に基づいて決せられるものとする（最判昭 54・1・25 民集 33 巻 1 号 26 頁）．工事を加えた第三者が提供した材料の価格と工作によって生じた価格が以前の請負人が建築した建前の価格を著しく超える場合に，第三者に所有権が帰属することとなる．

　(4)　未完成建物の所有権帰属　　なお，建物の未完成段階（仕事の遂行過程）における出来形の所有権の帰属についてもさらに問題が生じうる（かならずしも完成建物の所有権帰属の問題と直結するものではない）．

まず，出来形が建物となる前の段階において土地に付合（242条）するかであるが，これを肯定すれば，原則として出来形は土地所有者に帰属する（完成と同時に独立した不動産として所有権の対象となる）。これに対し，出来形は土地に付合しないものとすると，その出来形の帰属については，建物完成まで材料の提供者に属する動産として理解する見解や，出来形もそれが独立の不動産となるまでは請負人に帰属しそれ以後注文者に帰属すると解する見解もある。

　また，未完成ではあるが既に独立した建物とみることができる段階に達した後は，あらためてその所有権帰属が問題となる。材料の提供者を基準に考えるのが一般的であるが，完成建物の注文者帰属説を前提としつつ当事者意思を基準とする見解もある。

下請負契約と出来形
部分の所有権の帰属

(1)　下請負契約と出来形部分　**2**のように，下請負契約が結ばれた場合に，工事の遂行過程における出来形部分の所有権の帰属が問題となることがある。元請負契約には中途解除の際の出来形部分が注文者に帰属する旨の約定があるものの，下請契約にはこれに関する約定がない場合において，元請負契約が中途解除されたが材料を提供した一括下請負人は代金を受領していないというようなケースにおいてである。

　元請負人に請負の報酬を支払った場合でさえ出来形部分の所有権を注文者が取得できないとすれば，注文者が二重払を余儀なくされる危険がある（元請負人が請け負った仕事をさらに下請負に出すか否かは注文者には容易に知りえないことが多い）。逆に，（注文者・元請負人間の合意が下請人にも及んで）注文者に所有権が帰属するとすれば，元請負人から報酬が支払われなかった下請負人がリスクにさらされることになる（なお，請負人が請負契約に基づいて他人の土地上で建設工事を行う場合には，たとえそこに独立した不動産が成立していなくてもその出

来形部分は土地に付合しないと解される。判例・通説）。

　両者の調整は困難な問題となるが，下級審の裁判例は，従来の判例理論を前提としつつも，下請負人の所有権の主張は信義則違反，権利濫用であるとしたり，下請負は元請負の履行補助者・履行代行者にすぎないとして，または注文者・元請負人・下請負人三者間に暗黙の合意があるなどとして注文者の保護を図るものが多かった。

　(2)　出来形の注文者帰属説　　この点について，判例は，元請負契約において注文者に所有権を帰属させる旨の特約がおかれていたケースにおいて，注文者と下請負人との間で格別の合意がない限りは，その出来形部分の所有権は元請契約の特約にしたがって注文者に帰属するとし，下請負人は，注文者との関係では，元請負人のいわば履行補助者的立場に立つものに過ぎず，元請負人と異なる権利関係を主張しうる立場にないとした（最判平5・10・19民集47巻8号5061頁）。学説にも，建設請負契約は注文者に新築建物の所有権を取得させる契約であって，下請負人は元請負人の履行補助者ないし履行代行者に過ぎないとして，端的に注文者が原始的に完成建物の所有権を取得すると解するもの（下請負人の留置権も否定する）が多い。下請負人は代金を確保する手段（担保の取得または工事中断など）をあらかじめとらなければならないことになる。

　なお，建設請負契約の解除に伴う出来形部分の帰属について，協定約款33条1項は，発注者が出来形部分を引き取り，発注者・受注者の協議によって清算するものとしている。

　注文者の義務

　(1)　報酬支払義務
　(a)　報酬の額　　請負代金の額は当事者間の交渉によって決まるが，その定め方にはいくつかのものがある。
　まず，契約時に請負代金が確定している請負があり（定額請負），これが一般的な報酬額の確定形態である。通常は，仕事に必要な材

料・労力その他についての見込額に一定の利潤を加えて算出した総額を基準とする。特別の事情がないかぎり，（実際に仕事完成に要した費用が見込額を上回っても）契約後に請負代金が変更されることを予定していない。

次に，契約時に概算を定めておき，後に実際に仕事完成に要した費用をもとに清算する形態もある（概算請負）。契約時に請負代金を確定することができない事情がある場合（たとえば，災害復旧工事のように正確な見積額を算出することが時間的制約において困難な場合）や仕事の内容の一部が不確定な場合などに行われる。

さらに，工事種類ごとに単位面積または単位体積あたりの仕事の単価を決めたうえで，予定仕事量に基づいて請負代金を積算して契約しておき，仕事完成後に実際に完成した仕事の数量をもとに清算する形態もある（単価請負）。

なお，定額請負においても，当初合意されていた請負代金額が変更される場合がある。特に建設工事の請負契約約款において，契約締結後に物価や人件費の著しい変動があった場合に，それに合わせて事後的に変更することを当事者間においてあらかじめ約することがある（「スライド条項」という）。

(b) 報酬請求権の発生時期　　請負人の報酬請求権の発生時期については明文規定がなく，たとえば，契約の成立時か，それとも仕事の完成時かをめぐり議論があった。この問題は，主として，報酬請求権の譲渡の可否あるいは報酬請求権の差押え・転付命令の可否に関して意義を持った。判例は，報酬請求権が請負契約成立と同時に発生する（完成によって弁済期が到来する）という理解を前提として，工事完成前の工事代金債権の差押え・転付命令を有効としてきた（大判昭5・10・28民集9巻1055頁，仙台高決昭56・1・14判タ431号103頁など。なお，仕事の引渡前に送達された建設工事代金の差押通知を有

目的物の引渡しを要しない仕事については，後払である（633条ただし書による624条1項の準用）。

しかし，実際には支払時期について各種の請負契約において特約がなされるのが一般的であり，たとえば，建築請負・建設請負では，着工前から竣工までの間に数回にわたり分割して支払われるのがむしろ通常である。

(2) **協力義務**　請負債務の履行の完了のためには債権者である注文者の協力が必要となることが多い。たとえば，材料や指図の提供，建築確認，注文者の土地への立ち入り許可の提供などである。これらの協力行為が注文者の債務であるかは議論の余地がある。

これらの行為の性格付けははっきりしないものの，判例のなかには，注文者の協力が行われない場合につき，注文者の受領遅滞ととらえつつ，他方で，それによって履行が不能となった場合については，536条2項の要件を満たすことを前提に請負代金の請求を認めたものもある（最判昭52・2・22民集31巻1号79頁）。しかし，反対給付をこえる損害についてはこの構成ではカバーされず，また不能とならない場合にも救済されない。そこで，注文者の協力義務を措定し，注文者の協力行為の不提供の場合に，協力義務の不履行に基づき契約解除を肯定した裁判例もみられるのである（名古屋地判昭53・12・26判タ388号112頁）。

これまでの学説にも，建設請負の場合には信義則上の**受領義務**を肯定する見解がみられた。しかし，さらに進んで注文者の協力義務を肯定し，その不履行責任を認めるべき場合もある。それにより，注文者側に協力の遅滞があった場合には，請負人が着手の段階で契約を解除して債務を免れることができ，損害賠償請求が可能となり，場合によっては現実的な協力行為を求める可能性が生じる。そして，このような要請も，債権者の協力行為の内容によって濃淡を認める

効とした先例として，東京地判昭 41・10・28 判タ 200 号 153 頁）。譲渡性
を前提とした先例もみられる（最判昭 42・10・27 民集 21 巻 8 号 216□
頁）。学説の多数も，報酬請求権は請負契約成立と同時に発生する□
として，完成前の請負代金債権の差押え・転付命令を肯定してい□

　改正後民法においても，仕事の契約不適合に基づく損害賠償と報
酬支払は同時履行と解されるが（533 条〔追加されたかっこ書を参照□
改正前民法においては 634 条 2 項），これは仕事が契約不適合であっ□
も（つまり未完成であっても）報酬請求権が発生しているとする立□
と整合するものである（この点を指摘するものとして，東京高判昭 36
12・20 判時 295 号 28 頁など）。また，この同時履行関係に関する判□
（最判平 9・2・14 民集 51 巻 2 号 337 頁）およびその後の相殺に関す□
判例（最判平 9・7・15 判時 1616 号 65 頁）も，このような理解を前□
とするものであり，この判例法理は改正後民法においても維持さ□
よう（すなわち，仕事が契約不適合であり，仕事未完成であっても，損
賠償支払義務と同時履行関係に立つ報酬支払債務が存在し，かつ契約不□
合に基づく損害賠償請求権と相殺するに足りる具体性を備えた報酬請□
が既に発生している）。また，仕事の契約不適合に対して請負人に□
酬減額請求権（559 条・563 条）が与えられていることは，仕事に□
約不適合なところがあっても（つまり，仕事が未完成であっても），□
に（減額請求の対象としての）約定額の報酬請求権が発生してい□
いうことをやはり前提とするものである。

　そのうえで，報酬請求権の発生に関するこのような考え方が□
負人の契約不適合責任規定の適用範囲に連結されている（詳し□
⇒④請負契約における契約不適合と適用規範(3)）。

　(c)　報酬の支払時期　　報酬の支払時期としては，民法上は□
払が原則であり，完成した仕事の目的物の引渡しと同時履行の関□
立つ（633 条本文。ただし，仕事の完成義務は先履行される必要があ□

べきである。すなわち，①債務の履行の着手の前提となる協力義務，②債務の履行継続に必要となる協力義務，そして③完成した仕事の引渡しに必要となる協力（受領）義務（完了に必要な協力行為）の相違によってである。たとえば，①，②の協力行為の不提供の場合にはペンディングな状態が継続することの不利益は大きく，不履行に基づく損害賠償や解除を認める必要性が大きいであろう。また，②の段階では出来高に対する報酬を確保する必要も生じる。これに対し，③については，売買の受領遅滞の議論と同じ基盤で考えることができる。このような相違により，協力行為の内容に応じその不提供に対する救済が区別されるべきことになろう。

　なお，注文者の受領義務（引取義務）については，その法的性格をめぐって議論が見られるが，上記のように受領義務を協力義務の中に含めて理解すれば足りよう。

③ 仕事の未完成と割合的報酬

Case 13-2 ────────────────────────────

　Ａ会社は，自己の所有する土地を18区画の階段状の宅地に造成して分譲することを計画し，Ｂ開発株式会社との間において宅地造成工事請負契約を締結した。Ｂは契約に従って工事に着手したが，その完成前に次のような事態が生じた。

１　宅地造成工事が４割ほど進んだ段階になって，造成予定地に隣接する土地において行われた土砂の過剰採取の影響で，安全の観点から，残りの土地を宅地として造成することができなくなり，当初の宅地開発工事は履行不能となった。

２　宅地造成工事が６割ほど進んだ段階になって，残りの範囲において深刻な地盤沈下が生じ，当初の宅地開発工事は履行不能となった。その地盤沈下は，本件造成予定地の地盤が極めて軟弱であるにもかかわ

らず，Ａが行った地質調査が不正確であったため，これに基づく地盤改良工事が不十分であったことによるものと判明した。

仕事の未完成と報酬

請負は請負人による仕事の完成に対して注文者が報酬を支払うことを目的とするものであるから，仕事が完成しない場合には請負人は報酬を請求することができない（報酬支払債務の弁済期が到来しない）のを原則とする。

ただ，仕事完成に至らなかった場合においても，その原因や完成への途上にある目的物の価値によっては，約定の報酬の一定割合につきその請求を認めるべきであると考えられる場合がある。

たとえば，注文者の責めに帰することができない事由によって仕事を完成することができなくなったときや請負が仕事の完成前に解除されたときであっても，請負人が既にした仕事の結果のうち可分な部分の給付によって注文者が利益を受けるときは，請負人に一定の報酬請求を認めることが考えられる。

また，注文者の責めに帰すべき事由によって仕事完成が不能となった場合，請負人が仕事を中途で中止・放棄したが請負が解除されなかった場合，さらに，注文者の側（領域）の事情によって履行不能となった場合などにおいても，報酬請求の可否の問題が同様に生じうる。

注文者の責めに帰することができない事由による仕事完成の不能の場合

まず，注文者の責めに帰することができない事由によって仕事を完成することができなくなった場合について，民法は割合的報酬の請求を認めている（634条１号）。これにあたる場合としては，①仕事完成がいずれの当事者の責めにも帰することができない事由によって履行不能となった場合と，②請負人の責めに帰すべき事由によって履行不能となった場合とがありうる。

⑴　仕事完成がいずれの当事者の責めにも帰することができない事由によって履行不能となった場合　　この場合について，改正前民法下の判例・多数説は，危険負担の問題が生じるものとして，引渡前に履行不能を生じた場合には，（注文者が受領遅滞にあるときを除いて）改正前536条1項を適用し，請負人が危険を負担するものとしてきた。

　これに対し，634条1号は，既履行部分のうち，可分な部分の給付によって注文者が利益を受けるときは，その部分を仕事の完成とみなし，請負人は，注文者が受ける利益の割合に応じて報酬を請求することができるものとした（これは，完成前に請負が解除された場合における割合的報酬請求の考え方〔後述参照〕を一般化し，注文者の責めに帰すことのできない事由による完成前の不能の場合に推し及ぼしたものである）。■の場合は，この規定の適用により，既履行部分に関する仕事完成の擬制により，BはAが受ける利益の割合に応じた報酬を請求することができることになる。

　⑵　請負人の責めに帰すべき事由によって履行不能となった場合　　これは，請負人が不履行責任（415条）を負うべき場合であるが，同時に，注文者のもとに可分性と利益性を備えた部分が残る場合には，これも634条1号に含まれるものと解される。そうすると，やはりその部分も仕事の完成とみなされて，請負人は，注文者が受ける利益の割合に応じて報酬を請求することができることとなる（請負人の責めに帰すべき場合であっても割合的報酬が認められると解することには異論もありうる）。

⑴　仕事完成前の解除と割合的報酬の請求

| 仕事の完成前に請負が解除された場合 |

請負契約が仕事の完成前に解除された場合においても，既履行部分のうち可分な部分の給付によって注文者が利益を受けるときは，その部分は仕事の完成とみなされ，請負人は，注文者が受ける利益の割合に応じて報酬

を請求することができる（634条2号）。

　判例は，古くから請負の解除は，既履行部分のうち仕事の結果が可分であり，かつ，注文者がその部分の給付について利益を有するときは，特段の事情がないかぎり，その部分については契約を解除することができず，その残余部分のみを解除（一部解除）することができるにとどまるものとする立場をとっていた（たとえば，641条に基づく解除のケースとして大判昭7・4・30民集11巻780頁，改正前541条に基づく解除のケースとして最判昭56・2・17判時996号61頁）。また，このような考え方は一般に学説の支持を得ていた（これは，632条が要求する仕事の完成には，仕事の全体的な完成のみならず部分的な完成も含まれ，それもまた報酬請求の根拠となりうる場合があることを認めたものである）。

　634条2号は，この考え方を前提として，仕事完成前に請負が解除されても，既履行部分のうち可分性と当事者の利益が認められる部分については，その部分を完成したものとみなすという新しい根拠付けを与えることにより，当該請負契約に基づいて履行されたものとして解除が及ばないものとし，その部分について注文者が受ける利益の割合に応じた報酬請求権を認める。

　これにより，仕事が未完成であっても，その時までに行われた仕事で上記の要件をみたす部分については注文者がそれについての権利を取得するから，請負人は，解除時の状態のままで建物等の完成途上の目的物を注文者に引き渡し，注文者はこれを引き取り，可分性と利益性を考慮して引渡しを受けた工作物に対する相当な報酬を請負人に支払い，既に支払われた前払金があれば，相互に清算する義務を負うことになる。

　(2)　解除原因と割合的報酬　　634条2号が適用される解除の原因については，明文の制限はない。改正前民法下の判例に現れた限り

では，債務不履行解除（541条以下），任意解除（641条）が含まれるが，契約不適合解除や事実上の仕事放棄を含むかについては，今後の議論に委ねられる。

なお，合意解除については，その範囲についても合意の解釈が基準となるので634条2号が働く場面はないであろう。

(3) 解除の範囲を画する要件——可分性と利益性　　ここでいう「可分」「利益」という要件は，何を要求するものか。改正前民法下の判例では，可分性の意義を述べるものはほとんどなく，また可分性を否定した先例もほとんど見当らない。他方，利益性の要件について（追加工事による完成をしなくても）部分的な既履行部分のみで既に一部の用途に応えうること（たとえば，数棟の建物の建築請負契約における1棟の契約に適合した状態での完成）のみを指すものではなく（そのような場合に利益が認められるのは当然である），部分的な施工部分に追加工事を行うことによって本来の仕事を完成することができること（たとえば，1棟の建物の一部の工程の終了）をも指すことが多かった。そのうえで，たとえば，当初の請負人以外施工できないような特殊な工事の場合には，既履行部分の利益性が否定されることもあろう。

注文者の責めに帰すべき事由による仕事完成・引渡しの不能の場合

(1) 注文者の責めに帰するべき事由によって仕事完成債務が履行不能となった場合　　他方，注文者の責めに帰するべき事由によって仕事完成債務が履行不能となった場合については，改正民法の起草過程において明文の規定をおくことが検討されたが，結局，危険負担に関する536条2項の規律に委ねることとなった。このような規律は，改正前民法下の判例・多数説も支持するところであった。

たとえば，仕事が完成しない間に注文者の責めに帰するべき事由により完成が不能となった場合には，請負人は自己の残債務を免れ

るが，536条2項によって注文者に請負代金全額を請求することができると判示した先例がみられた（最判昭52・2・22民集31巻1号79頁）。この規律によれば，**2**の場合には，注文者Aは請負人Bの報酬請求に対し履行を拒むことができないこととなる。また，Bが請求することができる報酬請求権の範囲については，改正後民法536条2項においても約定報酬額の全額に及ぶのを原則とするものと解される。

　これに対し，上の状況のもとで，632条・633条の仕事完成義務の問題として争われた事例もあり，そのなかには，いわゆる出来高に応じた報酬請求のみを慣習や信義則を根拠に肯定した裁判例もみられた（たとえば，札幌地判昭51・2・26判時825号84頁）。

　他方，学説においても，判例を支持して536条2項を適用する見解が多数であるが，危険負担の問題とすることを否定し，632条・633条を適用し仕事完成義務の問題とする見解がある。

　また，履行不能の原因が注文者・請負人のいずれの危険領域に含まれるものかを基準として危険の負担を判断するという考え方に立って，536条2項にいう責めに帰すべき事由は415条におけるのとは異なり，注文者の危険領域にある事由が仕事の完成不能の原因となった場合を含むものとする立場も見られる（危険領域説。この立場は，前掲最判昭52・2・22についても，発注者が直接工事不能の原因を与えているわけではないものの発注者の領域内にその原因があると考えられる場合に注文者に危険を負担させた判断と見る）。そして，536条2項は本来抽象度の高い規定であり，注文者に415条におけるのと同じ意味における帰責事由があるときは，請負代金全額の請求を認めるが，注文者の危険領域から履行不能が生じたにとどまる場合には，出来高に応じた報酬請求を認めるべきものとする。

　(2)　仕事完成後・引渡前に履行不能が生じた場合　　仕事完成後・引

渡前に履行不能が生じた場合（たとえば，歴史的建造物の移築工事の請負がなされ，その工事の完成後・引渡前にその建造物が焼失したような場合）にはどのように考えられるか。このような場合について学説においては，特定物の引渡債務が履行不能となった場合と同様に処理する見解が主張されてきた。これによれば，不能がいずれの当事者の責めにも帰すことができないときは，売買契約の目的物が引渡前に滅失した場合と同様の処理によるべきことになる。他方，履行不能を完成の前後において区別して扱うことに対する批判も現れている。

　なお，仕事完成後・引渡前の滅失・損傷が注文者の責めに帰すべきときは，注文者は報酬支払義務を拒むことができない（536条2項）。

| 仕事完成債務が履行不能にならない場合 |

　(1)　着手後・仕事完成前に目的物の滅失・損傷が生じた場合　請負契約においては，目的物の滅失・損傷が生じてもそれが直ちに請負債務の履行不能をもたらさないことが多い（天災によって施工中の目的物が滅失・損傷したが再工事が可能な場合が典型的）。この場合も，仕事の完成はなお可能であるから，請負人はその完成義務を免れないことになる。そこで，再履行の場合にも，既に仕事のために行った労働や支出した費用のように「無益となった出捐」（増加費用）の負担の問題が生じてくる。

　このような再履行が可能である場合については，実際に判例に現れたケースは見当たらないが，請負人は特約や信義則，事情変更の原則により，相当の報酬増額を請求すること，または仕事のやり直しをする債務を免れることも認められるべきであろう。また，実際にこのような負担につき特約をすることも多い。

　(2)　仕事完成後・引渡前に滅失・損傷が生じた場合　なお，仕事完

成後・引渡前に仕事の結果が滅失・損傷した場合にも，上と同様の問題が生じうる。引渡しがなされていない以上請負人の債務は完全には履行されていないから，請負人の履行義務は残り，報酬の増額も損失の塡補も認められないとするのが原則であろう。しかし，この結果は，請負人にとって過大な負担となる場合もある。そこで，学説上は，やはり信義則による請負人の負担緩和（たとえば，相当な報酬増額，損失補償，契約解除）が提案されてきた。

　また，より根本的には，請負は仕事の完成を主な目的とし，引渡しは従たるものにすぎないから，請負人が仕事を完成したときにも，請負人の債務はその完成されたものを引き渡すことに集中し，引渡前に滅失・損傷した場合には，それがだれの責めに帰すべきものであるかを問わず，もはや履行不能とみることも主張されている。そうすると，完成によって請負人は給付危険から解放されるとともに，対価危険についても，売買契約の目的物が引渡前に滅失した場合と同様に規律する可能性も生じてくる。

④　仕事の目的物の契約不適合と請負人の責任

Case 13-3

　Ａ会社のスポーツクラブの建設を請け負ったＢ工務店は，予定された工程を終了し，仕事が完成したとしてＡに検査を求めたところ，Ａは，インドアテニスのコートの床面に施工上の僅かの傾きがあり，上級者のプレーには不都合であると指摘した。Ｂは，傾きの存在は認めたがテニスコートとしての使用には支障はないと反論している。Ａは，Ｂの施工技術に不信を抱き，Ｂに修補ではなく損害賠償を求めること，あるいは，契約の解除を検討している。

(1) 仕事の目的物の契約不適合　　請負契約における契約不適合とは，一般的に言えば，仕事の目的物が契約において求められているところを満たさない状態をいう。この状態の評価は，個々の請負契約ごとに求められているところとの相違を評価して行われることになるが，たとえば建設請負の場合には，設計図書との齟齬，各種の行政法規との不適合，代金と工事原価との差などが主な評価要素とされてきた。改正前民法下における「瑕疵」の評価例はその相当部分において契約不適合の評価に応用しうるであろう。

(2) 売主の契約不適合責任に関する規定の準用　　他方，不履行の一形態としての種類・品質に関する契約不適合に対しては，売買目的物の種類・品質・数量に関する売主の契約不適合責任の規定（562条以下。これを「担保責任」として括っている）が請負にも準用されるため（559条），請負人も仕事の目的物に関する種類・品質の契約不適合につきこれらの準用規定に基づき責任を負うことになる。すなわち，注文者は請負人に対し，契約に適合しない箇所に対する修補（559条・562条），契約不適合に即した報酬減額（559条・563条）を請求することができ，さらに，損害賠償の請求・解除の主張を行うことができる（559条・415条・541条・542条・564条）。

なお，請負人が契約不適合責任を負わない旨の特約をしても，請負人は，知って告げなかった事実については責任を免れることはできない（559条・572条）。

(3) 契約不適合責任規定の適用範囲　　準用されるべき売主の契約不適合責任規定（562条以下）の適用範囲はどのように画されるべきか。本旨不履行の状態の一部を契約不適合として切り分け，それに対して契約不適合責任規定に基づいて修補や報酬減額の請求を認めるのであれば，その区別の基準はどのように設定されるべきか。

(a)　予定工程終了（一応の完成）説　　改正前民法下においては，「瑕疵」のない仕事の完成が請負人の債務内容であるから，瑕疵があればそれも一種の不完全履行状態であるとしながら，他方で，仕事の完成の判断については，これを「予定工程を終えたか」によって行うものとする考え方が多数説であり，多くの裁判例の立場でもあった（東京高判昭 36・12・20 判時 295 号 28 頁，東京高判昭 47・5・29 判時 668 号 49 頁，東京地判平 22・10・26 判時 2114 号 77 頁など）。そして，このようにとらえられた「仕事の完成」が，報酬支払の前提（注文者からの未完成の主張の排除）としての観点，および瑕疵担保責任規定の適用範囲を（債務不履行の一般規範との関係において）画する基準としての観点という性質の異なる 2 つの機能をはたしてきた（請負債務の内容としての「瑕疵のない仕事の完成」とは別に，報酬請求や瑕疵担保責任規範の適用の前提となる「予定工程の終了」〔「一応の完成」ともいう〕の二通りの「完成」概念が存在していた）。瑕疵担保責任規定の適用範囲は，報酬請求に対する損害賠償の請求との同時履行の抗弁（改正前 634 条 2 項後段）の存否，さらには相殺の可否として問題となることが多かったため，報酬請求の可否と瑕疵担保責任規定の適用の可否が，予定工程の終了によって連結され，同一の基準で判断されることに一定の合理性が認められていたのである（種類・品質の契約適合性と報酬との対価関係の実現）。

　予定工程終了によって契約不適合の評価の客体が出現したことを理論的な根拠として，改正後民法においても，この基準が維持されるであろう。

　(b)　引渡説　　他方，改正前民法下における引渡説（受領基準説もほぼ同様）は，引渡しに仕事完成の承認や履行認容の要素が加わることに意義を見出し，仕事の目的物の引渡時をもって瑕疵担保責任規定が準用されると解するものであった。改正後民法下の条文

（562 条・567 条・636 条など）の文言とも整合的である。

　ただ，改正民法下においても，引渡しがなされる場合には報酬の
支払も行われるのが通常であるから（633 条），その引渡しに完成を
承認するという意味合いが備わる場合であっても，もはや引渡後に
は報酬請求を受けた注文者が契約不適合責任との同時履行の抗弁
（533 条）を出すという場面は残っていないのがふつうであり，注文
者がこの同時履行の抗弁を提出することができるのは，請負人が引
渡と報酬支払の同時履行（633 条）のメリットを自ら放棄してし
まったという場合に限られることになって，報酬請求に対する防御
としての契約不適合責任の追及の機会を大きく制限することになる。

　また，引渡しや受領が契約不適合責任追及の請求原因事実になる
とすると，承認や受領には注文者の意思的な要素が介在するから，
注文者は仕事の目的物の不具合に関する適用規範自体をほぼ自由に
選択可能となろう（他方で，予定工程終了はより形式的・客観的な基準
である）。従来この点の不当性も指摘されてきた。

────────────
契約不適合箇所の
修補請求権
────────────

(1)　履行の追完と修補　　契約不適合に対し
ては，注文者は履行の追完を請求すること
も可能である（559 条・562 条 1 項）。請負債

務の履行の追完請求としては修補請求がなされるのがふつうである。
Case 13-3 でも，この規定に基づいて，A が B に対して修補請求
を行うことができる。修補請求は，相当の期間を定めてなされるべ
きものと解される。

　ただし，注文者に帰責事由があるときは，修補請求を行うことが
できない（559 条・562 条 2 項。契約不適合が注文者の提供した材料や指
図による場合も注文者の帰責事由によるものと評価されうるであろうが，
この場合には直截に 636 条の適用によるべきであろう。なお，同条と 562
条 2 項との関係は今後議論されるであろう）。

(2) 修補請求権の限界の評価要素　修補請求は，それによって仕事の目的物を契約に適合したものにすることを求めるものであるが，たとえば，修補の履行が物理的に不能である場合や，契約不適合がそれほど重要ではないにもかかわらずそれを修補しようとすると過分の費用を要する場合にまで修補請求を認めることは妥当ではない。では，修補請求権にはどのような限界が設けられるべきであろうか。この点については，履行請求権の限界に関する一般規定（412条の2 1項）に基づき，当該修補が，契約その他の債務の発生原因および取引上の社会通念に照らして不能であると評価することができる場合には，もはやその修補請求は退けられるべきものと解される（改正前634条1項ただし書は，この評価要素を①仕事の目的物の瑕疵が重要でないこと，②修補に過分の費用を要することとして要件化していた）。

(3) 報酬支払との関係　修補義務の履行と報酬支払とは同時履行の関係（533条）に立つと解するべきか。改正前民法634条2項の下においてはやや議論があり，修補義務は残存する仕事完成義務の一部と見ることができるから，同時履行関係を否定し修補を先履行（632条）とするのが理論的であるが（修補の完了まで報酬の支払を拒絶する注文者の権利が認められるべきであるとする見解もあった），一般には同時履行関係を認めてきた。改正後民法においてもなお議論となる。

報酬減額請求権 　改正前民法においては注文者の報酬減額請求権に関する規定は存在しなかったが（損害賠償において考慮されていた），改正後は売主の責任に関して設けられた代金減額請求権に関する規定（563条）を準用する可能性が生じ，また注文者の報酬減額請求権を前提とした規定（636条・637条）もおかれた。

すなわち，上記の，契約不適合箇所の修補について，注文者が相

当の期間を定めて修補の催告をし，その期間内に修補がなされなかったときは，注文者は，その不適合の程度に応じて報酬の減額を請求することができる（559条・563条1項）。Case 13-3においても，AはBに対して報酬減額を請求することができる。

　他方，これにかかわらず，修補が不能であるとき，請負人が修補を拒絶する意思を明確に表示したとき，修補の完了に一定の時期的条件があるにもかかわらず修補がその時期までになされないとき，その他催告をしても修補がなされる見込みがないことが明らかであるときには，注文者は，上の催告をすることなく，直ちに報酬の減額を請求することができる（559条・563条2項。ただ，契約不適合が注文者の責めに帰すべき事由によるものであるときは，このかぎりではない。559条・563条3項）。

　改正前634条2項は，瑕疵修補に代わる損害賠償義務が本来の仕事完成義務とは同一性を有しないにもかかわらず，同条においてこの損害賠償額の支払と請負代金の支払が同時履行の関係に立つとしていたが，これは，民法起草者によれば，この損害賠償額を裁判所が判断した時には請負人が既に受領した報酬を費消してしまっていたというリスクがあるから注文者をしてこれを回避せしめるとともに，両債権の相殺を可能にすることによって実質的な報酬減額を実現しようという趣旨によるものであった。このような考慮は，改正後民法の下では，直截に報酬減額請求権の行使によって実現されることになる。また，契約不適合に対する請負人の損害賠償責任が免責される場合（極めてまれではあるが）を含めて，減額請求が与えられることになる。

　やや問題となるのは，報酬減額分の算定をどのように行うかという点であるが，完成を実現するための修補に要するであろう額を減じるべき額とする方法，完成するべき仕事に対する未履行分の割合

を報酬額に乗じた額を減じるべき額とする方法などがある。算定方法によっては，既に述べたように，上の2債権の相殺による処理との差異が現れることがありうる。

損害賠償請求権

(1) 契約不適合に基づく損害賠償請求の可否

注文者は，仕事目的物の契約不適合につき，不履行責任の一般規範に基づき損害賠償を請求することができる（559条・564条・415条）。改正前民法においては瑕疵の修補に代え，またはその修補とともに損害賠償請求することができるものと規定され（改正前634条2項），修補が可能である場合にも，修補を請求しないでただちに，修補に代わる損害賠償の請求を行うことができるものと解されていた（最判昭52・2・28金判520号19頁，最判昭54・3・20判時927号184頁，改正前民法下における通説。履行請求権の優位性に関する例外としての性格をもつ）。実際に，仕事目的物の瑕疵をめぐる対立が法的紛争にまで発展した段階では，注文者が修補請求（改正前634条1項）を行ったものは極めてまれであった（そのような段階に至った場合には，既に請負人の技量や履行態度に対する信頼が失われていることが多い）。

　他方，改正後民法においては，注文者が契約不適合箇所の修補に代えてただちに損害賠償の請求を行うことができるかは，契約責任の一般原則に立ち返り，415条2項の履行に代わる損害賠償の問題として判断されるべきことになる。Case 13-3の場合のBの態度によっては，たとえば，Aが無催告一部解除（542条2項）を行いただちに損害賠償を請求する余地もあるであろう。

　この損害賠償責任によって賠償されるべき損害の範囲は416条によって決定される（建替費用相当額の賠償請求の可否についても，もっぱら同条の規律によって決せられる。改正前635条は削除され同条ただし書の趣旨との関係はもはや問題とならない。改正前規定の下における最判

平 14・9・24 判時 1801 号 77 頁参照）。

　賠償額の算定は，改正前民法下においては，契約不適合があることによる目的物の市場価格の低下分を考慮する方法と不適合箇所の修補に要するであろう費用による方法とがあった。

　なお，注文者が，修補請求を行った上で，請負人の対応に応じ損害賠償の請求（415 条 1 項）をなしうることは言うまでもない。他方，請負人は，免責の抗弁を提出することができる（もっとも，契約不適合の場合に請負人に免責事由があるということはまれであろう）。

　(2)　報酬支払との関係　　この場合の損害賠償請求権と報酬請求権とは同時履行（533 条）の関係に立つ。また，既に述べたように，改正前民法においては，この場合の同時履行関係（改正前 634 条 2 項後段）の立法趣旨はその後の相殺により実質的な請負代金減額を実現しようとするところにあった（瑕疵修補に代わる損害賠償請求権と報酬請求権は相殺が認められるものと解される。最判昭 53・9・21 判時 907号 54 頁）。ただ，改正後は報酬の減額請求（559 条・563 条）が可能となったため，相殺のこのような機能は相対的に重要性を失った。

　他方，仕事引渡しの時点でどれほどの報酬残代金が存するかは契約内容によって区々でありうるし（特に建設請負の場合には，報酬が工事の進捗状況に応じて五月雨式に分割して支払われるのが通常である），不適合に基づく損害賠償の額もまた不適合状態によって左右され，両請求権の額の大小やその差はさまざまである。そこで，改正前民法下においては 634 条 2 項に基づく同時履行関係は両債権の全額において成立するのか，それとも対当額の部分に限られるのかが問題となった。

　判例は，原則として同時履行の関係を全額において認めるが，例外的に，瑕疵の程度や各契約当事者の交渉態度等にかんがみ，その瑕疵の修補に代わる損害賠償債権をもって報酬残債権全額の支払を

拒むことが信義則に反すると認められるときはこの限りではないとしていた（最判平9・2・14民集51巻2号337頁）。注文者が瑕疵修補を選んだ場合との均衡をとる意味で，修補に代わる損害賠償と債権と報酬残債権全額とにおいても同時履行関係が肯定される必要があった。対当額においてのみ同時履行関係を認めると差額分について遅滞責任が生じてしまうおそれがあるからである。この考え方は，改正後民法下でも妥当しよう。

　上の最判平成9・2・14は，相殺にまで至っていないケースであるが，進んで注文者により相殺が行われたケースにおいて，最高裁は，相殺後の報酬残債務について，相殺の日の翌日から履行遅滞に基づく責任を負うものとした（最判平9・7・15民集51巻6号2581頁）。同時履行の関係にあったという効果を遡及的に否定するべきではないとする考慮によるものであり，民法改正後も妥当するであろう。

契約解除

(1)　契約不適合と解除の規律　　仕事の目的物に契約不適合なところがある場合も請負人の本旨不履行にあたるから，改正後民法においては，契約不適合に基づく解除は，双務契約の解除に関する一般的な規律に委ねられることとなる（559条・541条・542条・564条）。その規律は，双務契約一般について説明したところによる（⇒第5章）。

(2)　解除の範囲　　この契約不適合解除においてもまた割合的報酬が認められるか（改正前635条本文の場合には割合的報酬の肯定例はみられなかった）。この問題は，改正民法下では，契約不適合解除も634条2号の完成前の解除に含まれるかの問題となる。

　契約不適合解除が634条2号の完成前の解除に含まれるとすれば，契約不適合解除の場合も請負人に割合的報酬を肯定する可能性が生じ（その前提として，同号の「完成」の前にも契約不適合責任規定の適用を肯定する必要がある。たとえば，この完成を契約に適合した完成と読む），

注文者に引取りの義務も生じ，それは，解除制限（改正前635条ただし書）を排除した意味を大きく削ぐことになるという問題が生じよう。これに対し，含まれないとすれば，（たとえば，工事放棄などにより）不履行解除がなされても同条同号によって完成に到達していない仕事の目的物について完成したものとみなしてそれを保存しつつ割合的報酬を肯定しながら，他方で，ひとまず完成に達した後に行われた契約不適合解除では目的物について原状回復（たとえば，建物除却）を求めることは，いかにもバランスを欠くという別の問題が生じよう。

契約不適合責任の制限

請負人に対し，契約不適合責任が追及された場合であっても，仕事の目的物に関する契約不適合が，注文者が提供した材料の性質または注文者が与えた指図によって生じたものであるときは，請負人には上記の責任は発生しない（636条本文）。ただし，請負人が，その材料または指図が不適切であることを知りながら告げなかったときは，請負人は責任を免れない（同条ただし書）。

なお，契約不適合をもたらすような，注文者が提供した材料の性質または注文者が与えた指図は，注文者の責めに帰すべき事由と評価されて，既に述べた，履行不能のリスク負担（536条2項）をも左右する場合があろう。

仕事の目的物が契約内容に適合しない場合の注文者の権利の期間制限

請負人が種類または品質に関して契約の内容に適合しない仕事の目的物を注文者に引き渡した場合（その引渡しを要しない場合においては，仕事が終了した時に仕事の目的物が種類または品質に関して契約の内容に適合しない場合）であっても，注文者がその不適合を知った時から1年以内にその旨を請負人に通知しないときは，注文者は，その不適合を理由として，修補の請求，報酬減額の請求，損害賠償

の請求および契約の解除をすることができなくなる（637条1項）。ただし，仕事の目的物を注文者に引き渡した時（その引渡しを要しない場合にあっては，仕事が終了した時）に，請負人がその不適合を知り，または重大な過失によって知らなかったときは，このような期間制限は働かない（同条2項）。

　これは，売買における目的物の種類・数量に関する契約不適合を理由とする売主の責任における期間制限（566条）と同様の趣旨による規律である。

住宅の品質確保の
促進等に関する法律

　住宅の品質の確保を促進し住宅購入者等の利益を保護するとともに住宅に関する紛争の迅速・適切な解決を図るために，1999年に「住宅の品質確保の促進等に関する法律」（住宅品質確保促進法）が設けられた（その後改正を経ている）。これは，①住宅の性能に関する表示基準およびこれに基づく評価の制度を設け，②住宅にかかる紛争の処理体制を整備するとともに，③新築住宅の請負契約または売買契約における瑕疵担保責任について特別の規定をおくものである（ここにいう「瑕疵」とは，種類または品質に関して契約の内容に適合しない状態をいう）。この法律による規律については，売買の章に譲る（⇒第8章*Column*⑤）。

特定住宅瑕疵担保責任
の履行の確保等に関す
る法律

　上記の住宅品質確保促進法によって引渡しから10年間責任を追及することができる（請負人に対しては同法94条，売主に対しては同法95条）といっても10年後に新築住宅を供給した企業が十分な資力をもって存続しているとは限らない。そこで，この問題を立法的に解決するため，「特定住宅瑕疵担保責任の履行の確保等に関する法律」が2007年5月に成立した。この法律は，建設業者等に対し，住宅瑕疵担保保証金の供託または住宅瑕疵担保責任保険契約の締結

を義務付けるとともに，住宅瑕疵担保責任保険法人の指定，住宅瑕疵担保責任保険をめぐる紛争の処理体制の整備をはかることなどを規定するものである。

⑤　請負の終了

双務契約一般にあてはまる契約終了事由とともに，請負契約に特有の終了原因が存在する。

```
仕事完成前における
注文者からの解除
```

⑴　**任意解除**　請負人が仕事を完成する前は，注文者は，いつでも，損害を賠償して契約を解除することができる（641条）。請負契約は，本来注文者の利益のために仕事を完成することを目的とするものであるから，契約成立後に注文者側の事情の変更により，注文者がもはや仕事の完成を必要としなくなったにもかかわらずしいて仕事を継続させることは，注文者にとって無意味であり社会的にも不経済なことである。加えて，請負人としても，損害の賠償がなされるならば不利益とはならないであろうという考慮がなされている。

しかし，双務契約の解除の一般的な法理からみると，契約そのものの履行状態や当事者の態様と関わりなく注文者による解除権を認める規律は，例外的なものであり（委任にも同旨の規定がみられるが，当事者双方に解除権が認められる〔651条1項〕。また，寄託にも解除に関する同様の規定があるが，当事者双方に解除権が認められ，かつ，それぞれにおいて要件に差異が設けられている〔657条の2〕）。また，今日では注文者が自己の資金的な都合によって工事を中止するために本条の解除権を利用することもある。そこで，本条の解除権行使に信義則上の制限を課すべきであるとする意見もある。

この損害賠償は解除と同時になされる必要はない。注文者は解除

時にはその額を特定しにくいからである。

　注文者が請負人に対して，債務不履行を理由とする契約解除を主張したが，その主張が認められなかった場合に，注文者は，641条を根拠に任意解除として解除の意思表示が有効であると主張することができるか。学説は否定説が多数であり，判例も，債務不履行を理由として解除の意思表示をした以上，それに任意解除としての効力を認めることはできないものとする（大判明44・1・25民録17輯5頁）。

　(2)　解除の範囲　　任意解除においても，既履行部分について，可分性と利益性が認められる場合には，その部分を仕事の完成とみなし，請負人は，注文者が受ける利益の割合に応じて報酬を請求することができるとするのが古くからの判例の立場であった（前掲大判昭7・4・30，東京高判昭52・6・7判時861号66頁など）。改正後民法においては，634条2号の適用として同旨の結論が導かれる。

　ただ，任意解除の場合には請負人は損害賠償を請求することができるから，その賠償を得ている場合には，この割合的報酬の額が大きく削減されることはありうるであろう（あるいは，先に割合的報酬を得ている場合には，損害はほとんどない場合もありえよう）。

注文者の破産　　注文者が破産手続開始の決定を受けたときは，請負人または破産管財人は契約を解除することができる（642条1項本文）。ただし，請負人による解除は仕事完成前に限られる（同条同項ただし書）。解除をした場合には，請負人は，既になした仕事の報酬およびその報酬に含まれない費用について，破産財団の配当に加入することができる（同条2項）。

3 委　任

1　委任とは

委任の意義

委任は，当事者の一方（委任者）が，法律行為をすることを相手方に委託し，相手方（受任者）がこれを承諾することによって，その効力を生ずる契約である（643条）。また，民法は，法律行為でない事務を委託する場合を，準委任として，これに委任の規定を全面的に準用する（656条）。したがって，委託する事務が法律行為か否かという，委任と準委任との区別は本質的なものではなく，委任の本質は広く自己の事務の処理を他者に委託することにあるものと理解することができる。このような性質により，委任は役務提供型契約の典型ともみられている。

委託の対象としての法律行為としては，たとえば，不動産売買の仲介，法律事務などがあり，法律行為以外の事務を委託する場合としては，医師による診断・治療，結婚紹介，不動産の保守など多岐にわたる。また，社会福祉基礎構造改革（1990年代末以降）に伴い福祉役務の提供が「措置から契約へ」と改められたため，福祉役務の提供を媒介する契約も，準委任契約ととらえられる場合が多い。

なお，委任契約の締結にあたり，委任者から受任者に「委任状」が交付される。実際の取引慣行においては，受任者の権限を明確にする意味でこれが重要な書面となることが多いが，委任契約の成立要件ではない。

委任の法的性質

委任契約は，片務・無償・諾成・不要式の契約である。委任契約が無償とされている

のは，かつて委任契約によって提供される役務として高度の専門的な知的役務が想定され，それは専門的職業人と委託者との信頼関係において提供されるものであって，対価を得ることになじまないと考えられたという，あくまで沿革的な理由によるものである。しかし今日では，特約によって報酬を約束すること（648条1項）がむしろ通常であり，その場合には，有償・双務契約となる。

法律行為の委託の場合，通常は代理権の授与を伴い，受任者は委任者の代理人となって事務を処理する。しかし，問屋・仲買人などの場合や準委任の場合のように代理権の授与を伴わない委任もありうる。

なお，一般に委任は，雇用と異なり受任者の自由裁量の範囲が広く，請負と異なり一定の結果の実現までが債務内容に取り込まれているわけではないが，具体的な事例によっては委任とこれらの契約との区別が問題となる事例もありうる。たとえば，教育役務の提供契約が一定の能力や技能の付与を引き受けたものとみられる場合や，歯科医療の契約や美容整形手術の契約において一定の結果の実現が契約上引き受けられているとみることができる場合もあろう。そのような性格が強まればこれらの契約を請負と性質決定する可能性も生じてくる。他方，建築士に対する建物の設計図の作製委託が請負ではなく準委任とされた例もある（京都地判平5・9・27判タ865号220頁）。これは，一方で契約の解釈の問題であるとともに，区別の基準自体が重なり合うことがありうることを示すものでもある。

２ 委任の効力

Case 13-4 ————————————————————

公認会計士Ａは，Ｂ会社から会計業務の委託を受け，同会社について監査を行ってきたが，ある年の監査報告書において，不正確な記述を残

してしまい，それが公表されたため，Ｂ会社の財務諸表について粉飾決算等の疑いが生じ，Ｂ会社は，銀行取引等において大きな不利益を被ることとなった。

受任者の義務 ）

受任者の義務内容について民法は，かなり抽象的な規定（委任の本旨に従い，善良な管理者の注意をもって，委任事務を処理する義務〔644条〕と経過および結果を報告する義務〔645条〕）を置いているにとどまるが，さらに，契約解釈を通じて個別の場面に即した義務の確定・具体化がなされる。

「**委任の本旨に従い**」委任事務処理を行う（644条）ということは，具体的な委任契約の目的・事務の性質に応じて，最も適切な事務処理を行うことである。委任者が事務処理について指示を与えたときには，受任者はこれに従うのが原則であるが，その指示を不適切と判断した場合には委任者にその旨を通知し指示の変更等の検討の機会を与えるべきである。また，処理すべき事務の範囲についても，同様に解するべきである。委任目的の達成に必要な場合には委託を受けない行為をしてよい場合もありえよう（商行為の委任について，商法505条参照）。

なお，診療契約上の義務内容についてはしばしば最も適切な事務処理であるかどうかについて問題が生じうる。近時の判断例として，当直の看護師らが抑制具を用いて入院中の患者の両上肢をベッドに拘束した行為が診療契約上の義務に違反しないとしたものがある（最判平22・1・26民集64巻1号219頁）。

善管注意義務 ）

(1) **善管注意義務の意義**　受任者は，「善良な管理者の注意をもって，委任事務を処理する義務」（善管注意義務，644条）を負う。**善管注意義務**は，民法典のいくつかの箇所（298条・350条・400条・671条など）で規定され

ているが，ここでは，日常生活における普通の注意のレベルよりも高く，引き受けられた具体的な委任の本旨に即して，受任者としての地位において要求される注意のレベルをさす。

　ただ，善管注意義務は極めて抽象度の高い概念であり，それが要求される場合ごとに，その具体的場面に即したサブルールが必要となる。また，当事者間の合意により，特に高い注意義務を合意した場合には，その合意された基準が求められる注意義務の基準となる。

　(2)　**善管注意義務の修正**　　原則として無償である委任において，無償寄託（「自己の財産に対するのと同一の注意」に軽減されている。659条）より高度の善管注意義務が課されていることについては，委任が，有償・無償を問わず，当事者の信頼関係を基礎に置いていることを根拠に正当化されることがある。

　しかし，好意的要素の強い無償の委任や，委任事務の内容から見て報酬額が極めて低廉な委任の場合にも，このような善管注意義務を課すことは不相当と判断される場合がありうる。実際に，無償ないし低額報酬の委任においては，両当事者に委任者の注意義務を自己の財産に対するのと同一の注意まで軽減する旨の黙示の合意が認められる場合が多いであろうし，また，659条を類推適用して注意義務を軽減すべき場合もありうる。さらに，注意義務を軽減しなくても委任者側に受任者の過失によって生ずべき損害の一部を負担する（損害賠償額を縮減する）意思が認められる可能性も指摘されてきた（他方で，ボランティアとして障害者の歩行介護を行う者も善管注意義務を軽減されるわけではないとした先例もみられる。東京地判平10・7・28判時1665号84頁）。

　これに対し，Case 13-4のように，一定の専門的職業人が，依頼者のために特殊な技能を用いて専門的な役務を提供することを引き受けた場合には，その契約上専門的業務の遂行に即した注意義務を

つくすことが要求される（これは，専門家としての地位にある者であれば一般的につくすべき義務であり，非専門家が専門的業務を行う場合の注意義務という概念はないから，注意義務が加重されたものではない）。この専門家の善管注意義務に関しては，多様な専門家ごとに判例・学説の発展がみられ，特に，医師の注意義務に関しては判例の集積が著しい。

　他方，近時は金融機関による金融役務の提供における善管注意義務の内容については，その限界を画する判決が現れている。たとえば，振込みの被仕向銀行（送金先の銀行）が，振込依頼に受取人の口座番号の指定がなく，受取人名以外に入金口座を特定するものがなかったために，受取名義人の指示に従って同人が代表取締役である法人名義の口座に入金したというケースにおいて，仕向銀行（送金元の銀行）は履行すべき義務をつくしたとされた（最判平6・1・20金法1383号37頁）。

　なお，債務整理を受任した弁護士は委任契約上の善管注意義務の一環として債務整理の方針について説明義務を負うものとし，その義務違反責任を肯定した判断もみられる（最判平25・4・16民集67巻4号1049頁）。

　(3)　役務の質と善管注意義務　　委任契約に基づいて提供されるべき役務の質は，契約解釈からそれを導けない場合には，中等の品質の役務（401条1項の役務への類推適用）でなければならない。他方，役務の質は，受任者が善管注意義務（644条）をつくしたかの問題として判断される可能性もある。中等の品質の概念と善管注意義務の概念は，物取引ではその判断場面が判然と区別されるが，委任契約のような役務の取引の場合には，役務そのものの質とその提供の態様ということを区別する意味がないことが多く，役務の質は同時に上の両者の規定の問題となる。すなわち，委任契約のような役務

提供型契約では，善管注意義務をつくしたかに関する判断と中等の品質の役務を提供したかに関する判断においては，その実質的な評価要素が両者においてほぼ重なり合い，融合することが多いであろう。

自ら事務処理を
行う義務

受任者は，原則として，**自ら事務を処理する義務**（自己執行義務）を負うものと解される。委任契約は，一般に当事者の能力や人柄をふまえて締結されるものであり，人的信頼関係の基礎の上に成立するものだからである。

他方，**復委任**，すなわち，受任者が委託された事務を自ら処理せずに他の者に行わせることが許されるかについては，上記の趣旨から否定的に解するのが原則とされてきた。改正前民法における通説は104条を類推適用して同旨を導いていた。

改正後民法は，明文をもって，委任者の許諾がある場合，または，やむことをえない事由がある場合（他人に任せないとかえって事務の処理に不都合を生ずるような場合）でなければ，復委任者を選任することができないものとした（644条の2第1項）。そして，代理権を付与する委任において，受任者が代理権を有する復受任者を選任したときは，復受任者は，委任者に対して，その権限の範囲内において，受任者と同一の権利を有し，義務を負う（644条の2第2項）。

なお，復委任が認められない場合であっても，履行補助者を使用することは許される。

報 告 義 務

受任者は，委任者の請求があった場合は，いつでも委任事務処理の状況を報告し，また，委任終了後は，遅滞なくその経過および結果を報告しなければならない（645条）。委任者が委任事務処理の状況について十分な情報を得ることは，信頼関係の前提となり，また自己の利益の確保に

直接関わるからである。近時の例として，フランチャイズ・チェーン運営者の加盟店に対する報告義務（656条・645条）を肯定した判断がある（最判平20・7・4判時2028号32頁）。

受取物等引渡義務・権利移転義務 受任者は，委任事務を処理するにあたって受け取った金銭その他の物，および収取した果実を，委任者に引き渡さなければならない（646条1項）。受任者が受け取った物には，第三者から受け取った物のみならず，委任者から受け取った物も含まれる。

また，受任者が，自己の名で取得した権利は原則として受任者に帰属するから，これを委任者に移転しなければならない（同条2項）。たとえば，委任者からの委託で，受任者がいったん自己の名で物を購入した場合である。

ただし，あらかじめ委任者に権利を取得させる特約があった場合や委任者が買受代金として金銭を受任者に交付した場合は，買受時における受任者から委任者への所有権移転の合意があったものと解されるから（大判大4・10・16民録21輯1705頁），646条2項が働く場面は限られる。また，この規定は，委任とともに代理権授与がある通常の場合にもあまり必要性は大きくない。なお，建設共同事業体が受注した工事の請負代金は，その代表者に帰属し，共同体の財産になったとはいえず，共同体を構成する他の構成員は約定に基づく分配金請求権を有するにとどまるものとした先例もある（最判平11・4・16金法1554号77頁）。

他方，受任者が，委任者に引き渡すべき金銭，または委任者の利益のために用いるべき金銭を自己のために消費したときは，その消費した日以後の利息を支払わなければならない（647条前段）。さらに，損害が生じた場合には，それを賠償しなければならない（同条後段）。この場合には受任者に一種の背信行為があったので，419条

の例外として，このような処理を規定したのである。

| 安全確保義務 |

委任契約における安全確保義務の例として，準委任類似の無名契約としてのパック旅行契約につき，旅行者に対する安全確保義務が主催者に認められたケースがみられる（東京地判昭 63・12・27 判時 1341 号 37 頁）。

Column⑫ 旅行契約 •••

　旅行契約とは，旅行業者が旅行者に対して，各種の旅行役務を提供することを内容とする契約であり，その性質は委任契約ないし準委任契約と考えられる。この旅行役務の内容としては，旅行の企画の作成，航空券等の手配，宿泊施設の予約などから，渡航手続の代行にも及ぶ広い範囲の役務が考えられる。

　旅行業法によれば，旅行業者は，旅行者と締結する旅行業務の取扱いに関する契約に関し，旅行業約款を定め，観行庁長官の認可を受けなければならない（同法 12 条の 2 第 1 項）。しかし，観行庁長官および消費者庁長官が定めて公示した「標準旅行業約款」を旅行業者において用いる場合には，その旅行業約款については，上記の認可を受けたものとみなされるため（同法 12 条の 3），ほとんどの旅行業者は，この標準旅行業約款を使用しており，この約款の内容は，わが国の旅行契約のほぼ共通する内容となっている（平成 19 年には，旅行業法施行規則等の改正により，第 3 種旅行業者（海外・国内の手配旅行のみを行う旅行業者）が一定の条件の下で募集型企画旅行（かつては「主催旅行」と呼んでいた）を実施することができるようになり，この約款も改正された）。

•••

Case 13-5 ────────────────────────────

　Aは，自己所有の土地を売却したいと考え，不動産仲介業者 B とのあいだで不動産仲介契約を結び，報酬額の定めも置いた。B は，ほどなく自己の店舗を訪れた C に対して A の土地を紹介し販売の交渉を開始した。

BがCに土地を紹介する際にＡも立ち会っていたところ，後日Ａは，Cと直接連絡を取り，「仲介手数料を節約しよう」などともちかけてその土地をＣに売却してしまった。AB間の仲介契約は解除されていなかった場合に，BはＡに対し，仲介の報酬額の支払を求めることができるか。

有償委任における
委任者の報酬支払義務

民法の委任は無償委任が原則であるが（648条1項），現実に行われる委任のほとんどは有償委任である（商事委任は，特約がなくても有償を原則としている。商512条）。有償委任における受任者の報酬請求権の発生時期についてはそれほど議論がないが，報酬の特約をもって委任契約が成立した時に発生すると解するのが多数説である。

　また，報酬特約がされた場合には，その支払は後払が原則である（648条2項本文）。ただし，期間をもって報酬を定めたときは，その期間の経過後に請求することができる（同条同項ただし書・624条2項）。もっとも，後述の成果完成型委任の場合において，その成果が引渡しを要するときは，報酬は，その成果の引渡しと同時に支払わなければならない（648条の2第1項）。成果が引渡しを要しない場合には，原則にかえって報酬は後払となる。

　なお，報酬額をあらかじめ委任契約において特定した場合には，その額が報酬となることは当然であるが，契約時に事務処理に要する費用をあらかじめ確定できないため，報酬額の算出基準を定めておく場合も多い。不動産仲介業者の報酬額はその例であり，また，弁護士の報酬額も着手金と成功報酬または報酬規定によって定められることが多い。他方，弁護士の報酬額につき別段の約定がない場合であっても，事件の難易，訴額，労力の程度だけでなく，依頼者

との関係，弁護士会の報酬規程等，諸般の情況を審査し，当事者の意思を推定して報酬額を算定すべきであるとした先例もみられる（最判昭 37・2・1 民集 16 巻 2 号 157 頁）。

履行割合型と成果完成型

また，有償委任には，純粋に事務処理の役務に対して報酬が支払われる履行割合型委任と，事務処理によってもたらされるべき一定の成果に対して報酬が支払われる成果完成型委任とがありうる。

前者の履行割合型委任において，委任者の責めに帰することができない事由によって委任事務の履行をすることができなくなったとき，または，委任が履行の中途で終了したときは，受任者は，既にした履行の割合に応じて一部の報酬を請求することができる（648 条 3 項。なお，委任者の責めに帰することができる事由による場合には，報酬全額の請求が認められる余地がある。536 条 2 項）。

他方，後者の成果完成型委任については，それが請負に類似するため，請負の報酬に関する 634 条の規定が準用される（648 条の 2 第 2 項）。すなわち，受任者が所定の成果を実現することができなくなったとき，または，契約が解除されたときは，受任者は，既提供の成果に関する可分性と利益性の要件の下で，委任者が受ける利益の割合に応じて報酬を請求することができる（⇒ 2 ③注文者の責めに帰することができない事由による仕事完成の不能の場合，仕事の完成前に請負が解除された場合）。

仲介委託をめぐる紛争

ところで，委任者が，契約締結の仲介を委託したにもかかわらず，受任者の交渉相手と直接契約を結んでしまった場合に，受任者は報酬請求をなしうるか。たとえば，Case 13-5 のように，不動産仲介において，不動産の売却を依頼された仲介業者がある者と交渉を進めている最中に，委任者がこの仲介業者を出し抜いて同じ相手方と売買契約を成立さ

せた場合や，依頼者が仲介契約を任意解除（651条1項）した後に相手と直接契約をした場合に，仲介者への報酬支払を免れることは妥当ではない。しかし，依頼人を長期にわたって拘束することが望ましくない場合もある。

　判例は，仲介業者の報酬請求権は，その仲介・あっせん行為により取引が成立してはじめて成立するとし，不動産の売却を依頼された仲介業者がある者と交渉を進めている最中に，委任者がこの仲介業者を出し抜いて同じ相手方と売買契約を成立させた場合には，仲介業者は，その成立が自己の行為と因果関係がある限り条件が成就したものとみなして（130条1項），所定の報酬を請求することができるものとしていた（最判昭45・10・22民集24巻11号1599頁。売買契約の成立を停止条件として一定額の報酬を支払う旨約定していた）。民法後改正においては，648条の2第2項の規定を根拠として，Case 13-5のような成果完成型委任の場合には，Bは，自身が仲介を履行していれば得られたであろう報酬額の支払を求めることができる。また，Aが，仲介契約を任意解除（651条1項）した後に，Cと直接取引をした場合にも，Bはやはり割合的報酬の請求をすることができる（648条の2第2項）。

　他方で，依頼者を長期にわたって拘束することが望ましくない場合については，宅地建物取引業法が専任媒介契約に関連する規定（34条の2第1項・3項）などの定めをおいているが，なお約款の定めも重要となる。

Column⑬　不動産仲介契約の規律と約款 ••••••••••••••••••••••
　現在では，依頼者と不動産業者の権利や義務を明確にするため，国土交通省が業界との協力のもと「標準媒介契約約款」を策定している。これによれば，現在の不動産仲介契約は，以下の3種に分けることができ，それぞれの形態が異なる。

すなわち，①専属専任媒介契約は，特定の不動産業者1社のみに仲介を依頼する契約形態であり，依頼人は，複数の業者に重ねて媒介を依頼すること，自ら購入希望者を探して売買または交換の契約を結ぶことはできないものとされている。②専任媒介契約は，特定の不動産業者1社のみに仲介を依頼する契約形態であるが，専属専任媒介契約とは異なり，自分で購入希望者を探すこともできる。③一般媒介契約は，複数の不動産業者に重ねて媒介を依頼することができる契約形態であり，依頼者が他のどの業者と媒介契約を結んでいるのかを明らかにする「明示型」と，明らかにしない「非明示型」がある。

委任者のその他の義務　委任者は，さらに以下の義務を負担する。

(a)　**費用前払義務**　委任事務を処理するについて費用が必要なときは，委任者は，受任者の請求により，その前払をしなければならない（649条）。ここにいう費用とは，旅費，通信費のようないわゆる実費や商品購入の代金などである。

(b)　**立替費用・利息償還義務**　また，この費用を受任者が立て替えたときは，受任者は，その費用および支出の日以後の利息の償還を請求できる（650条1項）。有償委任では，報酬に算入される場合も多い。

(c)　**債務代弁済義務**　受任者が，委任事務を処理するのに必要と認められる債務を負担したときは，委任者に対し自己に代わってその弁済をすることを請求することができる（650条2項前段）。また，その債務が弁済期に達していないときは，委任者に相当の担保を提供させることもできる（650条2項後段）。

(d)　**損害賠償義務**　受任者が，委任事務の処理をするにあたって自己に過失なくして損害を受けたときは，委任者に対しその賠償を請求できる（650条3項）。委任者は無過失であっても免責されな

い。一種の損害担保責任である。ただ，この 650 条 3 項が有償委任にも適用されるかについては争いがある。文言上は制限がないため，有償委任にも適用されるというのが多数説である。しかし，この規定は，無償委任の好意的な事務処理を前提にしてはじめて正当化されるものであり，このような損害担保責任が課されるのは，無償委任に限るべきであるとする見解も有力である。

③ 委任の終了

委任は，契約の一般的な終了原因によって終了することは当然である。これに加えて，民法は，次のような委任に特有な終了原因を規定している。

当事者の任意解除) 各当事者は，いつでも委任契約を任意解除することができる（651 条 1 項）。これは，委任は当事者間の人的な評価と信頼関係を基礎とするものであるから，この前提が崩れた場合には，委任者・受任者いずれの当事者も，その他の特別な理由なしに，委任契約をいつでも終了させるのが妥当であるという趣旨である（通説。もっとも，651 条 1 項の適用そのものをそのような場合に限定するというところまで徹底しているわけではない。また，かつては，この解除を無償契約としての特性から説明する見解もみられた）。

(1) 相手方に不利な時期の解除　ただし，相手方に不利な時期に解除した場合には，やむをえない事由がない限りは，損害を賠償しなければならない（651 条 2 項 1 号）。この不利な時期とは，たとえば，委任者が受任者による解除を知り急遽他の受任者を探して事務処理を委託したり自ら事務処理をすることが困難な場合や，受任者が委任の継続を前提としていたために委任者からの解除に対して他からの報酬を得る機会を持たない場合などをいう。なお，委任の解

除は，将来に向かってのみその効力を生ずる（解約告知。652条・620条）。

(2) 受任者の利益をも目的とする委任の解除　　委任は，委任者のために事務処理を行う契約であるが，特に有償委任の場合には，同時に受任者の利益をも目的とすることがありうる。たとえば，金銭債権の取立ての委任の場合に，その取り立てた金銭が委任者の受任者に対する債務の弁済に当てることが約束されている場合や，不動産管理会社が，土地所有者から賃貸不動産の管理の委託を受け，同時に賃借人らから受け取る保証金の取得をも認める約定をえた場合などである。このような場合に任意解除をした者は，相手方の損害を賠償しなければならない（651条2項2号）。

　この点について，かつての判例は，651条1項は無償委任の委任者の利益を考慮した規定であるから，受任者の利益のためでもある委任については適用されないとしていたが（大判大9・4・24民録26輯562頁），その後，委任事務処理が受任者の利益のためでもある場合であっても，受任者が著しく不誠実な行動に出た等やむをえない事由があるときは，651条1項に基づく解除ができるとして（最判昭40・12・17裁判集民81号561頁，最判昭43・9・20判時536号51頁），例外を設けた。

　しかし，判例はさらに，やむをえない事由がない場合であっても，委任者が解除権自体を放棄したものとは解されない事情があるときは，委任契約が受任者の利益のためにもなされていることを理由として，委任者の意思に反して事務処理を継続させることは，委任者の利益を阻害し委任契約の本旨に反することになるから，委任者は，651条1項の解除ができるとし，ただ，受任者がこれによって不利益を受けるときは，委任者からの損害賠償によって填補されれば足りるとした（最判昭56・1・19民集35巻1号1頁）。改正後民法同条2

項は，この趣旨を明文化したものである。

　なお，報酬の特約があることのみでここにいう受任者の利益が肯定されるものではない（最判昭43・9・3裁判集民事92号169頁）。改正民法は，受任者の割合的報酬を規定するため（648条3項），この点はいっそう明らかとなった。

　(3)　651条の解除と541条以下の解除との関係　　次に，651条を有償委任にも適用しうるか。651条は有償・無償を問わずに適用され，相手方の保護は651条2項で確保されるとする見解が多数説であるが，651条は無償委任を前提として契約の拘束力を弱めた規定であるから，有償契約には適用されないとする説もある。当事者が事務処理を希望しなくなったのに委任契約の拘束力を維持するのは適切でないから，原則として前者の見解によるべきであろうが，得べかりし報酬相当額の損害賠償を請求することを認めるべきであろう。

　逆に，委任契約に541条以下を適用すべき余地はあるか。かつては，委任の解除にはもっぱら651条が適用されるべきだとする説もあったが，契約類型によっては（たとえば，請負型・雇用型・賃貸借型などの混合的委任），541条の適用を妥当とする場合があり，そのような場合には，委任というよりも，当該契約の性質によって判断されるべきであるとみる余地もある（なお，541条以下が適用される場合であっても，その効果は原状回復を含まないことはいうまでもない。652条・620条）。

　さらに，有償の委任契約につき債務不履行を理由として541条の解除の意思表示をしたが，債務不履行が認められなかったという場合に，任意解除としての効力を認めてよいか。認められないとすれば，改めて651条に基づく解除をしなければならないことになる。そのように解する見解もあるが，判例は，債務不履行による解除としては無効であっても，651条による解除として効力を認めるべき

であるとする（大判大3・6・4民録20輯551頁，多数説）。債務不履行の主張をしている当事者は既に信頼を有していないのが通常であるから，後者のように解するべきである。

(4) 651条2項の「損害」　651条2項にいう損害にはいかなるものが含まれるか。委任の場合にはいつでも解除される可能性があることを当事者は承知しているべきであるから，ここにいう損害とは，解除されたこと自体による損害ではなく，解除が相手方に不利な時期になされたことによって特に生じる損害のみが賠償されるにすぎないものと解されていたが，改正後民法においてはより広い損害の賠償請求もありえよう。

(5) 解除権放棄の特約　651条1項の解除権を放棄する特約は，原則的に有効である（通説。ただ，公序良俗に反する特約は無効である）。なお，受任者の利益をも目的とする委任では，通説は，解除権放棄の黙示の特約を推定している。

その他の終了原因

(1) 委任者または受任者の死亡　委任は，委任者または受任者の死亡によって終了する（653条1号）。既に述べたように，委任が当事者の個人的な信頼を基礎としているため，相続人に承継されることは妥当ではないからである。

そこで，当該委任の趣旨によって，当事者が死亡しても委任の内容が変わらない場合であれば，死亡によって終了しない場合もありうる。たとえば，委任者が登記申請を委託して死亡した後，受任者である司法書士が登記申請をして登記がなされた場合の登記は有効である（最判昭29・12・17民集8巻12号2182頁）。また，委任者が，受任者に対し，自己の入院中の諸費用の病院への支払，死後の葬式を含む法要の施行とその費用の支払，入院中に世話になった家政婦や友人に対する応分の謝礼金の支払を依頼する委任契約は，当然委

任者の死亡によっても右契約を終了させない旨の合意を包含する趣旨のものであり，653条の法意はこのような合意の効力を否定するものではないとした先例がある（最判平4・9・22金法1358号55頁）。

　(2)　委任者または受任者に対する破産手続開始の決定　　また，委任は，委任者または受任者が破産手続開始の決定を受けたことによっても終了する（653条2号）。同様に，信頼を基礎とするからである。

　(3)　受任者に対する後見開始の審判　　受任者が後見開始の審判を受けたときも，委任は終了する（653条3号）。これも，当事者間の信頼関係の終了によって説明される。これと反対の特約は有効と解される。

委任終了の際の措置　　(1)　受任者の善処義務　　委任終了の場合において，急迫の事情があるときは，受任者（またはその相続人・法定代理人）は，委任者（またはその相続人・法定代理人）が，委任事務を処理することができるようになるまで，必要な処分をしなければならない（654条）。受任者が，その費用の償還を請求できることはいうまでもない（650条1項）。例外的に契約の効力が契約終了後にも存続することを認める規定と理解されている。

　(2)　委任終了の通知　　委任の終了事由は，それが委任者に生じた場合であると，受任者に生じた場合であるとを問わず，これを相手方に通知し，または相手方がこれを知ったときでなければ，委任の終了を相手方に対抗できない（655条）。たとえば，相手方の死を知らずに委任事務処理を継続した場合である。

4 寄　託

1　寄託とは

　寄託は，当事者の一方（寄託者）がある物を保管することを相手方（受寄者）に委託し，相手方がこれを承諾することによって，その効力を生ずる契約である（657条）。諾成契約である。他の契約（たとえば，使用貸借，賃貸借，運送などの契約）においても物の保管は債務の内容の一部をなしているが，受寄者の債務が物の保管に尽きるところに寄託の本質が認められる。

　保管を委託する物は特に限定はないが，通常は金銭，有価証券，一般の動産が多い（不動産の寄託もありうるがあまり利用されない）。たとえば，旅行に出かけている間ペットを業者に預けたり，コンサートホールでクロークにコートを預けたり，駅の一時預所に手荷物を預けたりというのは，みな寄託契約である。なお，銀行の貸金庫，コインロッカー，貸駐車場などは，保管場所の賃貸借契約であり，寄託ではないと一般に解されている。この区別は判然としない場合もありうるが，契約解釈により判断する他ない。

　なお，金融機関に金銭を預ける契約も寄託には違いないが，受寄者がそれをいったん消費して，同種・同品質・同量の別の物を返還することを認める契約であるからこれを消費寄託とよび，消費貸借の規定のうち引渡義務と価額償還に関するものを準用する（666条2項・590条・592条。⇒4消費寄託——特に預金契約）。

②　寄託契約に基づく当事者の権利義務

受寄者の義務

(1)　保管義務　　受寄者の債務は，寄託者の物を自己の労務によってその現状を維持するという保管の役務の提供である。保管とは，物の滅失・損傷を防いで現状を維持することをいうが，この役務の提供は委任契約の受任者の行為に近いから，委任の規定が準用される（665条・646〜648条・649条・650条1項・2項）。

(a)　寄託物の使用禁止，自己保管義務　　受寄者は，寄託者の承諾がなければ，受寄物を使用することができない（658条1項）。

寄託者の承諾を得て，あるいは，やむをえない事由があることにより，第三者に保管させることができる場合（658条2項。なお，644条の2第1項参照）には，その再受寄者は，寄託者に対して，その権限の範囲内において，受寄者と同一の権利を有し，義務を負う（658条3項）。

ただし，上に指摘したように消費寄託契約においては，受寄者が，目的物の保管ではなく，消費をすることができる（特に，金銭の消費寄託契約と解される預金契約については，⇒④消費寄託——特に預金契約）。

(b)　注意義務　　なお，無償寄託の場合には受寄者は，自己の財産に対するのと同一の注意をもって受寄物を保管すれば足りる（659条）。これに対し，有償寄託の場合には受寄者は，善管注意義務を負う（400条）。他方，商人がその営業の範囲内において寄託を受けた場合には，無償寄託でも善管注意義務を負担し（商593条），また，旅店・飲食店・浴場などの場屋営業者は，客の寄託物が滅失・損傷した場合には，不可抗力を除き，責任を負う（いわゆるレセプツム責任。商596条）。

(c)　通知義務　　受寄者に特有の義務として，寄託物について権

利を主張する第三者が，受寄者に対して訴えを提起し，または差押え，仮差押えもしくは仮処分をしたときは，受寄者は，遅滞なくその事実を寄託者に通知しなければならない（660条1項本文）。寄託者に防御の機会を与えるためである。ただし，寄託者が既にこれを知っているときはこの限りでない（同条同項ただし書）。

(2) **目的物返還義務**　　寄託が終了したときは，受寄者は受寄物を返還しなければならない。寄託契約に基づく返還請求権が時効にかかっても，所有権に基づく返還請求権に応じなければならないことは当然である（大判大11・8・21民集1巻493頁）。返還場所はその保管場所であるが，受寄者が正当の事由によりその保管場所を変更したときは，その現在の場合で返還することができる（664条）。

　第三者が寄託物について権利を主張する場合であっても，受寄者は，寄託者の指図がない限り，寄託者に対しその寄託物を返還しなければならない（660条2項本文）。

　ただし，受寄者が上記の通知をした場合または上記の理由によりその通知を要しない場合において，その寄託物をその第三者に引き渡すべき旨を命ずる確定判決（確定判決と同一の効力を有するものを含む。たとえば裁判上の和解）があったときであって，その第三者にその寄託物を引き渡したときは，上記の寄託者への返還義務を負わない（同条同項ただし書）。また，受寄者は，上記の寄託者への返還義務を履行したことによって第三者に損害が生じた場合にも，その第三者に対して損害の賠償責任を負うことはない（同条3項）。

(3) **受取物返還義務，利息支払義務**　　先に指摘したように，寄託には委任の規定が準用される（665条）。そこで，受寄者は，寄託にあたって受け取った金銭その他の物を，寄託者に引き渡さなければならない（665条・646条）。また，寄託者に引き渡すべき金額等を自己のために消費したときは，その消費日以後の利息を（損害があ

ればそれも）払わなければならない（665条・647条）。

寄託者の義務　⑴　有償寄託の報酬支払義務　寄託は無償を原則とするが，報酬に関する特約があれば報酬請求権が発生することも，委任と同様である（665条・648条1項）。今日では，有償寄託がむしろ一般的であろう。また，商事寄託においては相当な対価を請求することができる（商512条）。

　その支払時期に関しては，保管義務の履行後であるが（665条・648条2項），期間によって報酬を定めたときは，所定の期間の経過後に請求することができる（665条・648条2項ただし書）。支払時期についてこれと異なる特約をすることができることは当然である。

　寄託者の責めに帰することができない事由によってその債務の履行をすることができなくなったとき，または，寄託が履行の中途で終了したときは，受寄者は，既にした履行の割合に応じて報酬を請求することができる（665条・648条3項。なお，寄託者の責めに帰すべき事由による場合には，報酬の全額の請求が認められる余地がある。536条2項）。

　⑵　費用の前払義務・費用の償還義務・債務の弁済義務　寄託者は，寄託に要する費用を前払し（665条・649条），受寄者が支出した費用を償還し（665条・650条1項），受寄者の負担した債務を弁済（その債務が弁済期にないときは，担保を提供）しなければならない（665条・650条2項）。

　⑶　損害賠償義務　寄託に特有の義務として，寄託者は，寄託物の性質または瑕疵によって生じた損害を，受寄者に賠償しなければならない（661条本文）。たとえば，受寄物が爆発しやすい物や有毒な物であった場合である。ただし，その性質または瑕疵について，寄託者が善意無過失，または受託者が悪意であった場合には，寄託者は免責される（661条ただし書）。

これは，受寄者に損害を与えないようにするべきであるという寄託者の義務の違反につき過失責任によって処理する規律であるが，委任の場合には，委任者は受任者に対し無過失の損害賠償責任を負うと解されていること（650条3項）と比べると，寄託の場合のこのような処理には疑問も提起されており，661条は有償寄託に適用されるべきで，無償寄託の場合には委任者の無過失責任を規定する650条3項を適用すべきであるとする見解もある。

③　寄託の終了

　寄託は，期間の満了や債務不履行に基づく解除などの契約一般の終了原因によって終了するが，さらに次のような原因によっても終了する。

寄託物受取前の寄託者・受寄者による解除

寄託者は，受寄者が寄託物を受け取るまで，契約の解除をすることができる（657条の2第1項）。これは，寄託の有償・無償を問わないものと解され，有償であっても契約の拘束力を弱めたことになる。そして，有償寄託の場合にこの解除によって受寄者に損害が生じたときは，受寄者は寄託者に対し損害賠償を請求することができる（同条同項後段）。ここで賠償されるべき損害の額は，契約が解除されなければ受寄者が得たであろう利益の額から，受寄者がその債務を免れたことによる利益の額を控除して算定される。

　他方，受寄者は，無償寄託の場合においては，やはり寄託物を受け取るまで契約の解除をすることができるが，ただし，それが書面による寄託であれば解除することができない（同条2項）。書面を用いた契約締結は一般に慎重になされるからである。

　また，受寄者（無報酬で寄託を受けた場合にあっては，書面による寄託の受寄者に限る）は，寄託物を受け取るべき時期を経過したにもか

かわらず，寄託者が寄託物を引き渡さない場合において，相当の期間を定めてその引渡しの催告をし，その期間内に引渡しがないときにも，契約の解除をすることができる（同条3項）。

寄託者の返還請求

寄託物の返還時期に関して，当事者が定めていない場合はもちろん，それを定めた場合であっても，寄託者は，いつでも寄託契約を解除（告知）し，寄託物の返還を請求することができる（662条1項）。寄託は，寄託者の利益のために行われるから，寄託者はいつでもこの利益を放棄し契約を解除して目的物の返還を求めることができるという趣旨である。ただ，有償寄託の場合には，両契約当事者が相互に利益を期待してよいはずであるから，受寄者は，寄託者がその返還時期の前に返還を請求したことによって損害を受けたときは，寄託者に対し，その賠償を請求することができる（同条2項）。ここにいう賠償されるべき損害の額は，契約が解除されなければ受寄者が得たであろう利益の額から，受寄者がその債務を免れたことによる利益の額を控除して算定される。

なお，寄託者が一定期間返還を請求しない，不解除特約も有効とされている。

受寄者の返還
（引取請求）

受寄者の側でも，返還時期の定めがない場合には，いつでも寄託物の返還をして，契約を終了することができる（663条1項）。しかし，返還時期の定めがある場合には，受寄者は，やむを得ない事由がなければ，その期限前に返還することはできない（同条2項）。寄託者の利益が損なわれるからである。やむをえない事由とは，たとえば，契約時に予想できなかった事情によって安全な保管ができなくなった場合である。

なお，委任の場合とは異なり，寄託者に損害を賠償しても期限前

に返還することはできないものと解するべきである。

損害賠償請求権・費用
償還請求権の期間制限

寄託物の一部滅失または損傷によって生じ
た損害の賠償および受寄者が支出した費用
の償還は，寄託者が返還を受けた時から1
年以内に請求しなければならず，この損害賠償の請求権については，
寄託者が返還を受けた時から1年を経過するまでの間は，時効は完
成しない（664条の2第2項。なお，622条・600条参照）。

④　特殊な寄託

消費寄託
——特に預金契約

(1)　消費寄託の意義と消費貸借規定の準用
既に述べたように，受寄者が，受寄物を消
費することができ，後にその物と同種・同
等・同量の物を返還すればよい寄託を，消費寄託という。目的物は，
代替性があれば何でもよいが，金銭が一般である。

　消費寄託は，寄託に関する節のなかに規定が置かれ，寄託の一形
態と位置付けられるものの，受寄者への目的物の所有権の移転を生
じさせ，契約の過程において，受寄者が目的物を処分し消費するこ
とができる点においては，消費貸借と類似した性格を持つ。

　しかし，消費貸借の借主は金銭その他の代替物を利用することを
目的としており，そのため，借入金の返還には不安が伴うから担保
が要求されまた利率も比較的高い。それに対し，消費寄託は，預金
の場合について言えば，むしろ金銭を寄託者自らが保管することに
よる危険を回避することによって寄託者の利益をはかることが，契
約を締結する第一の目的であり，受寄者がそれを運用することの利
益は第二次的なものであって，返還に不安が少ないから担保を必要
とすることもなく，利息はむしろ受寄者が受け入れた元本を運用し
て得た利益の預金者への配分とみられ，1つの間接投資とされる。

そこで，改正民法は，消費寄託はなお寄託契約の一種であるとみて，受寄者は，寄託された物と種類，品質および数量の同じ物をもってする返還義務を規定したうえで（666条1項），消費貸主の引渡義務に関する規定（590条）および消費借主の価格償還義務に関する規定（592条）を準用する（666条2項）。そのうえで，特に預金契約については，消費借主からの任意返還に関する規定（591条2項・3項）を準用することとした（666条3項）。

(2) 預金契約

(a) 預金契約の意義　まず，消費寄託の目的物は，金銭に限られるものではないが，現実に，消費寄託として存在意義をもつものは，金銭または一定の有価証券を目的物とする場合にほぼ限られる。そして，金融機関，特に銀行の貸付資本は，社会に散在する金銭を消費寄託という法的手段によって吸収することによって調達されるのであり，その意味において，消費寄託は極めて重要な機能を果たしている。そして，消費寄託契約として実際上もっとも重要な意義を有するのは，銀行預金，郵便貯金，社内預金などのかたちをとる**預金契約**である（他方で，預金契約は銀行と預金者との双方の利益のために行われるものであるため，これを，消費寄託と消費貸借の両者の性質をあわせもつ無名契約とみる見解や，銀行・預金者間の複雑な関係を包括した特別な契約類型として把握する見解なども有力に主張されている）。しかし，消費寄託に関する規定は666条のみである。他方，銀行業者等は，自治的規定に基づく制度，約款，慣習によって運営を行ってきた。

(b) 預金者の認定　預金契約において，預け入れ行為をした者と預金原資の出捐者とが異なる場合に，いずれを預金契約の当事者とみるかはかねてより問題とされてきた。

この問題については，特に無記名定期預金（預金者の氏名・住所が

秘匿されている定期預金。1988 年に受入れが停止されたが，かつて受け入れられたものは現在も多く残っている）について多くの先例がある。たとえば，銀行が預金行為者を預金者と信じてその無記名定期預金を担保にして貸付をしたところその貸金が返済されないため，銀行が貸付金返還債権と定期預金債権とを相殺したが，その無記名定期預金は，実は預金行為者が出捐者の依頼に反して自己の預金であるかのごとく装って預入をしたものであったため，出捐者が銀行に対し自己への払戻しを求めたというケースである。判例は，預け入れられた金員の出捐者を預金者とする客観説（出捐者説）をとっていた（たとえば，最判昭 48・3・27 民集 27 巻 2 号 376 頁）。多くの学説も，これを支持していた。この説によると，上の相殺はできないはずであるが，銀行が無過失で預入行為者を預金者と信じて相殺を行った場合には，改正前 478 条の類推適用により保護される余地は残されていた。

　他方，記名式預金の場合には，出捐者，預金行為者の他に預金名義人をも考慮に入れなければならない。判例は，やはり客観説をとるものが多いが（たとえば，最判昭 53・2・28 金法 855 号 7 頁），一致していない。特に下級審の裁判例においては，預入行為ないし表示などの外形を中心に判断して原則として預入行為者が預金者であるとする主観説（預入行為者説）や，原則として客観説によりながら預入行為者が自己の預金であることを明示または黙示に表示したときは預入行為者が預金者であるとする折衷説をとるものもあった。学説は，記名預金であっても，その記名は預金債権者を特定する一応の参考となるにすぎないとして，無記名定期預金の場合と同様に考えるべきであるとするものが多い。また，普通預金や当座預金のような流動性預金の場合には，原則として名義人を預金者としつついわゆる専用口座については出捐者を預金者とする見解も現れていた。

ところが，平成 15 年の最高裁 2 判決では，これらとは別の観点からの判断が示された。すなわち，保険料保管専用の普通預金口座が保険会社と保険代理店のいずれに帰属するかが争われたケースで，最高裁は，①普通預金口座を開設した主体，②口座名義，③口座管理者，④預金原資たる金銭所有者の諸要素を考慮して保険代理店を預金者とした（最判平 15・2・21 民集 57 巻 2 号 95 頁）。これには，主観説の要素（①②③）とともに客観説の要素（④）も含まれており，判例は新たな展開をみせている。この問題は，さらに，弁護士預り金の口座の帰属（最判平 15・6・12 民集 57 巻 6 号 563 頁）についても問題となり，さらにマンション管理費用の普通預金がマンション管理組合，管理会社のいずれに帰属するかの問題においても議論されている。

<hr />

混合寄託

混合寄託（混蔵寄託ともいう）とは，受寄者が，複数の寄託者より寄託を受けた同種・同等の物を区別せずに混合して保管する場合をいう。金地金や証券の混合寄託が典型例である。受寄者が受寄物を消費することが予定されていない点で，消費寄託とは異なる。

混合寄託は，各寄託者の承諾を得たときに限り行うことができる（665 条の 2 第 1 項）。寄託者は，その中から，寄託物と同種・同量の物の返還請求権を持つことになる（同条 2 項）。寄託物の一部が滅失した場合には，寄託者は，混合して保管されている総寄託物に対して，自己の寄託した物の割合に応じた数量の物の返還を請求することができ，さらに，損害賠償の請求を行うこともできる（同条 3 項）。

以下では，組合，終身定期金および和解の 3 つの契約を扱う。これら 3 つの契約に共通の性質を見いだすことは困難であるため，「その他」の典型契約として扱われるのが一般的である。組合にはその団体性に特性があり，終身定期金には給付額が不確定であることに特徴が見いだされよう。和解は紛争の自主的解決の手段であり，他の紛争解決手段との相違や関係にも注意を払う必要がある。

1　組　　合

①　組合の意義

　各当事者が出資をして，共同の事業を営むことを約することによって効力を生じる契約を組合という（667条 1 項）。たとえば，3 人で無農薬野菜を栽培して販売する事業を行うなど，複数人が一定の事業を共同で行う際には，会社等の法人を設立する他に，当事者が組合契約を締結して事業を行う方法もある。法人の場合には一般に社団という人的な結合体がその実質を形作り，その業務執行機関が実際に業務を遂行し，その機関の行為は権利能力を有する法人自体に帰属することとなる。これに対して，組合は財産や労務など各契約当事者が拠出する出資に基づいて，原則として当事者全員が事業の遂行に関与し，その行為は組合自身ではなく組合契約当事者に分

属する。

このように，法人では事業遂行に際する行為の効果がただ1つの権利主体に帰属するため，法人に比較すると組合の場合には法律関係が複雑になることから，とりわけ関係者が多くなる大規模な事業遂行については法人の方が組合よりも便宜である。しかし，少人数で比較的短期間で完結する事業については，そのために法人を組織するよりも組合の方が便宜なこともある。たとえば，大規模な建設事業を複数の建設会社が共同で行うジョイントベンチャーは組合とされる（最判平10・4・14民集52巻3号813頁など参照）。したがって，経済的な規模が大きい継続的な事業については組合がそれほど多くないといわれている。

なお，労働組合や協同組合など特別法上の組合は法人格を有しており，その実質が多くは社団型であるといわれており，これらと区別する意味で組合契約の場合には「民法上の組合」という名称が用いられる。

② 組合の成立

組合契約の締結　組合契約は，2人以上の当事者が出資をして一定の共同の事業を営むことを約することによって成立する諾成契約である（667条1項）。出資は労務であってもかまわない（同条2項）。また，各当事者はそれぞれ出資の義務を負担するため，双務・有償の契約である。締結された組合契約は，共同事業の基本規約となる。

組合の事業に制限はなく，継続的であることも，営利であることも要しないが，共同でなければならないため，組合員の1人または一部だけが利益分配を得る場合には組合ではない。しかし，組合員の全員に利益が分配されるのであれば，一部の組合員だけが損失を

負担してもかまわない（大判明44・12・26民録17輯916頁）。

　組合の当事者の1人について，制限行為能力，意思欠缺あるいは瑕疵ある意思表示があると，本来，組合契約は無効または取り消すことができるはずである。しかし，他の組合員が組合事業を継続する利益を優先して，組合員の1人に法律行為の無効・取消しの原因があっても，他の組合員の間では組合の効力は妨げられない（667条の3）。もちろん，無効・取消しを主張する組合員は，組合に拘束されず，既に行われた出資の返還を求めることができる。

　なお，法律上または解釈上当然に組合契約が締結されるものと扱われる場合もある。共同鉱業権者は組合契約を締結したものと擬制され（鉱業43条5項），船舶の共有者間には組合関係が発生し（商693条以下），会社設立のための発起人の間にも組合関係が成立するものと解されている（発起人組合：大判大7・7・10民録24輯1480頁）。

組合契約の特殊性　　組合契約は双務契約であり，各契約当事者の目的は共同事業の遂行であるため，各自が出資義務を負担する。すなわち，各当事者が負担する出資の債務は，他の当事者の出資を獲得するための手段ではなく，事業という共同目的のための債務負担となる。これに対して，たとえば売買契約では，各当事者の目的は反対給付を獲得することにあり，いわば各当事者の債務が各当事者の目的と手段の対立関係に立つ。こうした債務の対立関係に適用されるべき同時履行の抗弁権や危険負担の規定は，共同目的のための手段となるべき組合契約上の出資義務には適用がない（667条の2第1項）。また，当事者の1人が出資債務を履行しなくても，他の当事者は契約を解除することができない（同条の2第2項）。しかし，金銭での出資を怠る組合員は，その利息の支払に加えて損害の賠償義務も負う（669条）。

　さらに，組合契約は有償契約であるが，各当事者の出資という給

付について，各当事者の出資価値の均衡を図るよりも，共同事業の遂行という目的に照らして，各出資を評価することが重要である。したがって，各当事者の給付価値を調整する契約不適合責任（562条以下）の準用もないと解される。

このように，組合を契約と解するとしても特殊性が強いため，学説ではむしろ社団設立行為と同様に合同行為と解する見解も有力である。

Web 社団と組合 ❖❖❖❖❖❖❖❖❖❖❖❖❖❖❖❖❖❖❖❖❖❖❖❖❖❖❖

　通説によれば，社団法人はある団体に法人格が与えられたものであるから，社団法人格が与えられるに相応しい団体としての実体を必要とするのに対して，組合は法人格が認められない程度の小規模な契約で結ばれた団体として位置付けられる。したがって，組合は比較的少人数で事業が営まれるが，組合員の個性が濃厚で団体としての独自性が稀薄であるのに対して，社団は比較的多くの構成員を抱えていて，構成員の個性が団体に埋没し，構成員から独立した単一体（Einheit）となっているとされる。この理解によれば，組合と社団の区別が起点となり，社団の要件として，判例は，団体としての組織をそなえること，多数決の原則が行われること，構成員の変更にもかかわらず団体そのものが存続すること，その組織によって代表の方法，総会の運営，財産の管理等その他団体としての主要な点が確定していることを挙げている（最判昭 39・10・15 民集 18 巻 8 号 1671 頁）。このような理解に対して，社会に実在する団体を組合と社団とに区分することは実際に困難で不合理でもあると批判する見解も有力である。

❖❖❖

③　組合の業務執行

組合契約の業務決定と業務執行は，組合での業務決定方法と業務

執行権限および対外的に業務を執行するための組合代理に分けることができる。

業務決定・業務執行
　組合においては，原則として，組合員の過半数で業務を決定し，各組合員が業務を執行できる（670条1項）。

　これに対して，組合の業務の決定および執行は，組合契約の定めまたは組合員全員の決定で，一部の組合員または第三者に委任することもできる（同条2項）。この場合，業務執行を委任された**業務執行者**が業務を決定し，業務を執行できる（同条3項前段）。しかし，業務執行者が複数いる場合には，具体的な個々の業務決定はその過半数で行い，各業務執行者が執行できる（同条3項後段）。もっとも，業務執行者があっても総組合員の同意で業務を決定し，総組合員で業務を執行できる（670条4項）。

　業務決定および業務執行を委ねられた組合員については，当該業務決定・執行は組合契約によるが，委任に関する644条ないし650条の規定が準用され（671条），各業務執行者の注意義務の内容が定められ，報酬請求権・費用償還請求権が認められる。組合員ではない業務執行者についても同様と解される。

　組合契約によって一部の組合員に業務執行が委任された場合，その組合員の辞任には「正当な事由」が必要とされ（672条1項），解任については「正当な事由」に加えて他の組合員全員の一致が必要となる（同条2項）。組合員ではない業務執行者については，672条は適用されないと解されている。業務決定または業務執行を他人に委任した組合員は，業務の決定・執行に直接関わらないが，業務執行の内容や組合財産の状況について検査できる（673条）。

　なお，組合の常務については，各組合員が，または，業務執行者がいる場合には各業務執行者が単独で行うことができる（670条5項

本文)。**常務**とは，組合の事業を営む上で日常的に行うべき業務である。しかし，その完了前に他の組合員または業務執行権者から異議が差し挟まれた場合には，組合員または業務執行権者の過半数によって決定しなければならない（670条5項ただし書）。

| 組合代理 | 法人が対外的に法律行為を行う場合には， |

その代表者の行為の効果が，権利能力を有する法人自体に帰属する。これに対して，民法上の組合が対外的に法律行為を行う場合，組合自体は権利能力を有しないため，組合員全員に法律行為の効果が帰属するには，組合員全員の名で法律行為が行われなければならない。そこで，組合員全員が共同で法律行為を行うこともできるが，極めて煩瑣であるため，一部の組合員が他の組合員を代理して法律行為を行わなければならない。これを**組合代理**（670条の2第1項）と呼ぶ。

組合代理も代理行為であるから，業務執行権を有する組合員が有効な代理行為を行うためには顕名が必要である（99条）。しかし，組合員全員の氏名を表示しなくても何々組合の代表者といったように，当該組合の代理行為であることが相手方に認識できる表示さえあれば足りる（最判昭36・7・31民集15巻7号1982頁）。

組合員全員が業務執行権を有する場合には（670条1項参照），各組合員が常務に関わる事項について各自単独で組合員を代理することができるが（670条の2第3項），常務以外の事項については，各組合員は，全組合員の過半数の同意を得て，他の組合員を代理できる（同条1項）。

これに対して，**業務執行者**がいる場合には（670条2項参照），業務執行者だけが組合員を代理できる（670条の2第2項前段）。ここでも，常務については業務執行組合員が単独で組合員を代理できるが（同条3項），常務以外の事項については，業務執行者が複数いる場

合には，各業務執行者は，**業務執行者の過半数の同意を得て，組合**員を代理できる（同条2項後段）。

　組合代理においては，各組合員は，「対外的には組合員の過半数において組合を代理する権限を有するものと解するのが相当である」（最判昭35・12・9民集14巻13号2994頁）。したがって，全組合員の過半数または業務執行者の過半数の同意のない行為（670条の2第1項および第2項後段参照）は組合を拘束しない（大判明40・6・13民録13輯648頁）。その場合，そのような行為は組合代理の権限を越えた権限踰越の無権代理行為となり，さらに110条の表見代理の規定の適用を考える余地もあろう。

　もっとも，組合員または業務執行者は，原則として各自が業務執行権を有するのであるから（670条1項・3項・670条の2第2項前段），「過半数の同意」以外の制約については，業務執行権に対する内部的な制約にすぎないとも解される。判例は，組合契約で総会決議を必要とする行為を業務執行組合員が総会の決議を経ずに行った場合に，「いやしくも，組合の業務に関し組合の事業の範囲を超越しないかぎり，第三者に対して組合員全員を代表する権限を有し，組合規約等で内部的にこの権限を制限しても，その制限は善意無過失の第三者に対抗できない」とする（最判昭38・5・31民集17巻4号600頁）。

　組合の訴訟に関する行為を行うことも組合の対外的業務であるが，業務執行権を有する者が組合の訴訟代理を行うことができるのかが問題となる。民事訴訟法29条は，法人ではない社団または財団が代表者を置く等した場合に訴訟における当事者能力を認める旨を定めるが，組合は社団と区別されるため，同規定の適用を受けないとも考えられる。しかし，組合をめぐる訴訟が，常に全組合員の名で行われなければならないとするのは煩瑣であり，判例も同規定を組

合に適用する（最判昭 37・12・18 民集 16 巻 12 号 2422 頁）。

④　組合の財産関係

　組合はその事業遂行の目的のために締結される契約関係であるから，組合自体が権利能力を有しないとしても，事業を組合として遂行する上で，各組合員個人の財産関係とは区別される組合固有の財産関係を観念しなければならない。

　法人では法人自体が権利能力を有するため，法人を主体とする財産関係は法人の構成員である社員の財産関係と法律上も明確に区別される。組合では組合に帰属する財産は実体的には存在しても，法律上は各組合員に帰属する構成となるため，各組合員に帰属する財産のうち，各組合員に固有に帰属する個人財産（個人の責任財産）と組合に固有の組合財産（組合の責任財産）とを法律上区別して扱う必要がある。

組合の物権的権利関係　法人と異なって，民法上の組合は権利能力を有しないため，組合自体が組合財産の権利義務の帰属先となることはできず，組合財産の帰属先は各組合員となる。しかし，組合財産は組合の事業遂行を支える財産的な基盤となるため，それが容易に散逸することは，できる限り回避されなければ事業の存続が危険に晒される。また，組合財産を当てにして組合と取引を行う第三者からみても，組合財産は維持されなければならない。

　そのため，組合財産は各組合員の共有財産とされるものの（668条），各組合員は，組合の清算まで組合財産の持分に応じた分割を請求できず（676 条 3 項），各組合員が組合財産の持分を処分しても，その処分は組合および組合と取引関係にある第三者に対抗できない（同条 1 項）。このように，組合財産は組合員の「共有」とされては

いるものの，持分の分割や処分の自由を原則とする共有（249条以下）とは内容を異にするため，学説は組合財産の共有関係を「合有」と称して，「共有」（249条以下）とは区別する。

　なお，組合名義の登記あるいは組合代表者肩書付きの登記は認められていないため，組合員全員の共有登記をするか，あるいは，代表者個人名義の登記をする他ない。

組合の債権債務関係　複数人が関係する債権債務関係は分割されるのが原則であるが（427条），組合が第三者と締結する法律行為から生じる債権，あるいは組合が有する不法行為に基づく債権など，組合をめぐって生じる債権は，全組合員の準共有となる（668条・264条）。しかし，組合財産の維持のため，各組合員は，その持分の処分や分割を制限され（676条1項参照），組合の債権をその持分について各自単独で請求できず（同条2項：大判昭13・2・12民集17巻132頁），組合の業務執行権に基づいて請求できるに止まる。その反面，組合員個人に対する債権者は，組合財産についてその権利を行使することができないため（677条），たとえば，組合員個人に対する債権と組合に対する債務とを相殺したり，組合員個人に対する債権に基づいて当該組合員の組合財産の持分を差し押さえることはできない。各組合員の財産の中で個人財産と組合財産が区別され，組合員個人の債権者による組合財産に対する権利行使は認められない。

　反対に，組合が負担する債務についても，各組合員の準共有的債務と扱われなければならない。したがって，組合員が組合に対する債権を取得しても，それは組合に対する債権である以上，当該債権の引き当てとなるのは組合財産であるから，組合員の個人財産を引き当てとする債権を当該組合員が取得する場合とは違って，混同は生じない（大判昭11・2・25民集15巻281頁）。

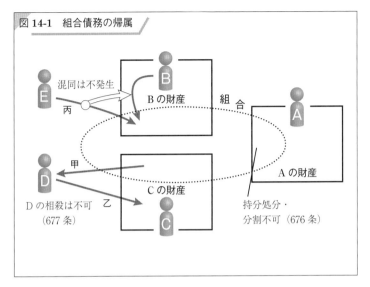

図 14-1　組合債務の帰属

E　丙
混同は不発生

B　組　合
B の財産

A
A の財産

甲
D
D の相殺は不可
（677 条）

乙
C の財産
C

持分処分・
分割不可（676 条）

Case 14-1

　A・B・C の組合は D に売掛代金債権 100 万円（甲債権）を有している
が，C は D から別途個人的に 60 万円の金銭を借り入れている（乙債
権）場合，D は C に対する乙債権と組合に対する甲債務とを相殺できな
い。甲債権は組合財産に属するが，乙債権は C の個人財産に属するから
である。

　他方で，A・B・C の組合に対して，E は 100 万円を貸し付けている
が（丙債権），B が E から丙債権を譲り受けた場合，丙債権は混同で消滅
しない。丙債権は組合に対する債権であるから，B が譲渡を受けても B
の個人財産とは分別されたままである。

Web 倒産隔離 ❖❖❖❖❖❖❖❖❖❖❖❖❖❖❖❖❖❖❖❖❖❖❖❖❖❖❖❖❖❖❖

　組合員の財産には，上述の通り，組合財産と組合員の個人財産が
ある。組合員の債権者は，組合員の個人財産だけを責任財産として
把握できるにすぎず，たとえ，組合員の債権者が組合員の個人財産

によって債権全額を回収できないとしても，その組合員に帰属している組合財産に手出しすることはできない。たとえば，組合財産は，各組合員の個人財産が差し押さえられても，各組合員の債権者の追及を免れる。このように，個人に帰属する財産であっても，当該個人に対する債権者が手出しできない財産を作り出す法技術を，個人の倒産があってもその影響を免れるという意味で倒産隔離と呼ぶ。たとえば，権利能力なき社団の財産は社員の「総有」とされるため（最判昭32・11・14民集11巻12号1943頁など），各社員の財産は社団に帰属する財産と社員の個人財産に区別され，社員個人の債権者は社団財産を差し押さえることができない。また，信託における受託者の財産も，信託財産と受託者の個人財産に区別され，受託者の債権者は信託財産を差し押さえることができない（信託23条1項）。こうした倒産隔離によって，組合財産，社団財産および信託財産の独立性とその維持が確保されている。

❖━❖━❖━❖━❖━❖━❖━❖━❖━❖━❖━❖━❖━❖━❖━❖━❖━❖━❖━❖

　法人においては，法人固有の財産が法律上明確に区別されることから，法人財産のみを法人に対する債権者のための責任財産とする構成が可能となる。反面で，法人の社員は，法人の債権者に対して，原則として，自身が法人に出資した財産以上の責任を負う必要がない（いわゆる有限責任）。しかし，組合においては組合財産と各組合員の固有財産とは観念的には区別されてはいるものの，必ずしも組合の外部の者から判別できるわけではない。したがって，組合が負担する債務の債権者は，組合財産を責任財産として債権の充足を期することができるだけでなく，各組合員の個人財産に対しても責任を追及できる（675条1項）。その際に，各組合員がいかなる割合で組合に対する債権者に対して責任を負担するのかについては，損益分担の割合または平等の割合による（675条2項）。

組合事業に関する
損益分配

組合が事業の遂行によって得た利益は全組合員に分配され，組合に生じた損失は原則として全組合員が負担する。この持分すなわち損益分配の割合は，組合契約に特に定めがない場合には，組合員の出資価額の割合に応じて決定される（674条1項）。また，利益または損失の一方についてのみ分配割合が定められている場合には，それは利益と損失双方に共通する分配割合についての定めであると推定される（同条2項）。

　先述の通り，各組合員は，組合の負担する債務についてその個人財産で責任を負うこととなるが（675条1項），その責任割合は，各組合員の損益分配の割合によるのが原則である。しかし，組合に対する債権者がこの損益分配の割合を常に知っているとは限らない。そこで，債権者は，損益分配の割合または平等の割合で権利を行使できるが，債権者が債権発生当時に損益分配の割合を知っていた場合には，損益分配の割合による（同条2項）。

Case 14-2

　A・B・C三名からなる組合が900万円をDから借り入れた。A・B・Cの損益分配が2：2：1で合意されているとき，Dは組合に対する900万円の債権を，組合財産から支払を受けることができ，あるいは，A・B・C各人に対して，それぞれ360万円，360万円，180万円の個人財産からの支払を求めることもできるが，Dが損益分配の割合を知らなかった場合には，A・B・Cの各人にそれぞれ300万円ずつの個人財産からの支払を請求できる（675条）。

　なお，合名会社は無限責任社員からなり（会社576条2項），債権者は合名会社の社員の財産にも責任を追及できるが，会社財産での支払を受けられない場合にはじめて可能な補充責任である（会社580

表 14-1　団体の財産関係

	法人	権利能力なき社団	組合
所有関係	法人所有	構成員総有	組合員合有
債務関係	法人負担	構成員の総有的負担	組合員の合有的負担
構成員の責任	有限／無限責任	有限責任（判例）	無限責任（675 条）
帰属関係	法人財産	社団財産	組合財産
	法人帰属	構成員帰属	組合員帰属
共有持分	×	持分の分割なし	持分の分割なし
		持分の払戻なし	持分の払戻あり

条1項）。しかし，組合員の責任は補充責任ではないため，債権者Dは組合財産からと組合員の個人財産からの債権回収を自由に選択できる。

Column⑭　有限責任事業組合 •••••••••••••••••

　ある事業を営もうとする者は，社団法人（たとえば，株式会社）と組合のいずれかの組織を選択できるが，社団法人の場合には，法人自体が権利能力を有し，その社員は法人の債務について責任を負わず（有限責任），法人に課税されるが，損益分配は出資額に比例し，その意思決定には時間を要し（取締役会等の決定），監査機関の設置も必要となる（監査役等）。これに対して，組合では，組合員に権利義務が帰属するため法律関係が複雑となり，組合員は組合債務について個人財産で責任を負い（無限責任），組合員に課税がされるが，組合が一般に小規模であるため意思決定が迅速で，損益分配を自由に決定でき，監査機関の設置も不要である。そのため，組合のこの機動性と柔軟性を評価して，ベンチャー事業や中小企業の共同事業，

産学連携などを促すために，平成17年に「有限責任事業組合契約に関する法律」が制定された。有限責任事業組合（Limited Liability Partnership：LLP）は，基本的に組合と同様の組織構造を想定しつつも，各自の事業参加を容易にするために，組合員の責任を出資額に限定する有限責任とする点に特徴がある。もちろん，債権者の取引の安全を保護する必要があるため，有限責任事業組合契約の登記，財務データの開示や債務超過時の利益分配の禁止などが定められている。

⑤　組合員の変動

　組合が成立した後，組合の事業が継続する間は組合契約の当事者が変わっても組合を維持するのが，その目的から見て合理的である。したがって，組合契約ではその当事者の一部が加入，脱退等によって変更になっても契約が維持されるための配慮が必要となる。

　　組合員の加入　　組合に新たな組合員が加わる加入は，組合契約の変更の一種であり，組合員全員の合意か，あるいは，加入についてあらかじめ組合契約に定めるところによる（677条の2第1項）。加入者は組合員の合意や組合契約の定めにより組合財産に対する持分を取得することとなり，それ以前に生じていた債務についても責任を負担する。

　しかし，組合に対する債権者は，債権発生当時の損益分配の割合に基づいて各組合員に対して責任を追及できるにすぎないため（675条参照），債権発生時点以後に加入した組合員は，組合財産についての従前の持分からの引継分について責任を負担するものの，個人財産による責任を負う必要はない（677条の2第2項）。

　　組合員の脱退　　組合員の脱退とは，組合員の一部の者が組合員の資格を喪失することである。それに

は，脱退しようとする者の意思に基づく任意脱退と，本人の意思に基づかない非任意脱退がある。

　任意脱退の場合，脱退する組合員は他の組合員に対する脱退の意思表示によって組合を脱退できる。これは一般の契約関係においては解約告知に該当する単独行為である。組合契約において組合の存続期間が定められていないか，あるいは，ある組合員の終身間は存続するものと定められている場合には，各組合員はいつでも脱退できるが，やむをえない事由がない限り，組合にとって不利な時期に脱退することはできない（678条1項）。組合に存続期間が定められている場合には，やむをえない事由がない限り，脱退が認められない（同条2項）。このように，やむをえない事由による任意脱退は，各組合員に最低限度認められている任意脱退事由であるからやむをえない事由による任意脱退を定める規定は強行法規であり，やむをえない事由による脱退を認めない組合契約条項は無効である（最判平11・2・23民集53巻2号193頁）。

　非任意脱退は，本人の意思に基づかない脱退であり，組合員の死亡，破産手続開始の決定，後見開始の審判を受けたことおよび除名の4つが定められている（679条）。死亡や破産手続開始の決定，事理弁識能力の喪失の常況（7条）といった事由は，組合の事業遂行が組合員各人の個人的な能力や資力に依存していることから，それらの能力や資力の欠如が組合の事業遂行からみて当該組合員の脱退を認めることを根拠付けることとなる。他方，除名は本人の能力や資力が喪失されるわけでないのにその本人の意思に反して脱退させる行為であるから，正当の事由がある限り，他の組合員の一致においてのみ認められる。しかし，除名が当該組合員に通知されない限り，除名はその組合員に対抗できない（680条）。

脱退により，その組合員は組合契約から離
脱することとなるため，その組合員の持分
を組合財産から分離して，財産関係を組合との関係で清算する必要
がある。その清算の基準時は原則として脱退時であるが（681条1
項），事業の遂行上その時点で終了していない事項についてはその
終了後に清算される（同条3項）。基準時における組合の積極財産と
消極財産を計算し，余剰があれば脱退組合員の持分割合に応じて払
い戻され，脱退組合員の出資が金銭出資でなくても，組合からの払
戻しは金銭で支払われれば足りる（同条2項）。

その反面，脱退組合員は，債務超過であれば持分割合に応じた債
務額を債権者に支払う義務を負い（680条の2第1項前段），この義務
は組合関係から生じた責任であるから，脱退組合員は個人財産をも
って支払義務を履行しなければならない。もっとも，債権者が全部
の弁済を受けない間は，脱退組合員は，組合に担保を提供させるか，
あるいは，組合に対して自己を免責させるように請求できる（同条
1項後段）。脱退した組合員が，債権者にこの債務を弁済した場合に
は，既に脱退した他人である組合の債務を弁済したことになるため，
組合に対して求償権を有する（同条2項）。もちろん，脱退組合員が
引き続き債務を負担することを想定して，持分の払戻しの際にそれ
が考慮されている場合には，脱退組合員が自身の債務を履行するこ
とになるため，求償権は生じない。

たとえば，Aは4名からなる甲組合から脱退したが，その時点
で，甲組合はBに対して組合財産を1000万円超過する分の債務を
負担していた。AはBに対して，なお自身の個人財産から他の組
合員と平等に250万円の支払義務を負っており（675条参照），Aが
Bに250万円を弁済した場合には，甲組合に対して求償権を取得す
る（680条の2第2項）。

| 組合員たる地位の譲渡 | 組合員の地位とは契約上の地位であるから，契約上の地位の譲渡の規定（539条の2）に |

したがって，原則として組合員の地位も譲渡できる。この場合には，譲渡当事者と他の組合員の合意が必要となる。

6 組合の解散および清算

| 組合の解散 | 組合の解散とは組合契約の終了の意味であり，民法によって定められている解散事由 |

は，目的である事業の成功または成功の不能，組合契約で定めた存続期間の満了，組合契約で定めた解散事由の発生，総組合員の同意（682条）およびやむをえない事由に基づく組合員からの解散請求（683条）である。なお，組合員の脱退により組合員が1人となった場合にも，契約が複数の当事者を前提とする以上，組合は解散されると解されよう。継続的な契約である組合において，その解散の効力は遡及しない（684条・620条）。

| 組合の清算 | 清算手続は，組合の財産関係を整理して，残余財産を組合員に分配する手続である。 |

組合が解散すると，清算手続を通じて組合の財産関係は整理され，それによってはじめて組合は事業遂行体としての実体を失うこととなる。したがって，清算手続が終了するまで組合は存続すると解される。

清算は全組合員によって行われるか，総組合員の過半数によって選出された清算人によって行われる（685条）。清算手続には，業務執行者の業務決定および業務執行に関する規定が準用され（686条・670条3項ないし5項・670条の2第2項および第3項），組合員から選任された清算人には，組合員から選任された業務執行者の解任規定が準用される（687条・672条）。

清算人の職務は，現務の結了，債権の取立ておよび債務の弁済ならびに残余財産の引渡しであり（688条1項：法人の清算人の職務権限に関する一般法人法212条参照），清算人は，それらの職務を行うために必要な一切の行為をすることができる（688条2項）。さらに，清算手続において組合に残余財産が残る場合には，清算人は残余財産を各組合員の出資の価額に応じて分割する（同条3項）。

2 終身定期金

① 終身定期金の意義

終身定期金の意義

終身定期金契約とは，債務者が自己，債権者または第三者の死亡まで債権者またはその第三者（受益者）に対して，定期に金銭その他の代替物を給付することを約する契約である（689条）。立法者が想定していたのは，民法制定以降の社会が個人主義的な展開を辿ると，親の扶養をその子供が同居して行う形態から，親の財産を譲り受ける反面で子供が親に定期金を支払う形態へと移行することであった。そのために利用されることが期待されたのが，この終身定期金契約である。

しかし，わが国では社会保障としての公的年金の普及により個人間の終身定期金契約はみられず，また，私的な終身定期金契約も，保険会社等との個人年金契約が利用され，あるいは，死亡時に居住している住居を譲渡することを約して一定の定期金を受け取るリバース・モーゲージが利用されるものの，それぞれ詳細な条項が用意された契約によって運営されており，民法上の終身定期金契約の規定が適用される例はほとんどない。

終身定期金契約
の法的性質

終身定期金契約は，当事者間で成立する諾成契約であるが（689条），第三者に対して定期金が給付されることが合意される場合には，第三者のためにする契約としての性質を有することとなる。贈与として終身定期金が合意される場合には，片務・無償契約であり，終身定期金が遺贈によって成立することも予定されている（694条）。

　これに対して，個人年金契約のような一定の掛け金に対して死亡まで年金が給付される場合には，有償・双務の終身定期金契約となる。この場合，個人が支払う掛け金についてはその額が定められているが，一定年齢から死亡まで支払われる年金自体は個人の死亡時がいつになるかわからないため，契約時において年金額自体の合計金額は不明である。つまり，個人の側からみても年金を支払う企業・保険会社等からみても，掛け金額と年金額との差し引きがプラスとなるのかマイナスとなるのかがわからない契約が締結されることとなる。いわば，死亡という偶然事に対処すべく，当事者は相応と考慮する掛け金と年金とを対価関係に立つと評価して契約するのであり，当事者にとって偶然事により損するか得するかわからないで締結される契約が射倖契約と呼ばれる。

Web 射倖契約✤✤✤✤✤✤✤✤✤✤✤✤✤✤✤✤✤✤✤✤✤✤✤✤✤✤✤✤✤✤✤
　もともと，射倖契約は，網を投げて捕れる魚がどれくらいかわからないにもかかわらず一定の金銭を給付することを約束する，いわゆる投網の売買のような契約から発展した概念である。給付の内容が不確実な契約を射倖契約とするなら，無償の終身定期金も死亡時まで給付金額が確定しないため射倖契約と解される。しかし，損益の不確実性を射倖契約の本質と理解すると，無償の終身定期金は，受益者が一方的に得をして給付者が一方的に損をすることが明らかであるから，射倖契約には含まれないことになる。この観点からす

れば，有償契約において双方の損益が不確実である契約が射倖契約であり，生命保険契約がその典型とされてきたが，投機的な株式売買や商品の先物取引も射倖契約に分類できるであろう。

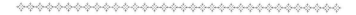

② 終身定期金契約の効力

終身定期金債権の効力

終身定期金契約に基づいて終身定期金債権が発生する。これは基本債権であり，定められた時期に支分債権としての具体的な定期金給付債権が発生する。たとえば，毎月末ごとに 10 万円の定期金が支払われる契約であれば，毎月末に 10 万円ずつの支分債権が発生する。仮に，月の途中で債権者が死亡したような場合には，その時点で基本債権は消滅し，支分債権としてのその期の定期金は日割りで計算される（690 条）。

終身定期金債権の消滅

終身定期金債権は，定期金債務者の死亡はもとより，定期金の受給権者である債権者あるいは受益者たる第三者の死亡により消滅する（689 条）。死亡による定期金債務の消滅前であっても，債務者が元本を受け取りつつも定期金の支払その他の義務を履行しない場合には，相手方は契約を解除して元本の返還ならびに損害の賠償を請求できる。ただ，この場合に受給権者は既に受け取っていた定期金から元本の利息を控除した残額を債務者に返還しなければならない（691 条 1 項）。元本の利息は債権者に返還されるべきところ，債務者と債権者との清算を簡明にするための規定である。この場合，双方の義務には同時履行の抗弁が準用される（692 条・533 条）。また，定期金債務者の責めに帰すべき事由により受給権者が死亡した場合には，債権者または相続人の請求により，裁判所は，定期金債権が相当の期間存続することを宣告することができる（693 条 1 項）。

3 和　解

① 和解の成立

和解の意義　当事者が互いに譲歩して，その間に存する
争いを止めることを約する契約を和解とい
う（695条）。当事者に争いがある場合，最終的には裁判所において
その紛争は解決されるが，ただちに裁判に訴えるのではなく，まず
当事者で話し合いによる決着を図るのが一般的である。とりわけ，
わが国では裁判所における判決まで争うのはむしろ例外的であり，
裁判の前はもちろん，あるいは訴訟継続中においても当事者の合意
により紛争を解決する傾向が強いといわれている。

Case 14-3

　Aは，Bとの間で商品の売買契約を締結し，何度か品物を納入してい
たところ，後日，代金の支払の段階になって，Bが代金額が80万円で
あると主張したが，Aは元来の代金額が120万円であると主張してそ
の支払を求めた。

　Case 14-3のような場合に，A・Bが代金額を両者の主張の折り
合いをつけて代金額100万円とすることで代金額をめぐる両者の紛
争を解決する合意が和解である。このように和解契約とは，当事者
が互いに譲歩して両者の紛争を解決することを合意する，諾成・双
務・有償の契約であると解されている。

　裁判所で行われる和解は裁判上の和解といわれ，簡易裁判所で行
われる訴え提起前の和解（民訴275条）と訴訟継続中に行われる訴訟
上の和解（民訴89条）がある。いずれの和解も調書に記載され，確

定判決と同一の効力を有し（民訴 267 条），強制執行における債務名義となる（民執 22 条 7 号）。いずれも訴訟上の行為であると同時に，民法上の和解契約の側面も持つため，錯誤に基づく取消しが認められ（大判大 11・7・8 民集 1 巻 376 頁），和解に基づいて発生する債務の不履行に基づく和解契約の解除も認められる（大判昭 13・12・7 民集 17 巻 2285 頁）が，解除されても和解による訴訟終了の効果に影響はない（最判昭 43・2・15 民集 22 巻 2 号 184 頁）。

| 和解の要件 |

和解契約とは 695 条により，「争い」を「互譲」によって「やめる」合意である。したがって，まず，争いの存在が必要とされるが，通説・判例は，この争いが権利関係の存否・態様・範囲に関するものであることを要すると解している（大判大 5・7・5 民録 22 輯 1325 頁）。Case 14-3 の場合に，売買の存否や代金額について争いがあれば「争い」が存在するが，売買契約や代金額に争いはなく，代金の支払方法が不明確であったため，当事者が一定期日に銀行振込で支払うことに合意した場合には，和解契約とはされない。しかし，和解は当事者の紛争を解決する合意であり，法律関係を明確化する機能を有するため，その機能が作用する限り，権利関係の不明確・権利実現の不安定等の場合にも「争い」を認めるべきとする見解も有力である。

また，和解契約とされるには，「互いの譲歩」も要件とされる。Case 14-3 において，A が B の主張をのんで代金を 80 万円とすることに合意したような場合には，互譲がないため和解契約とはされない。しかし，そうした合意が和解契約ではなくても，紛争を解決する合意である点で意味があるため，無名契約として和解規定を類推適用すべきとの見解もある。また，そもそも互譲は和解に至る典型の例示であり，互譲がなくても和解契約とすれば足りるとの見解も有力である。

以上の要件を充足して当事者が争いを止め，紛争を最終的に解決することを合意することで和解契約は成立する。

② 和解の効力

法律関係確定効

　和解契約により当事者の紛争は解決されるが，Case 14-3 において当初の売買代金額が実は 100 万円であったような場合に，当事者が 100 万円とする和解契約を締結した場合には，和解の内容が真実の法律関係と一致し，和解は認定的な効力しか有しないこととなる。これに対して，当初の売買代金額が実は 120 万円であったにもかかわらず 100 万円とする和解契約が締結された場合には，和解によって真実の権利は 20 万円分だけ消滅して新たな権利関係が創設されたこととなる。

　もっとも，和解が認定的効力を有するか創設的効力を有するかは，いたって概念的な思考であり，当事者が和解によって確定した法律関係がそれ以後両当事者間の権利関係となるのであって，それ以前の法律関係は少なくとも当事者は争わないことに合意しているのである。したがって，当事者が従前の法律関係を争うことが原則としてできなくなるのは当然であるが，和解契約とは無関係な第三者との関係で従前の法律関係を争うことができるのもまた当然である。たとえば，債務者がその唯一の資産を第三者に処分した後で債権者と和解をして債務を負担したような場合に，その債権者に対して債務者が従前は何らの債務も負担していなければ，当該処分はその債権について詐害行為とならない（大判昭 2・10・27 新聞 2775 号 14 頁）。

和解と錯誤

　和解契約は意思表示の合致によって成立する契約であるから，原則として意思表示に関する規定，とりわけ錯誤規定の適用を受ける。もっとも，従前の真実の法律関係と和解による法律関係が食い違っていたとしても，

当事者が和解契約に拘束される意思をいかなる範囲で有していたのかが問題となる。真実の法律関係とは食い違っていたため和解契約の効力を否定することが自由にできるとするなら，和解契約の紛争解決機能は著しく低下する可能性もある。そこで，真実の法律関係との食い違いに基づく和解契約の錯誤主張をどこまで認めるのかが問題となる。

　(a)　合意した事項自体の錯誤　　当事者が争い，そのために法律関係の確定が合意された事項については，たとえ真実との食い違いがあったとしても錯誤主張は排斥される（696条）。Case 14-3 において，当事者が100万円で和解したところ，後日，代金額が120万円と判明したような場合であっても，Aはもはや和解契約を取り消すことはできない。当事者が解決しようとした問題の決着を尊重する趣旨から，錯誤規定の適用が排除される。

　(b)　それ以外の錯誤　　当事者が合意した事項以外の事項に関しては，錯誤規定の適用が認められる。1つは，そもそも当事者が争わなかった事実に錯誤がある場合である。Case 14-3 では，当事者間に売買契約が締結されていた事実は当然の前提として争われておらず，それを前提に代金額が争われているのであり，仮に売買契約が錯誤に基づくことが判明したような場合である。こうした場合に，それを前提に代金額について合意された和解契約もその存立の基盤を喪失することから，当事者は和解契約を取り消すことができる（大判大6・9・18民録23輯1342頁参照）。他方で，たとえば和解契約で給付が約束された物の品質に契約不適合があるなど，和解契約が締結される前提に思い違いがあった場合である。たとえば，Case 14-3 において代金額を100万円としつつ，その支払をBが所有する絵画に代えるという和解契約が締結されたが，その絵画が偽造品で，とうてい100万円の価値に見合わないことが判明したような場

合がある。このような場合にも，当事者は和解契約の錯誤に基づく取消しを主張できる（最判昭 33・6・14 民集 12 巻 9 号 1492 頁）。

和解と不法 ⟩ 和解契約の内容が強行法規や公序良俗に反する場合に無効であることは疑いない（90条）。さらに，不法の法律関係を基礎とする和解契約もまた無効と解されている。Case 14-3 において，売買契約が麻薬を対象とする契約であり，その代金債務について 100 万円の和解契約が締結されたような場合である。そのように解さないと，そもそも売買契約自体が不法であるにもかかわらず，代金債務に関する和解契約を有効とするなら，当事者は和解契約で容易に法を潜脱でき，結果的に，法は不法な行為に助力することになるためである。

　判例も，賭博で負けた金銭債務の支払のために振り出された小切手の支払についての和解につき，本来は，賭博債務の支払を求めることは公序良俗に反して許されないが，和解上の金銭支払の約束も，実質的には債権者に賭博による金銭給付を得させることを目的とするため，公序良俗違反によって無効とされなければならず，「右契約の実質に存する不法性は，当事者の合意によつて払拭しうるものではないからである」とする（最判昭 46・4・9 民集 25 巻 3 号 264 頁）。

示談と後遺症 ⟩ 交通事故などの損害賠償の問題を加害者側が賠償金額や支払方法を約束し，それにより被害者が賠償請求権を放棄する，いわゆる示談が行われる。示談とはいっても「互譲」があれば和解に他ならないが，示談において当事者の一方のみが譲歩して争いを止める場合には，和解契約ではなく，和解契約に類似する無名契約とされる。しかし，示談の場合にも潜在的には争いと譲歩があるため，「互譲」を和解の要件としない見解によれば，一方のみが譲歩する示談も和解契約と解される。

Case 14-4

　Ａはその所有する自動車を運転中に過ってＢを撥ね，Ｂは手術と入院を余儀なくされた。その10日後に，ＡはＢに対して謝罪して，200万円の支払によりＢとの損害賠償の問題を解決したいと申し出て，Ｂは，治療費は保険でまかなわれ，傷もそれほど重大とは思っていなかったため，その金額以外の賠償を一切請求しないことに応じた。

　Case 14-4のように，示談により加害者側が一定金額の支払を約束し，被害者側が賠償請求権を放棄することが合意された場合，被害者はそれ以上の損害賠償を請求できなくなるのが原則である。しかし，Ｂが退院して半年後に後遺症に見舞われて再手術が必要となった場合であっても，もはやＢはＡに対して再手術の費用といった損害の賠償を請求できないと解するのは不合理である。

　学説では，いったんは示談による紛争の全面的な解決を前提としつつも錯誤規定の適用を試み，あるいは，示談には後遺症の発生を解除条件とする条項が付されているとして，示談の効力を全面的に否定する見解がある。他方で，契約解釈により，後遺損害を示談で解決された損害とは別の損害と把握して，そもそも当初の示談の効力が後遺損害には及ばないとする見解もある。判例は，「一般に，不法行為による損害賠償の示談において，被害者が一定額の支払をうけることで満足し，その余の賠償請求権を放棄したときは，被害者は，示談当時にそれ以上の損害が存在したとしても，あるいは，それ以上の損害が事後に生じたとしても，示談額を上廻る損害については，事後に請求しえない趣旨と解するのが相当である」としつつも，「全損害を正確に把握し難い状況のもとにおいて，早急に小額の賠償金をもつて満足する旨の示談がされた場合においては，示談によつて被害者が放棄した損害賠償請求権は，示談当時予想して

いた損害についてのもののみと解すべきであつて，その当時予想できなかつた不測の再手術や後遺症がその後発生した場合その損害についてまで，賠償請求権を放棄した趣旨と解するのは，当事者の合理的意思に合致するものとはいえない」とする（最判昭43・3・15民集22巻3号587頁）。

Column ⑮　ADR ◆━◆━◆━◆━◆━◆━◆━◆━◆━◆━◆━◆━◆━◆━◆━◆

当事者の私法的紛争を解決する手段として，もちろん最終的には裁判所の判決がある。しかし，当事者が紛争を解決すべく任意に締結する和解もあれば，調停委員が紛争解決案を当事者に提示して当事者がそれに合意をする調停や，紛争の解決を当事者が決定した第三者である仲裁人の裁定に委ねる仲裁もある。平成16年には，法務大臣の認証を得た民間事業者が当事者の紛争解決を仲介（調停，あっせん）することによって，当事者による紛争解決を促すことを目的とした「裁判外紛争解決手続の利用の促進に関する法律」（いわゆるADR（Alternative Dispute Resolution）法）も制定されている。

◆━◆━◆━◆━◆━◆━◆━◆━◆━◆━◆━◆━◆━◆━◆━◆━◆━◆

　本書を通じて契約法の基礎をひととおり学び終えた読者の皆さんが，今後より進んだ学習をしようとする際に参考になると思われる文献を以下に掲げます。契約法に関する優れた文献は多数ありますが，2017年の民法改正に対応したもの（これは，まだ数が少なく，☆をもって示してあります。☆を付したものの中には，一部，法案段階の民法改正法に比較的詳しく触れているものも含まれます。）のほか，改正前民法を対象とした文献も，より「進んだ学習」のためという観点から，本書よりも詳細で本格的なものを中心に掲載しています。

　改正前民法を対象とした文献も挙げているのは，民法が改正されたとはいっても，既存の民法をベースにその一部を手直ししたということであって，改正前民法についての文献が，ただちにその意義を失うわけではないと考えるからです（もちろん，刊行年の関係で情報が古くなっている可能性があることには，注意する必要がありますが，これはどの文献についても一般的に言えることです）。このことをもう少し具体的に，3つの場面に分けて説明しましょう。

　まず，(a)改正民法においても，条文がそのまま維持される場合には，改正前民法についての文献が，基本的にはそのまま参照できます。

　次に，(b)条文が手直しされるが，それは，改正前民法下においても一般的に承認されている解釈を，より正確に条文に反映させた結果であり，その意味では実質的な変更には当たらないという場合があります。この場合にも，改正前民法の解釈についての詳細な記述が，改正民法を正しく理解するために役に立つでしょう。

　最後に(c)改正民法が改正前民法を実質的に修正する場面が問題に

なります。この場面では，改正民法が施行された後は，改正前民法についての参考文献は意義を失うのではないかと考えられるかもしれません。しかし，ことはそう単純ではありません。改正民法の規定内容を理解しようとする場合に，改正前民法がどのような内容で，その内容ではなぜ不都合で，どのように修正されることになったのかを知ると，改正民法の内容や趣旨がはっきり分かるという場合が，しばしばあります。このような場合には，改正前民法下での議論を知ることは，改正民法を知るうえで，たいへん有益です。実際，民法を変更するといっても，従来にない全く新しい考え方が，突然採用されるということは，そうそうあるものではありません。改正前民法のもとにおいてすでに主張されている内容であって，解釈論としては無理があるけれども，立法論としては優れていると認められているものが，今回の民法改正を機に採用されていることも少なくありません。

　こうした点に注意して，参考文献を上手に活用して，次のステップに進んでいただければ，幸いです。

＊教科書・体系書

石田穣・民法Ⅴ（契約法）（1982・青林書院）

内田貴・民法Ⅱ債権各論〔第3版〕（2011・東京大学出版会）

梅謙次郎・民法要義巻之三（債権編）〔訂正増補第33版〕（1912・有斐閣）

近江幸治・民法講義Ⅴ契約法〔第3版〕（2006・成文堂）

大村敦志・新基本民法5契約編〔第2版〕（2020・有斐閣）☆

笠井修＝片山直也・債権各論Ⅰ（2008・弘文堂）

加藤雅信・新民法大系Ⅳ契約法（2007・有斐閣）

川井健・民法概論4債権各論〔補訂版〕（2010・有斐閣）

北川善太郎・債権各論（民法講要Ⅳ）〔第3版〕（2003・有斐閣）

来栖三郎・契約法（1974・有斐閣）

後藤巻則・契約法講義〔第4版〕（2017・弘文堂）☆

潮見佳男・基本講義契約各論Ⅰ契約法・事務管理・不当利得〔第3
　　版〕（2017・新世社）☆

潮見佳男・契約各論Ⅰ（2002・信山社）

鈴木禄弥・債権法講義〔4訂版〕（2001・創文社）

中田裕康・契約法（2017・有斐閣）☆

野澤正充・契約法セカンドステージ債権法Ⅰ〔第3版〕（2020・日本
　　評論社）☆

平井宜雄・債権各論Ⅰ上　契約総論（2008・弘文堂）

平野裕之・民法総合5契約法（2008・信山社）

広中俊雄・債権各論講義〔第6版〕（1994・有斐閣）

星野英一・民法概論Ⅳ（契約）〔合本新訂版〕（1986・良書普及会）

三宅正男・契約法（総論）（1978・青林書院）

三宅正男・契約法（各論）上巻（1983・青林書院）

三宅正男・契約法（各論）下巻（1988・青林書院）

山本敬三・民法講義Ⅳ-1契約（2005・有斐閣）

我妻栄・債権各論上巻（1954・岩波書店）

我妻栄・債権各論中巻一（1957・岩波書店）

我妻栄・債権各論中巻二（1962・岩波書店）

＊注解・注釈書

谷口知平＝五十嵐清編・新版注釈民法(13)債権(4)〔補訂版〕
　　（2006・有斐閣）

柚木馨＝高木多喜男編・新版注釈民法(14)債権(5)（1993・有斐閣）

幾代通＝広中俊雄編・新版注釈民法(15)債権(6)〔増補版〕（1996・有

斐閣）

幾代通＝広中俊雄編・新版注釈民法(16)債権(7)（1989・有斐閣）

鈴木禄弥編・新版注釈民法(17)債権(8)（1993・有斐閣）

我妻栄ほか編・我妻・有泉コンメンタール民法〔第5版〕（2018・日本評論社）☆

＊講 座 等

内田貴＝大村敦志編・民法の争点（2007・有斐閣）

契約法体系Ⅰ～Ⅷ（1962～65・有斐閣）

現代契約法大系第1巻～第9巻（1983～85・有斐閣）

星野英一編集代表・民法講座(5)契約（1985・有斐閣）

広中俊雄＝星野英一編・民法典の百年Ⅲ 個別的観察(2)債権編（1998・有斐閣）

＊演 習

鎌田薫ほか編・民事法Ⅲ債権各論〔第2版〕（2010・日本評論社）

千葉恵美子ほか編・Law Practice民法Ⅱ債権編〔第4版〕（2018・商事法務）☆

＊2017年改正に関する文献

大村敦志＝道垣内人弘人編・解説 民法（債権法）改正のポイント（2017・有斐閣）☆

潮見佳男・民法（債権関係）改正法の概要（2017・金融財政事情研究会）☆

潮見佳男ほか編・Before/After民法改正（2017・弘文堂）☆

筒井健夫＝村松秀樹・一問一答 民法（債権関係）改正（2018・商事法務）☆

394

中田裕康ほか・講義債権法改正（2017・商事法務）☆

*判例解説

瀬川信久 = 内田貴編・民法判例集債権各論〔第3版〕・(2008・有斐閣)

窪田充見 = 森田宏樹編・民法判例百選Ⅱ債権〔第8版〕(2018・有斐閣)☆

あ　行

相手方選択の自由 ……………………6
安全確保義務 …………………………344
安全配慮義務 …………………………298
意思実現 ………………………………19
意思推定理論 …………………………108
遺　贈 …………………………………190
一時使用目的の借地権 ………………269
一時使用目的の建物の賃貸借 ………285
一時的契約 ……………………………11
委　任 …………………………………337
　受任者の利益をも目的とする――
　…………………………………………350
違約手付 ………………………………133
請　負 …………………………………303
請負人の義務 …………………………306
受取物等引渡義務 ……………………343
役務提供型契約の特色 ………………301
役務の質 ………………………………341
応諾義務 ………………………………66
オーダーメイド賃貸 …………………277

か　行

解　散 …………………………………380
解　除 …………………………………64, 81
　――と第三者 ………………………100
　寄託者・受寄者による―― ………358
　合意―― ……………………………82
　雇用の―― …………………………300
　催告―― ……………………………84
　使用貸借の―― ……………………293
　賃貸借の―― …………………239, 243

　複数契約の―― ……………………93
　法定―― ……………………………81
　約定―― ……………………………81
解除権の不可分性 ……………………95
買戻し …………………………………167
解約手付 ………………………………133
解約申入れ ……242, 266, 280, 281, 300
価額償還義務 …………………………99
隔地者間の契約 ………………………16
隠れた内容規制 ………………………110
瑕　疵 …………………………………145
家　団 …………………………………256
割賦販売 ………………………………175
加　入 …………………………………377
仮登記担保 ……………………………132
環境瑕疵 ………………………………145
完成した仕事の目的物の所有権帰属
　…………………………………………309
完成したものとみなす ………………320
間接効果説（解除の効果）…………98
危険の移転 ……………………………162
危険負担 ………………………………52
危険領域説（請負）…………………322
寄　託 …………………………………354
寄託者の義務 …………………………357
寄　付 …………………………………191
基本債権 ………………………………383
求償権 …………………………………379
強行規定 ………………………………9
業務提供誘引販売 ……………………174
共有持分 ………………………………170
協力義務 ………………………………316
居住用建物の承継 ……………………273
クーリングオフ ………………………172
組　合 …………………………………364

組合代理 ……………………………369
警告（注意喚起）義務………………23
経済的不能 ……………………………62
継続的供給契約 …………11, 46, 49, 76
継続的契約…………………11, 59, 76, 202
契　約 ……………………………………2
　　──に組み入れられない条項 ……117
　　──の拘束力………………………3, 83
　　双務── …………………………10, 43
　　諾成── ……………………………10
　　片務── ……………………………10
　　無償── ……………………………10
　　有償── ……………………………10
　　要式── ……………………………10
　　要物── …………………………10, 192
契約改訂
　　──請求権…………………………64
契約交渉打切り責任……………………35
契約自由の原則 …………………………6
契約自由の制限 …………………………8
契約上の地位の移転（譲渡）……76, 380
契約正義 ………………………………128
契約説（約款）………………………107
契約締結関連情報提供義務……22, 26, 35
契約締結の自由………………………6, 35
契約内容決定の自由 ……………………6
契約不適合
　　──箇所の修補請求権 ……………327
　　──と解除…………………………332
　　──に基づく損害賠償請求 ………330
　　仕事の目的物の── ………………325
契約不適合責任 …………………143, 208
契約目的の達成不能……………………92
契約目的の到達不能……………………62
契約を締結しない自由…………………38
原契約変容説（解除）…………………98
検査義務 ………………………………155
現実贈与 ………………………………183

原始的履行不能…………………………52
原状回復義務………98, 208, 214, 249, 294
懸賞広告 ………………………………20
建設工事標準下請契約約款 …………308
権利移転義務 …………………………343
権利能力なき社団 ……………………374
権利保護要件としての登記 …………236
合意更新 …………………240, 262, 278
交　換 …………………………………180
公共工事標準請負契約約款 …………304
交叉申込み……………………………19
行使効果説（同時履行の抗弁権）……52
交渉力アプローチ ……………………110
公序良俗 …………………………………9
更　新 ……………240, 262, 278, 280
　　雇用契約の── ……………………299
　　借地契約の── ……………………262
　　借家契約の── ……………………278
更新料 …………………………240, 241
合同行為 ………………………………367
後発的履行不能…………………………53
「公表」による組入れ…………………116
抗弁の接続 ……………………………176
合名会社 ………………………………375
合　有 …………………………………372
互　譲 …………………………………385
個別ケース条項 ………………………106
個別合意条項 …………………………106
個別条項に関する合意の擬制 ………114
個別条項のみなし合意 ………………115
個別信用購入あっせん ………………176
雇　用 …………………………………295
混合寄託 ………………………………363
混合契約…………………………………10

さ　行

債権契約 …………………………………2

債権者代位権 ‥‥‥‥‥‥‥‥‥‥169
債権譲渡‥‥‥‥‥‥‥‥‥‥‥‥77
再交渉義務‥‥‥‥‥‥‥‥‥‥‥66
催　告‥‥‥‥‥‥‥‥‥‥‥‥‥88
　付遅滞の――‥‥‥‥‥‥‥‥‥86
財産権移転義務 ‥‥‥‥‥‥‥‥138
再売買予約 ‥‥‥‥‥‥‥‥‥‥132
裁判外紛争解決手続 ‥‥‥‥‥‥390
債務代弁済義務 ‥‥‥‥‥‥‥‥348
債務引受‥‥‥‥‥‥‥‥‥‥‥‥77
　免責的――‥‥‥‥‥‥‥‥‥‥77
詐害行為 ‥‥‥‥‥‥‥‥‥‥‥199
錯　誤‥‥‥‥‥‥‥‥‥‥61, 156
些細な契約違反 ‥‥‥‥‥‥‥‥89
サブリース ‥‥‥‥‥‥‥‥276, 277
死因贈与 ‥‥‥‥‥‥‥‥‥‥‥190
敷　金 ‥‥‥‥‥‥‥‥215, 216, 217
敷金関係の承継 ‥‥‥‥‥‥‥‥237
敷金返還義務 ‥‥‥‥‥‥234, 238
敷金返還請求 ‥‥‥‥‥‥‥‥‥236
事業用定期借地権 ‥‥‥‥‥‥‥268
自己決定＝自己責任の原則‥‥‥3, 34
自己決定権 ‥‥‥‥‥‥‥‥‥‥28
自己借地権 ‥‥‥‥‥‥‥‥‥‥258
仕事完成義務 ‥‥‥‥‥‥306, 307
仕事の完成 ‥‥‥‥‥‥‥‥‥‥305
仕事の未完成と報酬 ‥‥‥‥‥‥318
仕事の未完成と割合的報酬 ‥‥‥317
仕事の目的物の契約不適合 ‥‥‥325
事実的契約関係論 ‥‥‥‥‥‥‥19
事情変更法理‥‥‥‥‥‥‥‥‥59
示　談‥‥‥‥‥‥‥‥‥‥‥‥388
私的自治の原則 ‥‥‥‥‥‥‥‥126
支分債権 ‥‥‥‥‥‥‥‥‥‥‥383
社会通念上の履行不能‥‥‥‥‥63
社会類型的行為‥‥‥‥‥‥‥‥19
借地権 ‥‥‥‥‥‥‥‥‥‥‥‥252
　――の帰属 ‥‥‥‥‥‥‥‥‥253

　――の存続期間 ‥‥‥‥‥‥‥252
　――の対抗力 ‥‥‥‥‥253, 254, 256
　一時使用目的の―― ‥‥‥‥‥269
　法定 ―― ‥‥‥‥‥‥‥‥‥203
借地借家法 ‥‥‥‥‥‥‥‥‥‥251
借賃増減請求権 ‥‥‥‥‥‥274, 275
借　家 ‥‥‥‥‥‥‥‥‥‥‥‥270
借家契約の存続期間 ‥‥‥‥‥‥271
射倖契約 ‥‥‥‥‥‥‥‥‥‥‥382
社　団 ‥‥‥‥‥‥‥‥‥‥‥‥364
収去義務 ‥‥‥‥‥‥‥‥‥‥‥248
収去権 ‥‥‥‥‥‥‥‥‥‥‥‥248
終身定期金契約 ‥‥‥‥‥‥‥‥381
修繕義務 ‥‥‥‥‥‥‥‥‥207, 208
重大な債務不履行‥‥‥‥‥‥‥90
住宅の品質確保の促進等に関する法律
　‥‥‥‥‥‥‥‥‥‥‥‥‥‥334
修補請求権 ‥‥‥‥‥‥‥‥‥‥328
　――の限界 ‥‥‥‥‥‥‥‥‥328
受益者‥‥‥‥‥‥‥‥‥‥‥‥70
受寄者の義務 ‥‥‥‥‥‥‥‥‥355
受任者の善処義務 ‥‥‥‥‥‥‥353
受領遅滞 ‥‥‥‥‥‥‥‥‥‥‥163
準消費貸借 ‥‥‥‥‥‥‥‥‥‥197
使用対価 ‥‥‥‥‥‥‥‥‥‥‥201
状態債務関係 ‥‥‥‥‥‥‥‥‥235
使用貸借 ‥‥‥‥‥‥‥‥‥‥‥288
　負担付―― ‥‥‥‥‥‥‥‥‥291
承　諾‥‥‥‥‥‥‥‥‥‥‥‥12
承諾義務型 ‥‥‥‥‥‥‥‥‥‥131
承諾のある転貸 ‥‥‥‥220, 221, 222
譲渡担保 ‥‥‥‥‥‥‥‥‥‥‥132
消費寄託 ‥‥‥‥‥‥‥‥‥354, 360
消費者契約法 ‥‥‥‥‥‥‥‥5, 117
　――上の不当条項規制 ‥‥‥‥110
消費者団体訴訟制度 ‥‥‥‥‥‥112
消費貸借 ‥‥‥‥‥‥‥‥‥‥‥192
　利息付――‥‥‥‥‥‥‥‥‥11

消費貸借の予約 ……………………197
情報提供義務 ……………………22, 34
　　──違反の効果………………………25
　　独立的──………………………24
情報における自己責任原則……………26
証約手付 ……………………………133
使用利益…………………………99, 141
助言義務……………………………35
信　託 ……………………………191
信頼関係破壊 ……………230, 243, 245
　　──の法理 ……………………229, 244
信頼利益…………………………39, 152
心理的瑕疵 ……………………………145
成果完成型 ……………………………346
製作物供給契約 ………………………305
清　算 ……………………………380
正当事由 ……………………263, 280, 281
正当性機会の保障 ……………………4
責任財産 ……………………………371
折衷説（解除の効果）………………98
説明義務……………………………23
善管注意義務 ………213, 222, 290, 339
　　専門家の── ……………………341
増改築禁止特約 ………………………244
相　殺………………………………51
相殺適状 ……………………………151
造作買取請求権 ……………281, 282
双務契約 ……………………………10, 43
総　有 ……………………………374
贈与（契約）………………………182
　　負担付── …………………………189
損益分配 ……………………………375
存在効果説（同時履行の抗弁権）……52

た　行

対価関係………………………………70
代金減額請求権 ………………………148

代金支払義務 ………………………165
対抗力ある借地権 …………………256
第三者のためにする契約…………68
　　不真正── …………………………74
代替物 ……………………………193
代　理 ……………………………73
対話者間の契約……………………16
諾成契約…………………………10, 130
諾約者……………………………70
脱　退 ……………………………377
立替費用償還義務 …………………348
建物買取請求権 ……………………266
建物譲渡特約付借地権 ……………268
建物賃借権
　　──の帰属 …………………………271
　　──の対抗 …………………………272
建物の賃貸借 …………………………270
建物の滅失 …………………………265
他人物賃貸借 …………………………205
地代・借賃増減請求権 ………259, 261
地代等自動改訂特約 …………………260
仲介委託 …………………………346
注文者
　　──の義務 …………………………313
　　──の受領義務 ……………………317
　　──の破産 …………………………336
直接効果説（同時履行の抗弁権）……97
賃借権
　　──の譲渡 ……………………218, 219
　　──の対抗 …………………………233
賃借物
　　──の転貸 ……………………218, 219
　　──の返還義務 ……………………247
　　──の滅失 …………………………246
賃貸借 ……………………………202
　　取壊予定の建物の── …………284
賃貸人
　　──たる地位の留保 ………………236

——の交替 ……………………233
——の承諾ある譲渡・転貸 ………219
——の承諾のない譲渡・転貸 ……225
賃料自動改訂条項 …………………204
賃料自動増額特約 ……………276, 277
賃料支払義務 ………………………212
賃料請求権 …………………………234
賃料増減請求権 ……………………204
追完請求権 …………………………146
通常損耗特約 ………………………249
通信販売……………………………13, 172
通知義務 ……………………………155
定期行為……………………………91
定期借地権 …………………………268
定期贈与 ……………………………188
定期建物賃貸借 ……………………283
定型取引 ……………………………113
定型取引合意 ………………………113
定型約款 ……………………………112
——の契約への組入れ……………114
——の内容の開示 …………116, 118
——の変更 …………………………120
——を契約の内容とする旨の合意
………………………………………113
定型約款準備者 ……………………115
抵当権消滅請求 ……………………166
締約強制……………………………38
適合性原則…………………………31
狭義の—— ………………………34
広義の—— ………………………34
手 付 …………………………133, 135
——の放棄 …………………………134
典型契約……………………………10, 126
電子商取引…………………………17
電信送金事件………………………74
電話勧誘販売………………………173
等価関係の破壊……………………62
当事者能力 …………………………370

同時履行関係……………………97, 331
同時履行の抗弁権 …………………43, 85
到達主義（意思表示）……………14
特定継続的役務提供 ………………174
特定住宅瑕疵担保責任の履行の確保等
　に関する法律 ……………………334
取壊予定の建物の賃貸借 …………284

　　　　な　行

任意解除 …………………………335, 349
任意脱退 ……………………………378
ネガティブオプション ……………175
練上げ型の契約……………………18
農地の賃貸借 ………………………285
農地売買 ……………………………131
ノーワーク・ノーペイの原則………57

　　　　は　行

売 買 …………………………………129
——の一方の予約 …………………131
——の予約 …………………………131
倍戻し ………………………………135
パンデクテン方式…………………42
引換給付判決………………………51
引取義務 ……………………………165
必要費 ………………………………209
非任意脱退 …………………………378
表見代理 ……………………………370
費用償還義務 ………………………234
——の承継 …………………………238
費用償還請求 ……………………209, 211
費用前払義務 ………………………348
不安の抗弁権………………………49
附合契約……………………………5
付属物収去義務 ……………………214
付属物収去権 ………………………214

負担付贈与 ……………………………189
普通取引約款 ……………………………106
物権契約 ……………………………………2
不動産仲介契約 …………………………347
不動産賃借権の物権化 …………………286
不当条項 ……………………………110, 117
不当条項使用差止請求権 …………………112
プロセス関連の規範……………………66
返品権 ……………………………………173
片務契約……………………………………10
忘恩行為 ……………………………………187
包括信用購入あっせん ……………………175
法規説（約款）……………………………107
報告義務 …………………………………342
方式の自由 ……………………………………6
報酬減額請求権 …………………………328
報酬支払義務 ……………………297, 313
　有償委任における―― …………345
報酬請求権の発生時期 …………………314
法　人 ……………………………………364
法定更新 ……………………263, 278, 279
　――後の期間 …………………………264
法定借地権 ………………………………203
法的パターナリズム……………………34
訪問購入 …………………………………174
訪問販売 …………………………………171
保護義務 …………………………………211
補充責任 …………………………………375
補償関係……………………………………70
本契約 ……………………………………131

ま　行

未完成建物の所有権帰属 …………………311
自ら事務処理を行う義務 …………………342
身分上の合意 ………………………………2
民間（旧四会）連合協定工事請負契約
　約款 ……………………………………304

民法上の組合 ……………………………365
無限責任 …………………………………375
無限連鎖講 ………………………………173
無催告解除 ………………………………245
矛盾行為の禁止……………………………20
無償契約……………………………………10
無断譲渡 ……226, 227, 228, 229, 231, 246
無断転貸 ………226, 228, 229, 231, 246
申込み………………………………………12
　――の拘束力 ……………………………15
　――の承諾適格 …………………………15
　――の撤回 ………………………………16
　――の誘引 ………………………………13
黙示の更新 ……………………………240, 241
目的物引渡義務 …………………………142

や　行

約束に対する信頼の保護 ……………………4
約　款 ……………………………………106
　――の契約への組入れ …………………108
　――の内容規制 …………………………109
約款アプローチ …………………………109
やむを得ない事由（解除）………243, 301
有益費 ……………………………210, 238
有限責任 …………………………………374
有限責任事業組合 …………………………376
有償契約……………………………………10
優等懸賞広告 ………………………………22
要式契約……………………………………10
要物契約……………………………………10, 192
用法違反 …………………………………245
用法遵守義務 ………211, 213, 222, 291
要約者……………………………………70
預金契約 ……………………………360, 361
預金者の認定 ……………………………361
予定工程終了説（請負の契約不適合
　責任）…………………………………326

予約
　売買の── ……………………131
　売買の一方の── ……………131
予約完結権 ……………………131
予約完結権型 …………………131

履行割合型 ……………………346
利息償還義務 …………………348
留置権 ……………………………44
旅行契約 ………………………344
連鎖販売取引 …………………173
労働従事義務 …………………296

ら　行

リース …………………………203
履行請求権の排除 …………52, 61
履行の着手 ……………………135
履行利益 ……………39, 97, 152

わ　行

和　解 …………………………384
割合的報酬 ………………332, 336
　仕事完成前の解除と── ………319

大 審 院

大判明 38・12・6 民録 11 輯 1653 頁
………………………………194

大判明 40・6・13 民録 13 輯 648 頁
………………………………370

大判明 44・1・25 民録 17 輯 5 頁
………………………………336

大判明 44・12・11 民録 17 輯 772 頁
………………………………43, 50

大判明 44・12・26 民録 17 輯 916 頁
………………………………366

大判大 2・1・24 民録 19 輯 11 頁
………………………………198

大判大 2・12・4 民録 19 輯 993 頁
………………………………52

大判大 3・6・4 民録 20 輯 551 頁
………………………………352

大判大 3・12・26 民録 20 輯 1208 頁
………………………………309

大判大 4・7・13 民録 21 輯 1384 頁
………………………………132

大判大 4・7・31 民録 21 輯 1356 頁
………………………………298

大判大 4・10・16 民録 21 輯 1705 頁
………………………………343

大判大 4・12・21 民録 21 輯 2135 頁
………………………………165

大判大 4・12・24 民録 21 輯 2182 頁
………………………………108

大判大 5・5・10 民録 22 輯 936 頁
………………………………105

大判大 5・7・5 民録 22 輯 1325 頁
………………………………385

大判大 5・9・22 民録 22 輯 1732 頁
………………………………184

大判大 5・12・13 民録 22 輯 2417 頁
………………………………310

大判大 6・6・27 民録 23 輯 1153 頁
………………………………86

大判大 6・9・18 民録 23 輯 1342 頁
………………………………387

大判大 7・4・13 民録 24 輯 669 頁
………………………………105

大判大 7・7・10 民録 24 輯 1480 頁
………………………………366

大判大 7・8・14 民録 24 輯 1650 頁
………………………………45

大判大 9・4・24 民録 26 輯 562 頁
………………………………350

大判大 9・9・28 民録 26 輯 1402 頁
………………………………222

大判大 10・5・3 民録 27 輯 844 頁
………………………………247

大判大 10・5・17 民録 27 輯 929 頁
………………………………97

大判大 10・5・30 民録 27 輯 1013 頁
………………………………235

大判大 10・6・30 民録 27 輯 1287 頁
………………………………86, 87

大判大 10・7・11 民録 27 輯 1378 頁
………………………………234, 286

大判大 10・9・26 民録 27 輯 1627 頁
………………………………208

大判大 10・11・9 民録 27 輯 1907 頁
………………………………88

大判大 11・7・8 民集 1 巻 376 頁
………………………………385

大判大 11・8・21 民集 1 巻 493 頁

·········356

大判大 11・10・25 民集 1 巻 621 頁
·········194

大判大 12・6・1 民集 2 巻 417 頁
·········96

大連判大 13・9・24 民集 3 巻 440 頁
·········164

大判大 14・9・24 民集 4 巻 470 頁
·········194

大判大 14・12・15 民集 4 巻 710 頁
·········77

大判昭 2・2・2 民集 6 巻 133 頁
·········89

大判昭 2・10・27 新聞 2775 号 14 頁
·········386

大判昭 3・5・31 民集 7 巻 393 頁
·········51

大判昭 3・10・30 民集 7 巻 871 頁
·········87

大判昭 4・3・30 民集 8 巻 363 頁
·········221

大判昭 4・6・19 民集 8 巻 675 頁
·········221, 228

大判昭 5・7・9 民集 9 巻 839 頁
·········237

大判昭 5・10・28 民集 9 巻 1055 頁
·········314

大判昭 7・3・3 民集 11 巻 274 頁
·········164

大判昭 7・4・30 民集 11 巻 780 頁
·········320, 336

大判昭 7・5・9 民集 11 巻 824 頁
·········309

大判昭 7・10・29 民集 11 巻 1947 頁
·········297

大判昭 8・12・11 判決全集 1 輯 3 号
41 頁·········227

大判昭 9・3・7 民集 13 巻 278 頁

大判昭 10・2・12 民集 14 巻 204 頁
·········223

·········217

大判昭 10・4・25 新聞 3835 号 5 頁
·········185

大判昭 10・12・28 判決全集 3 輯 2 号
21 頁·········210

大判昭 11・2・25 民集 15 巻 281 頁
·········372

大判昭 11・5・11 民集 15 巻 808 頁
·········99

大判昭 11・6・16 民集 15 巻 1125 頁
·········194

大判昭 12・2・9 民集 16 巻 33 頁
·········47

大判昭 13・2・12 民集 17 巻 132 頁
·········372

大判昭 13・3・1 民集 17 巻 318 頁
·········51

大判昭 13・12・7 民集 17 巻 2285 頁
·········385

大判昭 14・12・13 判決全集 7 輯 4 号
10 頁·········90

大判昭 18・7・20 民集 22 巻 660 頁
·········310

大判昭 19・12・6 民集 23 巻 613 頁
·········60, 62

最高裁判所

最判昭 24・10・4 民集 3 巻 10 号 437
頁 ·········135

最判昭 26・3・29 民集 5 巻 5 号 177 頁
·········289

最判昭 26・4・27 民集 5 巻 5 号 325 頁
·········232

最判昭 26・5・31 民集 5 巻 6 号 359 頁
·········232

最判昭 27・4・25 民集 6 巻 4 号 451 頁
　　………………………243, 245
最判昭 28・6・16 民集 7 巻 6 号 629 頁
　　……………………………46
最判昭 28・9・25 民集 7 巻 9 号 979 頁
　　………………………229, 287
最判昭 28・12・18 民集 7 巻 12 号
　　1515 頁 ………………286
最判昭 29・1・21 民集 8 巻 1 号 64 頁
　　……………………………134
最判昭 29・2・2 民集 8 巻 2 号 321 頁
　　……………………………249
最判昭 29・6・11 判タ 41 号 31 頁
　　……………………………267
最判昭 29・6・25 民集 8 巻 6 号 1224
　　頁 ……………………214
最判昭 29・7・22 民集 8 巻 7 号 1425
　　頁 ……………………282
最判昭 29・7・27 民集 8 巻 7 号 1455
　　頁 ………………………52
最判昭 29・12・17 民集 8 巻 12 号
　　2182 頁 ………………352
最判昭 30・4・5 民集 9 巻 4 号 431 頁
　　……………………………286
最判昭 30・5・13 民集 9 巻 6 号 698 頁
　　……………………………219
最判昭 30・5・13 民集 9 巻 6 号 711 頁
　　……………………………289
最判昭 30・9・22 民集 9 巻 10 号 1294
　　頁 ……………………229
最判昭 30・9・23 民集 9 巻 10 号 1350
　　頁 ……………………257
最判昭 30・12・26 民集 9 巻 14 号
　　2140 頁 ………………135, 136
最判昭 31・1・27 民集 10 巻 1 号 1 頁
　　……………………………186
最判昭 31・5・8 民集 10 巻 5 号 475 頁
　　……………………………229

最判昭 31・6・26 民集 10 巻 6 号 730
　　頁 ……………………245
最判昭 31・10・5 民集 10 巻 10 号
　　1239 頁 ………………219
最判昭 31・12・20 民集 10 巻 12 号
　　1581 頁 ………………230
最判昭 32・5・21 民集 11 巻 5 号 732
　　頁 ……………………190
最判昭 32・9・3 民集 11 巻 9 号 1467
　　頁 ……………………275
最判昭 32・11・12 民集 11 巻 12 号
　　1928 頁 ………………230
最判昭 32・11・14 民集 11 巻 12 号
　　1943 頁 ………………374
最判昭 32・12・3 民集 11 巻 13 号
　　2018 頁 ………………246
最判昭 32・12・10 民集 11 巻 13 号
　　2103 頁 ………………226
最判昭 33・1・14 民集 12 巻 1 号 41 頁
　　……………………………229
最判昭 33・6・5 民集 12 巻 9 号 1359
　　頁 ……………………136
最判昭 33・6・6 民集 12 巻 9 号 1373
　　頁 ……………………201
最判昭 33・6・14 民集 12 巻 9 号 1449
　　頁 ……………………101
最判昭 33・6・14 民集 12 巻 9 号 1492
　　頁 ……………………156, 388
最判昭 34・6・25 判時 192 号 16 頁
　　……………………………45
最判昭 34・8・18 裁判集民 37 号 643
　　頁 ……………………293
最判昭 34・9・22 民集 13 巻 11 号
　　1451 頁 ………………100
最判昭 35・2・9 民集 14 巻 1 号 108 頁
　　……………………………267
最判昭 35・4・12 民集 14 巻 5 号 817
　　頁 ……………………289

最判昭 35・10・11 民集 14 巻 12 号
2465 頁 ‥‥‥‥‥‥‥‥‥‥285

最判昭 35・10・27 民集 14 巻 12 号
2733 頁 ‥‥‥‥‥‥‥‥‥‥52

最判昭 35・11・29 民集 14 巻 13 号
2869 頁 ‥‥‥‥‥‥‥‥‥‥102

最判昭 35・12・9 民集 14 巻 13 号
2994 頁 ‥‥‥‥‥‥‥‥‥‥370

最判昭 36・4・28 民集 15 巻 4 号 1211
頁 ‥‥‥‥‥‥‥‥‥‥229, 230

最判昭 36・6・22 民集 15 巻 6 号 1651
頁 ‥‥‥‥‥‥‥‥‥‥87

最判昭 36・7・31 民集 15 巻 7 号 1982
頁 ‥‥‥‥‥‥‥‥‥‥369

最判昭 36・11・21 民集 15 巻 10 号
2507 頁 ‥‥‥‥‥‥‥‥‥‥90

最判昭 36・12・21 民集 15 巻 12 号
3243 頁 ‥‥‥‥‥‥‥‥‥‥247

最判昭 37・2・1 民集 16 巻 2 号 157 頁
‥‥‥‥‥‥‥‥‥‥346

最判昭 37・2・1 裁判集民 58 号 441 頁
‥‥‥‥‥‥‥‥‥‥223

最判昭 37・3・29 民集 16 巻 3 号 662
頁 ‥‥‥‥‥‥‥‥‥‥223

最判昭 37・4・20 民集 16 巻 4 号 955
頁 ‥‥‥‥‥‥‥‥‥‥140

最判昭 37・4・26 民集 16 巻 4 号 1002
頁 ‥‥‥‥‥‥‥‥‥‥186

最判昭 37・6・26 民集 16 巻 7 号 1397
頁 ‥‥‥‥‥‥‥‥‥‥69

最判昭 37・7・20 民集 16 巻 8 号 1583
頁 ‥‥‥‥‥‥‥‥‥‥205

最判昭 37・12・18 民集 16 巻 12 号
2422 頁 ‥‥‥‥‥‥‥‥‥‥371

最判昭 38・1・25 民集 17 巻 1 号 77 頁
‥‥‥‥‥‥‥‥‥‥205

最判昭 38・2・21 民集 17 巻 1 号 219
頁 ‥‥‥‥‥‥‥‥‥‥225

最判昭 38・5・24 民集 17 巻 5 号 639
頁 ‥‥‥‥‥‥‥‥‥‥257

最判昭 38・5・31 民集 17 巻 4 号 600
頁 ‥‥‥‥‥‥‥‥‥‥370

最判昭 39・2・25 民集 18 巻 2 号 329
頁‥‥‥‥‥‥‥‥‥‥96

最判昭 39・5・26 民集 18 巻 4 号 667
頁 ‥‥‥‥‥‥‥‥‥‥186

最判昭 39・6・30 民集 18 巻 5 号 991
頁 ‥‥‥‥‥‥‥‥‥‥230

最判昭 39・7・7 民集 18 巻 6 号 1049
頁 ‥‥‥‥‥‥‥‥‥‥194

最判昭 39・8・28 民集 18 巻 7 号 1354
頁 ‥‥‥‥‥‥‥‥‥‥235, 236

最判昭 39・10・15 民集 18 巻 8 号
1671 頁 ‥‥‥‥‥‥‥‥‥‥367

最大判昭 40・3・17 民集 19 巻 2 号
453 頁 ‥‥‥‥‥‥‥‥‥‥255

最判昭 40・3・26 民集 19 巻 2 号 526
頁 ‥‥‥‥‥‥‥‥‥‥186

最判昭 40・6・18 民集 19 巻 4 号 986
頁 ‥‥‥‥‥‥‥‥‥‥140

最判昭 40・7・2 民集 19 巻 5 号 1153
頁 ‥‥‥‥‥‥‥‥‥‥219

最大判昭 40・11・24 民集 19 巻 8 号
2019 頁 ‥‥‥‥‥‥‥135, 136, 137

最判昭 40・12・17 民集 19 巻 9 号
2159 頁 ‥‥‥‥‥‥‥‥‥‥227

最判昭 40・12・17 裁判集民 81 号 561
頁 ‥‥‥‥‥‥‥‥‥‥350

最判昭 41・1・21 民集 20 巻 1 号 65 頁
‥‥‥‥‥‥‥‥‥‥136

最判昭 41・3・22 民集 20 巻 3 号 468
頁 ‥‥‥‥‥‥‥‥‥‥51, 88

最判昭 41・4・14 民集 20 巻 4 号 649
頁 ‥‥‥‥‥‥‥‥‥‥144

最判昭 41・4・21 民集 20 巻 4 号 720
頁 ‥‥‥‥‥‥‥‥‥‥245

最大判昭 41・4・27 民集 20 巻 4 号
　870 頁 ・・・・・・・・・・・・・・・・・・・・・255

最判昭 41・10・21 民集 20 巻 8 号
　1640 頁 ・・・・・・・・・・・・・・・・・・・232

最判昭 41・10・27 民集 20 巻 8 号
　1649 頁 ・・・・・・・・・・・・・・・・・・・289

最判昭 42・2・21 民集 21 巻 1 号 155
　頁 ・・・・・・・・・・・・・・・・・・・・・・273

最判昭 42・9・14 民集 21 巻 7 号 1791
　頁 ・・・・・・・・・・・・・・・・・・・・・・266

最判昭 42・10・27 民集 21 巻 8 号
　2161 頁 ・・・・・・・・・・・・・・・・・・・315

最判昭 42・11・24 民集 21 巻 9 号
　2460 頁 ・・・・・・・・・・・・・・・・・・・294

最判昭 42・12・5 民集 21 巻 10 号
　2545 頁 ・・・・・・・・・・・・・・・・・・・252

最判昭 43・1・25 判時 513 号 33 頁
　・・・・・・・・・・・・・・・・・・・・・・・・214

最判昭 43・2・15 民集 22 巻 2 号 184
　頁 ・・・・・・・・・・・・・・・・・・・・・・385

最判昭 43・2・23 民集 22 巻 2 号 281
　頁・・・・・・・・・・・・・・・・・・・・・・・90

最判昭 43・3・15 民集 22 巻 3 号 587
　頁 ・・・・・・・・・・・・・・・・・・・・・・390

最判昭 43・6・21 民集 22 巻 6 号 1311
　頁 ・・・・・・・・・・・・・・・・・・・・・・136

最判昭 43・6・21 判時 529 号 46 頁
　・・・・・・・・・・・・・・・・・・・・・・・・244

最判昭 43・9・3 民集 22 巻 9 号 1767
　頁 ・・・・・・・・・・・・・・・・・・・・・・258

最判昭 43・9・3 民集 22 巻 9 号 1817
　頁 ・・・・・・・・・・・・・・・・・・・・・・257

最判昭 43・9・3 裁判集民 92 号 169 頁
　・・・・・・・・・・・・・・・・・・・・・・・・351

最判昭 43・9・20 判時 536 号 51 頁
　・・・・・・・・・・・・・・・・・・・・・・・・350

最判昭 43・10・8 民集 22 巻 10 号
　2145 頁 ・・・・・・・・・・・・・・・・・・・203

最判昭 43・11・21 民集 22 巻 12 号
　2741 頁 ・・・・・・・・・・・・・・・・・・・244

最判昭 43・11・28 民集 22 巻 12 号
　2833 頁 ・・・・・・・・・・・・・・・・・・・206

最判昭 43・12・5 民集 22 巻 13 号
　2876 頁 ・・・・・・・・・・・・・・・・74, 75

最判昭 44・1・31 判時 552 号 50 頁
　・・・・・・・・・・・・・・・・・・・・・・・・183

最判昭 44・4・24 民集 23 巻 4 号 855
　頁 ・・・・・・・・・・・・・・・・・・・・・・230

最判昭 44・7・17 民集 23 巻 8 号 1610
　頁 ・・・・・・・・・・・・・・・・・・・・・・237

最判昭 44・9・12 判時 572 号 25 頁
　・・・・・・・・・・・・・・・・・・・・・・・・310

最判昭 44・12・23 民集 23 巻 12 号
　2577 頁 ・・・・・・・・・・・・・・・・・・・257

最判昭 45・6・4 民集 24 巻 6 号 482 頁
　・・・・・・・・・・・・・・・・・・・・・・・・260

最判昭 45・9・18 判時 612 号 57 頁
　・・・・・・・・・・・・・・・・・・・・・・・・216

最判昭 45・10・22 民集 24 巻 11 号
　1599 頁 ・・・・・・・・・・・・・・・・・・・347

最判昭 46・2・19 民集 25 巻 1 号 135
　頁 ・・・・・・・・・・・・・・・・・・・・・・238

最判昭 46・3・5 判時 628 号 48 頁
　・・・・・・・・・・・・・・・・・・・・・・・・310

最判昭 46・4・9 民集 25 巻 3 号 264 頁
　・・・・・・・・・・・・・・・・・・・・・・・・388

最判昭 46・4・23 民集 25 巻 3 号 388
　頁 ・・・・・・・・・・・・・・・・・・・・・・235

最判昭 46・12・16 民集 25 巻 9 号
　1472 頁 ・・・・・・・・・・・・・・・・・・・167

最判昭 47・3・9 民集 26 巻 2 号 213 頁
　・・・・・・・・・・・・・・・・・・・・・・・・226

最判昭 47・5・25 民集 26 巻 4 号 805
　頁 ・・・・・・・・・・・・・・・・・・・・・・190

最判昭 47・6・22 民集 26 巻 5 号 1051
　頁 ・・・・・・・・・・・・・・・・・・・・・・255

最判昭 47・9・7 民集 26 巻 7 号 1327
　頁 ……………………………46
最判昭 47・11・16 民集 26 巻 9 号
　1603 頁 ………………………245
最判昭 48・2・2 民集 27 巻 1 号 80 頁
　……………………216, 217, 238
最判昭 48・3・27 民集 27 巻 2 号 376
　頁 ……………………………362
最判昭 48・7・3 民集 27 巻 7 号 751 頁
　………………………………140
最判昭 48・7・17 民集 27 巻 7 号 798
　頁 ……………………………238
最判昭 49・3・19 民集 28 巻 2 号 325
　頁 …………………………80, 236
最判昭 49・4・26 民集 28 巻 3 号 467
　頁 ……………………………245
最判昭 49・9・2 民集 28 巻 6 号 1152
　頁 ……………………………217
最大判昭 49・9・4 民集 28 巻 6 号
　1169 頁 ………………………140
最判昭 50・2・13 民集 29 巻 2 号 83 頁
　………………………………254
最判昭 50・2・20 民集 29 巻 2 号 99 頁
　………………………………245
最判昭 50・2・25 民集 29 巻 2 号 143
　頁 ……………………………298
最判昭 50・4・25 民集 29 巻 4 号 456
　頁 ……………………………300
最判昭 50・7・17 民集 29 巻 6 号 1119
　頁 ……………………………199
最判昭 50・10・2 判時 797 号 103 頁
　………………………………252
最判昭 51・2・13 民集 30 巻 1 号 1 頁
　……………………………99, 142
最判昭 51・10・1 判時 835 号 63 頁
　………………………………241
最判昭 52・2・22 民集 31 巻 1 号 79 頁
　……………………………316, 322

最判昭 52・2・28 金判 520 号 19 頁
　……………………………158, 330
最判昭 53・2・17 判タ 360 号 143 頁
　………………………………189
最判昭 53・2・28 金法 855 号 7 頁
　………………………………362
最判昭 53・9・21 判時 907 号 54 頁
　……………………………151, 331
最判昭 53・11・30 民集 32 巻 8 号
　1601 頁 ………………………186
最判昭 53・12・22 民集 32 巻 9 号
　1768 頁 ………………………220
最判昭 54・1・25 民集 33 巻 1 号 26 頁
　………………………………311
最判昭 54・3・20 判時 927 号 184 頁
　……………………………158, 330
最判昭 55・10・28 判時 986 号 36 頁
　………………………………267
最判昭 56・1・19 民集 35 巻 1 号 1 頁
　………………………………350
最判昭 56・2・16 民集 35 巻 1 号 56 頁
　………………………………298
最判昭 56・2・17 判時 996 号 61 頁
　………………………………320
最判昭 56・10・8 判時 1029 号 72 頁
　………………………………186
最判昭 57・1・21 民集 36 巻 1 号 71 頁
　………………………………149
最判昭 57・4・30 民集 36 巻 4 号 763
　頁 ……………………………190
最判昭 58・1・24 民集 37 巻 1 号 21 頁
　………………………………190
最判昭 58・4・14 判時 1077 号 62 頁
　………………………………255
最判昭 58・4・19 判時 1082 号 47 頁
　………………………………37
最判昭 58・9・9 判時 1092 号 59 頁
　………………………………252

最判昭 59・4・20 民集 38 巻 6 号 610
　　頁 ……………………………………241

最判昭 59・9・18 判時 1137 号 51 頁
　　………………………………………37

最判昭 60・11・29 民集 39 巻 7 号
　　1719 頁 ……………………………186

最判昭 62・2・13 判時 1228 号 84 頁
　　………………………………………198

最判昭 62・10・8 民集 41 巻 7 号 1445
　　頁 ……………………………………105

最判平 2・2・20 判時 1354 号 76 頁
　　………………………………………177

最判平 3・4・2 民集 45 巻 4 号 349 頁
　　………………………………………144

最判平 3・10・17 判時 1404 号 74 頁
　　………………………………………211

最判平 4・9・22 金法 1358 号 55 頁
　　………………………………………353

最判平 4・10・20 民集 46 巻 7 号 1129
　　頁 ……………………………………156

最判平 5・1・21 民集 47 巻 1 号 265 頁
　　………………………………………141

最判平 5・3・16 民集 47 巻 4 号 3005
　　頁 ……………………………………136

最判平 5・6・11 判時 1466 号 151 頁
　　………………………………………297

最判平 5・10・19 民集 47 巻 8 号 5061
　　頁 ……………………………………313

最判平 6・1・20 金法 1383 号 37 頁
　　………………………………………341

最判平 6・3・22 民集 48 巻 3 号 859 頁
　　………………………………………134

最判平 6・7・18 判時 1540 号 38 頁
　　………………………………………223

最判平 6・10・25 民集 48 巻 7 号 1303
　　頁 ……………………………………264

最判平 8・7・12 民集 50 巻 7 号 1918
　　頁…………………………………………80

最判平 8・10・14 民集 50 巻 9 号 2431
　　頁 ……………………………………227

最判平 8・10・28 金法 1469 号 49 頁
　　………………………………………27

最判平 8・11・12 民集 50 巻 10 号
　　2673 頁 ………………………………94

最判平 8・12・17 民集 50 巻 10 号
　　2778 頁 ……………………………293

最判平 9・2・14 民集 51 巻 2 号 337 頁
　　……………………………151, 315, 332

最判平 9・2・25 民集 51 巻 2 号 398 頁
　　………………………………………223

最判平 9・7・1 民集 51 巻 6 号 2251 頁
　　………………………………………257

最判平 9・7・1 民集 51 巻 6 号 2452 頁
　　……………………………………60, 62

最判平 9・7・15 民集 51 巻 6 号 2581
　　頁 ……………………………152, 332

最判平 9・7・15 判時 1616 号 65 頁
　　………………………………………315

最判平 9・7・17 民集 51 巻 6 号 2882
　　頁 ……………………………………227

最判平 10・4・9 判時 1639 号 130 頁
　　………………………………………298

最判平 10・4・14 民集 52 巻 3 号 813
　　頁 ……………………………………365

最判平 11・1・29 民集 53 巻 1 号 151
　　頁 ……………………………………160

最判平 11・2・23 民集 53 巻 2 号 193
　　頁 ……………………………………378

最判平 11・3・25 判時 1674 号 61 頁
　　………………………………………236

最判平 11・4・16 金法 1554 号 77 頁
　　………………………………………343

最判平 12・2・29 民集 54 巻 2 号 582
　　頁 ……………………………………29

最判平 13・3・13 民集 55 巻 2 号 363
　　頁 ……………………………………218

最判平 13・11・27 民集 55 巻 6 号
　1311 頁 ·······························154
最判平 14・3・28 民集 56 巻 3 号 662
　頁 ·······································225
最判平 14・3・28 民集 56 巻 3 号 689
　頁 ·······································218
最判平 14・9・24 判時 1801 号 77 頁
　··330
最判平 15・2・21 民集 57 巻 2 号 95 頁
　··363
最判平 15・2・28 判時 1829 号 151 頁
　··110
最判平 15・6・12 民集 57 巻 6 号 563
　頁 ·······································363
最判平 15・6・12 民集 57 巻 6 号 595
　頁 ·······································260
最判平 15・10・21 民集 57 巻 9 号
　1213 頁 ···························276, 277
最判平 15・10・21 判時 1844 号 50 頁
　··277
最判平 15・10・23 判時 1844 号 54 頁
　··277
最判平 15・12・9 民集 57 巻 11 号
　1887 頁 ································29
最判平 16・6・29 判時 1868 号 52 頁
　··261
最判平 16・11・5 民集 58 巻 8 号 1997
　頁 ···5
最判平 16・11・18 民集 58 巻 8 号
　2225 頁 ·······························30
最判平 17・3・10 判時 1894 号 14 頁
　··278
最判平 17・3・10 判時 1895 号 60 頁
　··250
最判平 17・7・14 民集 59 巻 6 号 1323
　頁·······································32
最判平 17・9・16 判時 1912 号 8 頁
　···23

最判平 17・12・16 判時 1921 号 61 頁
　························109, 215, 249
最判平 18・1・19 判時 1925 号 96 頁
　··255
最判平 18・2・7 民集 60 巻 2 号 480 頁
　··167
最判平 18・9・4 判時 1949 号 30 頁
　···41
最判平 19・2・27 判時 1964 号 45 頁
　···40
最決平 19・12・4 民集 61 巻 9 号 3245
　頁 ································228, 287
最決平 19・12・4 判時 1996 号 37 頁
　··287
最判平 20・7・4 判時 2028 号 32 頁
　··343
最判平 22・1・26 民集 64 巻 1 号 219
　頁 ·······································339
最判平 23・4・22 民集 65 巻 3 号 1405
　頁 ·······································28
最判平 23・7・15 民集 65 巻 5 号 2269
　頁 ·······································241
最判平 23・10・25 民集 65 巻 7 号
　3114 頁 ·······························179
最判平 24・4・6 民集 66 巻 6 号 2535
　頁 ·······································216
最判平 24・9・4 判時 2171 号 42 頁
　··250
最判平 24・9・13 民集 66 巻 9 号 3263
　頁 ·······································284
最判平 25・1・22 判時 2184 号 38 頁
　··252
最判平 25・4・16 民集 67 巻 4 号 1049
　頁 ·······································341
最判平 26・9・25 民集 68 巻 7 号 661
　頁 ·······································261
最判平 29・12・6 裁時 1689 号 3 頁
　···8

高等裁判所

東京高判昭 36・12・20 判時 295 号 28
頁 ……………………………315, 326

東京高判昭 47・5・29 判時 668 号 49
頁 …………………………………326

東京高判昭 52・6・7 判時 861 号 66 頁
…………………………………336

仙台高決昭 56・1・14 判タ 431 号 103
頁 …………………………………314

東京高判昭 56・2・12 判時 1003 号 98
頁 …………………………………209

東京高判平 11・9・8 判時 1710 号 110
頁…………………………………27

東京高判平 14・1・23 判時 1773 号 34
頁 …………………………………9

大阪高判平 20・6・3 金判 1300 号 45
頁…………………………………33

地方裁判所

東京地決昭 9・11・2 新聞 3908 号 16
頁 …………………………………210

東京地判昭 40・6・19 判時 420 号 39
頁 …………………………………209

東京地判昭 41・10・28 判タ 200 号
153 頁 ……………………………315

札幌地判昭 51・2・26 判時 825 号 84
頁 …………………………………322

名古屋地判昭 53・12・26 判タ 388 号
112 頁 ……………………………316

東京地判昭 58・3・3 判時 1087 号 101
頁…………………………………49

大阪地判昭 61・12・12 判タ 668 号
178 頁 ……………………………145

神戸地伊丹支判昭 63・12・26 判時
1319 号 139 頁 ……………60, 62, 65

東京地判昭 63・12・27 判時 1341 号
37 頁 ……………………………344

大阪地判平 2・9・7 判時 1403 号 81 頁
…………………………………61

東京地判平 2・12・20 判時 1389 号 79
頁…………………………………49

京都地判平 5・9・27 判タ 865 号 220
頁 …………………………………338

東京地判平 7・7・12 判時 1577 号 97
頁 …………………………………244

東京地判平 9・11・11 判タ 955 号 295
頁 …………………………………34

東京地判平 10・7・28 判時 1665 号 84
頁 …………………………………340

東京地決平 11・11・29 労判 780 号 67
頁 …………………………………299

札幌地判平 14・11・11 判時 1806 号
84 頁………………………………9

秋田地判平 17・4・14 判時 1936 号
67 頁 ……………………………109

東京地判平 17・9・2 判時 1922 号 105
頁…………………………………14

大阪地判平 22・5・12 判時 2090 号 50
頁…………………………………28

東京地判平 22・10・26 判時 2114 号
77 頁 ……………………………326

東京地判平 25・7・3 判時 2213 号 59
頁 …………………………………145

東京地判平 27・1・162015WLJPCA
1168013……………………………121

民 法 5 契約

 ARMA　有斐閣アルマ

2018 年 4 月 20 日　初　版第 1 刷発行
2021 年 5 月 30 日　初　版第 2 刷発行

著　　　者	山本　　豊（やまもとゆたか） 笠井　　修（かさいおさむ） 北居　　功（きたいいさお）
発 行 者	江　草　貞　治
発 行 所	株式会社　有　斐　閣

郵便番号　101-0051
東京都千代田区神田神保町2-17
電話　(03)3264-1314〔編集〕
　　　(03)3265-6811〔営業〕
http://www.yuhikaku.co.jp/

印刷・株式会社精興社／製本・牧製本印刷株式会社
© 2018, Y.Yamamoto, O.Kasai, I.Kitai, Printed in Japan
落丁・乱丁本はお取替えいたします。
★定価はカバーに表示してあります。

ISBN 978-4-641-22118-5